________________ 님의 소중한 미래를 위해

이 책을 드립니다.

절대위기 주식회사 대한민국

절대위기 주식회사 대한민국

이현훈 지음

메이트북스

메이트북스 우리는 책이 독자를 위한 것임을 잊지 않는다.
우리는 독자의 꿈을 사랑하고,
그 꿈이 실현될 수 있는 도구를 세상에 내놓는다.

절대위기 주식회사 대한민국

초판 1쇄 발행 2025년 3월 10일 | **지은이** 이현훈
펴낸곳 (주)원앤원콘텐츠그룹 | **펴낸이** 강현규·정영훈
등록번호 제301-2006-001호 | **등록일자** 2013년 5월 24일

주소 04607 서울시 중구 다산로 139 랜더스빌딩 5층 | **전화** (02)2234-7117
팩스 (02)2234-1086 | **홈페이지** matebooks.co.kr | **이메일** khg0109@hanmail.net

값 21,000원 | **ISBN** 979-11-6002-929-1 03320

성장은 지속 가능해야 한다.

• 제프리 삭스(경제학자) •

무너져가는 대한민국을 다시 위대하게!

2024년 말의 비상계엄과 뒤이은 대통령 탄핵사태로 대한민국은 정치뿐 아니라 경제까지 최악의 소용돌이에 빠져들고 있다. 더욱이 관세전쟁을 예고해왔던 도널드 트럼프 대통령이 2025년 1월 20일 집권한 뒤 전 세계는 1930년대의 무역전쟁과 세계대공황 가능성에 떨고 있다. 무역을 하지 않으면 살 수 없는 전형적인 소규모 개방경제인 한국으로서는 내우외환에 시달리고 있는 상황이다.

문제는 '내우'가 단순히 비상계엄과 탄핵사태로 인한 정치적 혼란이 전부가 아니라는 데 있다. 한국경제는 훨씬 뿌리 깊고 고질적인 구조적 문제로 10여 년 전부터 침몰하고 있었다.

한국이 전 세계에서 가장 핫한 나라인줄 알았는데 이게 무슨 소리인가 싶을 수 있다. K-드라마부터 시작해서 K-팝, K-푸드 등이 전 세계에서 최고 인기를 누리고 있다. 한때 우리가 동경했던 미국과 유럽의 젊은이들까지 한국에 오고 싶어 하고, 한국어를 배우고 싶어 하고, 한국 노래와 춤을 따라 부르고 춘다. 급기야는 그렇게 갈망했던 노벨문학상까지 한국 작가가 받게 되었다. 한국 작가가 노벨상을 받았다는 것은 드디어 문화와 사상 면에서도 한국의 영향력이 커졌다는 것을 반증한 것이리라. 그야말로 한국인이 K-컬쳐로 전 세계 인류의 삶에 큰 영향을 미칠 수 있는 시대가 된 듯하다.

일본이 딱 그랬다. 1990년 주식·부동산 버블이 꺼지기 직전까지 말이다. 일본의 자동차와 TV가 미국에서 최고 인기를 누렸다. 일본 스시와 일본 기모노가 서양에서 인기였다. "도쿄를 팔면 미국 전체를 살 수 있다"는 말도 나왔다. 급기야 참의원 이시하라 신타로와 소니의 전 회장인 모리타 아키오가 공저한 『NO라고 말할 수 있는 일본(NOと言える日本)』이라는 책이 1989년 일본에서 베스트셀러가 되었다. 이들은 일본도 전후의 원죄적 사고를 청산하고, 미국을 위시한 국제사회에서 당당하게 "No"라고 말할 수 있어야 한다고 주장했다. 이 책이 출판되고 1년도 되지 않은 1990년 초에 일본의 주식시장이 급락하기 시작했고, 1991년부터는 부동산시장이 급락하기 시작했다. 이게 일본의 '잃어버린 30년'의 서막이었다. 지나고 보니 가장 잘나가는 듯했던 1980년대 말이 일본의 피크였던 셈이다.

한국경제는 한때 급속한 성장을 이루며 전 세계의 주목을 받았지만, 이제는 성장 정체와 함께 새로운 도전에 직면하고 있다. 최근 많은 전문가들은 "한국경제가 '피크코리아'를 넘어 일본이 걸었던 '잃어버린 30년'의 길로 가고 있다"고 경고하고 있다. 이 책은 한때 전 세계에서 가장 모범적이라고 칭송받던 한국경제가 심각한 중병에 걸려 있으며 이대로 가다간 언제 쓰러져도 이상할 것이 없음을 모두에게 알리고 살길을 찾는 것이 목적이다.

한국은 전 세계에서 국토면적은 0.07%에 불과하고, 인구는 0.6%에 불과하며, GDP로도 1.7%에 불과하다. 때문에 한국경제를 이야기하기 전에 전 세계경제를 이야기하고, 전 세계경제를 이야기하기 전에 인류가 현재 어떤 거대한 변혁을 마주하고 있는지 이야기하려 한다.

우리 호모 사피엔스 인류는 30만 년 역사상 가장 빠른 속도의 거대한 변혁을 마주하고 있다. 디지털혁명, 인구고령화, 사회양극화, 기후 위기가 바로 '네 가지 뉴노멀'이라고 불리는 거대한 변혁이다. 이 책의 PART 1에서는 네 가지 뉴 노멀의 핵심적인 내용을 설명하려 한다.

PART 2에서는 오늘날의 세계경제 또한 엄청난 변화를 겪고 있음을 설명한다. 세계경제는 지난 30여 년 동안 최고의 번영을 누렸다. 선진국뿐만 아니라 많은 후진국들이 빠르게 성장하며 기아와 질병으로 죽는 사람들이 줄어들었고, 이들 중 일부는 선진국에 진입했다. 이는 무엇보다 세계화 덕분이었다. 1979년부터 중국이 개혁·개방 정책으로 세계 시장으로 나왔고, 1991년 구소련이 무너지면서 전 세계가 하나의 시장경제로 묶였다. 1994년에 WTO가 출범해 세계는 자유무역이 보장된 시장경제로 탈바꿈했다. 2001년 12월, 중국이 WTO에 가입하면서 세계는 더욱 확실하게 자유무역이 보장된 하나의 시장경제가 되었다. 기업들은 전 세계에 촘촘한 생산공급망을 만들었고, 세계 각국은 무역을 증가시키고 빠른 경제성장의 과실을 즐겼다. 그러나 이제 세계화는 종말을 맞고 있다. 세계화 과정에서 사회양극화가 나타났으며, 중국에게 턱밑까지 추격당해 위기감을 느낀 미국이 본격적으로 무역전쟁에 나섰기 때문이다.

쇠락한 제조업 지역인 러스트 벨트(Rust Belt)의 주민들과, 자유무역·불법이민으로 인해 경제적으로 소외되었다고 느끼는 많은 중산층 및 노동자 계층들의 압도적인 지지로 재선에 성공한 도널드 트럼프 대통령이 선봉에 나서고 있다. '미국을 다시 위대하게(MAGA; Make America Great Again)'를 위해 내세운 '미국 우선(America First)' 정책은 중상주의 정책의 새로운 이름일 뿐이다. 1929년 뉴욕 주가 폭락 후 스무트-홀리 관세법을 통과시키고 관세를 대폭 올리면서 시작된 관세전쟁으로 세계무역량이 1/3로 감소했고, 1930년 내내 경기침체가 계속되면서 제2차 세계대전의 배경이 되었다. 도널드 트럼프가 2025년 1월 20일 미국 대통령으로 취임하면서 100년 전의 관세전쟁이 다시 시작되고 있다. 100년 전 세계대공황의 유령이 돌아오고 있는 상황이다.

더욱 큰 문제는 한국경제는 최악으로 치닫는 세계경제 상황을 견딜 만한 체력이 되지 않는다는 것이다. 이에 PART 3에서는 한국경제의 구조적인 문제를 해부한다. 한국경제는 전 세계에서 가장 빠르게 진행중인 인구고령화를 겪고 있다. 게다가 시멘트를 쌓아올려 성장하는 방식을 지나치게 오랫동안 지속해왔다. 이 과정에서 한국의 집값과 가계부채는 세계 최고 수준으로 치솟았다. 이 때문에 한국의 GDP 성장률은 계속해서 추락하고 있다.

이러한 한국경제의 현재 상태를 사람에 빗대어 한마디로 요약하면, 조로증에 당뇨병이 걸렸는데 여기에 당뇨합병증까지 걸린 상태다. 그럼에도 불구하고 매일 술 마시고, 담배 피고, 삼겹살 먹고, 운동도 하지 않으며, 스트레스가 팍팍 쌓이는 삶을 이어가고 있다. 언제 쓰러져도 이상하지 않다. 당장 쓰러지지 않더라도 계속해서 몸의 저항력이 떨어지며 쇠약해진다. 이건 코로나-19에 걸렸거나 교통사고를 당해 병원에 입원하는 것보다 훨씬 심각한 위기 상황이다.

그럼에도 불구하고 그동안 정부와 전문가들은 경제가 당장 꼬꾸라지지 않았으니 위기가 아니라고 부정해왔다. 일부 전문가들은 이미 알려진 위기는 위기가 아니라고도 주장했다. 정부와 한국은행은 2025년 경제성장률이 2.0% 아래로 떨어질 것이라고 전망하면서도, 이는 '경기침체'이지 '경제위기'는 아니라고 주장한다.

그러나 위기를 부정하거나 피상적인 대응만 계속하면 더욱 큰 위기를 불러올 수 있다. 이는 마치 당뇨합병증을 앓고 있는 환자가 병원을 찾았을 때, 아직 쓰러지지 않았으니 심각한 상황이 아니라며 모르핀 주사나 진통제를 처방하는 것과 같다. 제대로 된 의사라면 술과 담배를 끊고, 채소 위주의 균형 잡힌 식사를 하고, 매일 규칙적인 운동을 하고, 스트레스를 줄이라고 조언할 것이다. 이것이 바로 구조조정이다. 물론 쉽지 않다. 그러나 어려운 구조조정을 외면하고 진통제에만 의존하며 기존의 생활을 유지한다면 결국 쓰러질 수밖에 없다.

이어서 PART 4에서는 사피엔스 인류가 마주하고 있는 거대한 변혁, 그리고 100년 전 세계대공황의 유령이 어슬렁거리는 국제경제 상황에서 조로증에 당뇨합병증까지 걸려 있는 대한민국 경제가 어떻게 살아날 수 있을지 그 대책을 제시한다.

무엇보다 정치권, 정부, 국민 모두가 위기를 인정하는 데서 시작해야 한다. 그런 다음 정책의 대전환을 해야 한다. 세계에서 가장 낮은 초저출산율을 최소 OECD 평균 수준인 1.5명까지 끌어올려 인구 고령화 속도를 늦춰야 한다. 이를 위해서는 무엇보다 부동산 거품을 빼고 가계부채를 줄이는 것부터 시작해야 한다. 그래야만 젊은이들이 자신의 집을 가질 수 있다는 희망을 갖게 되고, 결혼을 해서 아이를 낳을 수 있다. 뿐만 아니라 소비도 늘고, 주가 밸류업도 가능하며, 투자도 늘고, 좋은 일자리도 늘어난다.

아울러 초거대혁명인 디지털혁명을 선도할 수 있는 인재들과 기업들을 키워내야 한다. 이를 위해서는 '교육개혁'을 넘어 '교육혁명'을 해야 한다. 또한 우리도 미국처럼 우리의 첨단 기업들을 한국으로 불러들이는 리쇼어링 정책을 대대적으로 추진해서 국내의 좋은 일자리를 늘려야 한다. 어려울 때일수록 근본으로 돌아가야 한다.

| 차례 |

PART 4

주식회사 대한민국을 위한 긴급처방전

현대를 사는 우리는 인류 역사상 가장 큰 변화를 가장 빠른 속도로 마주하고 있다. 이 변화는 바다의 밀물이 썰물로 바뀌거나 조류가 바뀌는 정도를 뛰어넘어 바다가 육지가 되고 육지가 바다가 되는 초거대 변혁이다. 필자는 이를 '뉴노멀(New Normal)'이라고 부른다.

첫 번째 뉴노멀은 인류가 원시수렵사회, 농업사회, 산업사회를 거쳐 디지털사회로 진입하고 있다는 것이다. 두 번째 뉴노멀은 인류가 산업사회를 거쳐 디지털사회로 진입하면서 기대수명이 증가하고 출산율이 감소한 결과, 노인사회로 진입하고 있다는 것이다. 세 번째 뉴노멀은 디지털사회와 노인사회로의 전환이 인류 역사상 처음 경험하는 양극화사회를 만들어내고 있다는 것이다. 마지막으로 네 번째 뉴노멀은 산업사회 이후의 지구온난화가 만든 기후위기이다.

PART 1

네 가지 뉴노멀을 마주한 사피엔스

절대위기
주식회사
대한민국

1장

첫 번째 뉴노멀:
디지털사회

01

사피엔스의 세 번의 초거대혁명

호모 사피엔스는 1만여 년 전의 농업혁명, 18세기 중엽의 산업혁명을 거쳐 현재는 디지털혁명을 하고 있다. 앞선 두 번의 초거대혁명처럼 디지털혁명은 인류의 모든 생활 방식을 완전히 바꾸며 세계 질서를 뒤흔들고 있다.

현생 인류인 호모 사피엔스는 30만 년 전 동아프리카에 처음 등장했다. 호모 사피엔스는 초기 29만 년 동안 수렵채집 생활을 하며 소규모 평등사회를 이루어 활기차게 지냈다.

약 1만 년 전, 빙하기가 끝나고 온화한 기후의 홀로세가 시작되면서 큰 변화를 맞았다. 이때부터 인간은 야생 식물의 씨앗을 재배하고, 동물을 길들여 농업과 목축을 시작했다. 바로 이것이 농업혁명(또는 신석기혁명)이라고 부르는 첫 번째의 초거대혁명(Ultra-Mega Revolution)이다.

이 농업혁명은 유프라테스강과 티그리스강의 비옥한 초승달 지대에서 시작되어 전 세계로 퍼져 나갔다. 사피엔스 인류는 정착 생활을 시작하며 도시와 국가를 이루었고, 최초의 도시에는 수만 명이 모여 살았다. 예를 들어 수메르 문명의 최대 도시였던 우르크는 전성기에 5만~8만 명이 살았고, 수메르 문명의 전체 인구는 80만~150만 명에 달했다. 정착 생활을 하면서 출산율이 크게 증가했고, 인구가 빠르게 늘어나면서 문명은 급속히 발달했다. 이 과정에서 문자, 수학, 법, 바퀴 등의 발명도 이루어졌다.

그러나 농업혁명은 인류와 지구에 함께 사는 동식물에게 축복만은 아니었다. 경작지를 만들기 위해 삼림을 벌채했고, 관개 활동을 통해 자연 환경을 파괴했다. 또한 중앙집중식 지배 구조와 위계적 이데올로기가 등장하면서 소수의 지배 엘리트 계급과 다수의 평민으로 사회가 나뉘었다. 식품의 다양성 감소와 자연재해로 인한 흉작, 인구밀도가 높은 도시에서의 위생 문제로 인간의 수명은 오히려 줄어들었다. 이스라엘의 역사학자인 유발 하라리는 그의 저서 『사피엔스』에서 "농업혁명이 인류를 불행하게 만든 역사상 최대의 사기"라고 주장하기도 했다.

18세기 중반, 인류는 산업혁명이라는 이름의 두 번째 초거대혁명을 만들었다. 영국을 중심으로 일어난 제1차 산업혁명은 증기기관의 발명으로 시작해서 인류 사회를 농업 중심의 농업사회에서 제조업 중심의 산업사회로 전환시켰다.

제2차 산업혁명은 미국을 중심으로 자동차, 비행기, 전기 등의 발명과 대량생산 방식을 도입하며 노동 생산성을 크게 증가시켰다. 이러한 혁명들은 경제성장을 이끌었고, 인구를 기하급수적으로 증가시켰다. 산업혁명은 농업 부문에도 기계화와 생산성 증대를 가져와 곡물 생산량을 크게 증가시켰다.

그러나 산업혁명도 모든 사람을 행복하게 만들지는 못했다. 노동자들은 열악한 환경에서 착취당했고, 자본가는 투자로 부를 축적했다. 많은 사람들이 농촌을 떠나 도시로 모여들어 노동자가 되었고, 도시는 빠르게 성장했다. 교통수단의 발달로 국제 무역이 활성화되었고, 인류는 지구상의 모든 구석까지 지배하게 되었다.

현재 인류는 디지털혁명이라는 세 번째 초거대혁명을 만들어내고 있다. 농업혁명으로 새로운 삶의 방식을 만들어낸 지 1만 년 만에, 산업혁명으로 또 다른 삶의 방식을 만들어낸 지 200여 년 만에 디지털혁명으로 또 다른 변화를 이루는 중이다.

디지털혁명은 제3차 산업혁명이라는 이름으로 준비단계를 거쳐 현재 제4차 산업혁명이라는 이름으로 도약하고 있다. 그러나 제3차 산업혁명과 제4차 산업혁명은 '디지털혁명'으로 불리는 것이 더 적절하다. 왜냐하면 산업혁명은 '산업', 즉 제조업 중심 혁명이고, 제3차 산업혁명과 제4차 산업혁명은 디지털기술과 디지털 서비스혁명이기 때문이다.

산업혁명이 증기기관 같은 제조 기술의 발명으로 시작된 것처럼, 디지털혁명의 준비단계인 제3차 산업혁명은 디지털기술의 발명으로 시작되었다. 디지털기술의 발명은 1940년대 후반에 벨연구소가 처음으로 아날로그 시그널을 디지털 시그널로 바꿔 정보를 손실 없이 저장하고 전달할 수 있도록 한 것이 시초다. 1960년대에 들어 미국의 대학, 국방부, 기업들이 디지털 방식의 컴퓨터를 발명했으며, 1970년대에는 개인용 컴퓨터(PC)가 처음 등장했다. 1969년에는 ARPANET(초기 컴퓨터 네트워크)을 통해 컴퓨터 간 메시지 전달이 가능해졌고, 1980년대에는 인터넷이 일반인들에게 보급되었다. 1989년에 팀 버너스리가 발명한 월드와이드웹(WWW)이 1991년에 처음으로 일반인들에게 등장했고, 1990년대 말에는 아마존과 구글과 같은 디지털 테크 기업들이 등장했다.

제3차 산업혁명은 1960년대 메인프레임 컴퓨터 발명, 1970년대 개인용 컴퓨터 발명, 1980년대 인터넷 보급, 1990년대 WWW 확산으로 특징지을 수 있다. 이 때문에 제3차 산업혁명을 정보통신기술(ICT) 혁명이라고 부르기도 한다. 컴퓨터의 성능과 인터넷 속도가 기하급수적으로 빨라지면서, 1965년에 인텔의 공동창업자인 고든 무어는 "집적회로에 들어가는 트랜지스터의 수가 2년마다 2배씩 늘어난다"고 말했다. 이는 컴퓨터의 성능이 2년마다 2배씩 증가한다는 의미다.

디지털혁명 준비 기간 동안 반도체와 컴퓨터는 공장 자동화를 가능케 해서 생산성을 폭발적으로 증가시켰다. 그러나 이때까지 컴퓨터와 인터넷은 제조업 분야를 지원하는 역할에 그쳤다. 그러다가 디지털혁명이 인류의 삶을 획기적으로 바꾸기 시작한 것은 2000년대부터다. 세계의 인터넷 인구는 2005년에 10억 명에 이르렀고, 2024년 기준으로 전 세계 인구의 68%인 54.4억 명에 이르고 있다.

디지털혁명이 일상생활을 획기적으로 바꿔놓은 것은 스마트폰의 등장이다. 스티브 잡스가 2007년에 발표한 아이폰은 단순한 무선전화기가 아닌 인터넷과 연결된 컴퓨터였다. 스마트폰은 2024년 기준으로 전 세계 인구의 90%에 이르는 70억 명 이상이 사용하고 있다. 오늘날의 스마트폰은 1970년대의 슈퍼 컴퓨터보다 1천 배 작고 1천 배 저렴하지만 성능은 100만 배나 더 강력하다.

이제 초고속 연산이 가능한 컴퓨터가 초고속 인터넷으로 연결되어 빅데이터, 사물인터넷, 핀테크, 인공지능-로봇으로 발전하고, 생명공학·재료공학 등과 융합되면서 파괴적 혁신이 일어나고 있다. 미국의 발명가이자 미래학자인 레이 커즈와일은 "산업기술이 디지털기술과 융합되는 순간 무어의 법칙을 따라 기하급수적으로 가속화된다"고 하며 이를 '수확가속의 법칙'이라고 불렀다.

산업혁명에서도 기술들이 융합하며 발전했지만, 현재의 디지털기술은 거의 모든 분야의 기술들과 융합될 수 있어 그 효과가 파괴적이다. 예를 들어 우버와 같은 기업들이 전기수직이착륙(eVTOL) 항공기를 시장에 내놓을 수 있게 된 것은 인공지능의 기계학습, 재료과학, 3D 프린팅 기술이 융합된 결과이다.

런던정경대학교 리처드 립시 교수의 말에 따르면 인류는 지금껏 24개의 범용기반기술(GPT)을 만들어냈다. 립시 교수는 "범용기반기술이 고도화될수록 다양한 용도로 사용되고, 궁극적으로 경제 전체의 생산성을 끌어올린다"고 주장한다. 첫 번째 GPT는 동물사육기술과 경작기술이었으며, 이후 바퀴, 글쓰기, 청동기, 철기, 인쇄술 등 다양한 기술들이 발명되었다. 18세기 중엽의 산업혁명 동안에는 증기기관, 공장제도, 철도, 내연기관, 전기, 자동차, 비행기, 대량생산 기술 등이 발명되었다. 이러한 GPT들은 인류의 소득수준과 기대수명을 기하급수적으로 증가시켰다. 현재 진행중인 디지털혁명도 컴퓨터, 인터넷, 인공지능, 로봇, 바이오테크놀로지, 나노테크놀로지 등의 핵심적인 GPT가 경제 전반의 생산성을 획기적으로 높이며 사회 전체를 변혁시키고 있다.

레이 커즈와일은 "수확가속의 법칙에 따라 21세기 100년 동안 발생할 기술적 변화가 지난 2만 년 동안의 변화와 같을 것"이라고 주장한다. 이 주장대로라면 향후 10년 동안의 기술변화는 지난 2천 년 동안의 변화와 비슷하다. 이 정도까지는 아니더라도 향후 10년 동안의 변화는 최소한 지난 100년 동안의 변화에 버금갈 것이다.

산업혁명이 농업사회를 산업사회로 바꾼 것처럼, 디지털혁명은 산업사회를 디지털사회로 바꾸고 있다. 이러한 디지털기술의 발전과 보급은 인류의 삶을 근본적으로 변화시키고 있다. 앞선 농업혁명과 산업혁명처럼 디지털혁명도 인간의 삶의 방식을 송두리째 바꾸는 초거대혁명이다.

2020년 발발한 코로나-19 팬데믹은 인류 역사의 중요한 전환점을 만들었다. 코로나-19 팬데믹은 사람들을 집에 머물게 하면서, 모여서 일하고 공부하고 쇼핑하고 여가를 즐기던 기존 산업사회의 일상을 불가능하게 만들었다. 대신 사람들은 온라인 재택근무와 온라인 교육을 선택할 수밖에 없었고, 온라인 쇼핑과 엔터테인먼트가 새로운 일상이 되었다. 이에 따라 원격 서비스 산업은 폭발적으로 성장했으며, 원격 의료 서비스도 여러 나라에서 규제의 틀을 벗어나 일상적으로 받아들여지기 시작했다.

디지털화는 경제, 사회, 문화, 정치 등 인류의 모든 생활 방식을 완전히 바꾸며 세계 질서를 뒤흔들고 있다. 이 혁명적인 변화를 가능하게 한 것은 인공지능(AI), 빅데이터(Big Data), 클라우드 컴퓨팅, 디지털 플랫폼, e-비즈니스, 핀테크, 사물인터넷(IoT) 등과 같은 디지털기술이다. 만일 코로나-19 팬데믹이 10년 전에 발생했다면 세계는 속수무책이었을 것이다. 그러나 팬데믹이 발생한 시점에 인류는 이미 디지털사회로의 전환을 시작한 상태였다. 코로나-19 펜데믹은 디지털사회로의 전환을 더욱 가속화시켰다.

디지털기술에 대한 수요가 폭발적으로 늘면서 디지털 기업의 가치도 급등했고, 이들 기업에 연구개발 자금이 몰려들었다. 2020년 한 해 동안의 기술 발전은 10년간의 기술 발전을 앞당긴 것과 같았다. 공상과학 소설에서나 볼 법한 이야기들이 이제 현실이 되고 있다. 무어의 법칙과 커즈와일의 수확가속의 법칙이 코로나-19 팬데믹을 계기로 더욱 빨라지고 있다.

02

디지털 이주인 초연결 네트워크

메타버스 역시 가상의 실재로, 사피엔스 인류가 수만 년 동안 믿어온 전설, 신화, 국가, 화폐와 같은 허구의 연장선에 있다. 메타버스 속의 허구도 물리적 현실 세계에서 앞으로 엄청난 힘을 발휘할 것이다.

호모 사피엔스는 신체적으로 크거나 강하지 않지만 뛰어난 지능과 관계 형성 능력 덕분에 지구상에서 가장 강력한 존재가 되었다. 사피엔스는 추상적 사고와 도구 사용, 포식자와 사냥감의 행동에 적응하는 능력이 뛰어났다. 사피엔스의 또 다른 성공 요인은 다양한 사람들과 지속적인 관계를 형성할 수 있는 능력이다. 이러한 관계 형성 능력은 고도로 발달한 언어 덕분에 가능했다.

7만 년 전, 사피엔스는 새로운 사고방식과 의사소통 방식을 사용하기 시작했다. 이로 인해 사람들은 서로 자유롭게 의사소통하고 협력할 수 있게 되었다. 5천 년 전, 메소포타미아에서 수메르인들이 쐐

기문자를 발명했고, 이집트와 중국에서도 별도의 문자 체계가 만들어졌다. 문자를 통해 사람들은 신화, 수필, 일기, 법률 등을 기록함으로써 후손과의 연결이 가능해졌다. 이후 종이가 등장하면서 더 정교한 기록이 가능해졌고, 인쇄술의 발명으로 지식과 정보의 교환이 더욱 활발해졌다.

디지털혁명은 인류를 초연결사회로 이끌었다. 20세기 말에 개인용 컴퓨터와 인터넷, WWW의 확산으로 지식과 정보가 빠르게 교환되었다. 스티브 잡스가 2007년 발표한 아이폰으로 디지털사회는 더욱 빠르고 손쉬운 초연결사회가 되었다. 스마트폰은 1970년대의 슈퍼 컴퓨터보다 100만 배나 더 강력한 성능을 갖췄다.

디지털혁명은 2차원의 초연결사회를 3차원의 메타버스 초연결사회로 발전시키고 있다. 메타버스로 게임, 온라인 콘서트, 친구와의 만남이 가능해졌다. 페이스북은 회사명을 메타 플랫폼스로 변경해 3차원 메타버스를 구축하고 있다. 메타, 아마존, 애플 같은 대형 테크 기업들도 확장현실을 구현하는 스마트 안경을 통해 가상 세계를 만들고 있다.

전 세계 모든 곳에서 초고속 인터넷이 가능해지면 사피엔스 인류는 스마트폰을 통해 더욱 쉽게 지식과 정보를 서로 교환하고 협력할 수 있다. 일론 머스크의 스페이스엑스는 스타링크 프로젝트를 통해 저궤도에 4만 2천 개의 인공위성을 쏘아올려 전 세계 어디서나 초고속 인터넷을 제공할 계획을 가지고 있는데, 2025년 1월 기준으로

7천 개 이상의 인공위성을 쏘아 올렸다. 아마존의 카이퍼 프로젝트와 영국의 원웹도 위성 인터넷망을 구축하는 중이다.

현생 인류인 호모 사피엔스는 약 30만 년 전 아프리카에 처음 출현한 이후, 13만여 년 전에 아프리카를 벗어나 유라시아로, 6만 년 전에 호주 대륙으로, 1만 5천 년 전에 아메리카 대륙으로 이주했다. 사피엔스의 기나긴 이주는 사냥감의 이동, 인구 증가, 자연재해 등 여러 요인 때문이었다. 사피엔스는 호주로 이동할 때 바다를 건넜고, 아메리카 대륙으로 이주할 때는 시베리아와 알래스카를 연결하는 육지를 걸어서 이동했다.

이렇듯 사피엔스는 지구 전역으로 이동하며 넓은 지구를 정복했지만, 오늘날에는 대다수가 도시에 모여 살고 있다. 전 세계 인류의 56%가 도시에 살고 있으며, 이러한 도시 집중화는 산업혁명 이후 가속화되었다. 그러나 도시 집중화는 인간성을 상실하고 감염병에 취약해지는 문제를 초래했다.

2020년 코로나-19 팬데믹으로, 인류는 온라인 교육과 재택근무를 강요받았다. 이를 통해 온라인 교육과 재택근무가 만족도와 생산성을 높일 수 있음을 알게 되었는데, 디지털기술 덕분에 이러한 방식이 가능했다. 팬데믹이 끝난 현재 예전의 교육과 근무 방식으로 완전히 돌아가지 않고 있다. 이제는 '하이브리드' 교육과 '하이브리드' 근무 방식이 일반화되었다.

지구 전역으로의 이주를 마친 사피엔스는 이제 가상의 디지털세계인 메타버스로 이주를 시작했다. 메타버스는 증강현실(AR)과 가상현실(VR)을 포함한 디지털 환경으로, 비즈니스, 학습, 쇼핑, 엔터테인먼트 등에서 중요한 역할을 하고 있다. 2021년 페이스북은 회사명을 메타 플랫폼스로 변경한 후에 3차원 메타버스로의 전환을 추진하고 있다. 엔비디아의 CEO 젠슨 황은 메타버스를 인터넷의 3D 확장으로 정의하며, 가상 경제가 실제 경제보다 훨씬 더 클 것으로 예측하고 있다.

메타버스에서는 이미 다양한 활동이 이루어지고 있다. 기업들은 AR을 활용해 소비자에게 가상으로 제품을 체험하게 하고, 가상 인플루언서들은 소셜 미디어에서 활동하고 있다. 메타버스로의 이주는 계속될 것이며, 이에 따라 사피엔스 인류가 도시의 좁은 공간을 떠나 전원으로 이주할 가능성도 높아진다. 메타버스는 사피엔스 인류에게 새로운 네트워크와 관계를 형성할 수 있는 기회를 제공하며, 자연과의 관계를 회복할 수 있는 기회도 제공할 수 있다. 반대로 실제 사회보다는 메타버스 속에 빠져들어 전통적인 친교와 결혼, 그리고 출산을 회피할 수 있다. 영화 〈메트릭스〉가 그저 공상이 아닌 현실이 될 수 있는 것이다.

사피엔스 인류는 유발 하라리가 말한 것처럼 '가상의 실재를 믿는 능력' 덕분에 지구를 지배하게 되었다. 메타버스 역시 가상의 실재로, 사피엔스 인류가 수만 년 동안 믿어온 전설, 신화, 국가, 화폐와 같은 허구의 연장선에 있다. 메타버스 속의 허구도 물리적 현실 세계에서 엄청난 힘을 발휘할 것이다.

03

인공지능(AI)-로봇과의 동거가 시작되다

이젠 인간보다 똑똑해진 AI-로봇이 인간의 육체노동뿐만 아니라 지적 노동도 대체할 것이다. 그러므로 앞으로의 세상에선, 오직 디지털혁명을 주도하거나 활용할 수 있는 소수만이 일을 할 수 있을 것이다.

2022년 11월 30일, 디지털혁명의 과정에서 또 하나의 획기적인 사건이 터졌다. ChatGPT라는 인공지능(AI)의 등장이 그것이다. 세계 과학 분야 최고 학술지인 〈네이처〉는 ChatGPT를 '2023년 과학 분야 최고의 인물 10' 중 한 명으로 선정했다. ChatGPT의 등장은 그만큼 충격적이었다. ChatGPT는 발표한 지 2개월 만에 사용자 1억 명을 돌파하며 지금까지 나온 모든 디지털 서비스 중 '최단 기간 가입자 1억 명 돌파'라는 신기록을 세웠다.

ChatGPT는 OpenAI에 의해 개발된 대형 언어 모델(LLM)이다. 풀어서 얘기하면 GPT(Generative Pretrained Transformer), 즉 '사전 학

습된 변환기 기반'의 대화형 인공지능이다. 사실 ChatGPT는 2022년에 처음 나온 것은 아니다. 2018년에 GPT-1이라는 이름으로 처음 나온 후, 2019년 ChatGPT-2, 2020년 ChatGPT-3로 계속 성능을 높여왔다.

ChatGPT-3가 나오자 "처음으로 LLM을 이용한 인공지능"이라는 찬사가 쏟아졌다. 하지만 '폭탄 테러를 하는 방법'과 같은 비윤리적인 질문에까지 대답하는 문제가 있었다. 또한 최신 정보가 부족해서 틀린 정보를 제공할 때가 많았다. 이러한 문제를 해결한 최초의 대중적 대화형 AI가 2021년 11월 30일 발표한 ChatGPT-3.5였다. 다양한 주제에 대한 광범위한 지식을 바탕으로 텍스트로 입력한 질문에 답변하고 정보를 제공하며, 대화·글쓰기·요약·번역 등의 작업을 수행할 수 있었다. 이어 2023년 3월 출시된 ChatGPT 4.0은 텍스트뿐만 아니라 이미지를 처리할 수 있고, 2024년 11월 발표한 GPT-4o은 텍스트와 이미지뿐만 아니라 음성데이터를 분석하고 생성할 수 있는 멀티모달 AI 모델이다.

ChatGPT의 등장과 함께 다양한 AI가 경쟁적으로 등장하면서 AI는 센서, IoT, 신경망, 모바일 연결 장치, 클라우드 컴퓨팅과 결합해 경제·정치·사회·문화 전반에 변화를 가져오고 있다. 주식투자·급여·세금·금융·회계 업무 등에서 AI의 활용이 확대되고 있다. 원격의료와 원격 모니터링에서도 AI의 활용 범위가 넓어지고 있다. AI는 법률 연구와 분석, 소송 관련 문서 분석과 신문 기사 작성에도 사용되고 있다. 인간만의 영역이라고 생각했던 작곡, 그림, 시, 소설과 같은 창의적인 작업까지도 척척 해낸다.

이제 대학생들 대부분은 AI를 사용하고 있다. AI가 나온 초기 때만 해도 각 대학에서 레포트 작성에 AI 사용을 금지하기도 했지만, 이제 활용을 권장하고 있다. 필자만 하더라도 학생들에게 ChatGPT와 같은 AI를 적극 활용해서 연구 레포트를 작성하도록 하고 있다. 하물며 이 책을 쓰고 있는 필자도 ChatGPT라는 조교를 적극 활용한다. 자료를 찾고 정리하고 분석하는 일을 ChatGPT가 척척 해준다. 작업 시간을 줄여줄 뿐만 아니라 품질도 높여준다.

2025년 1월에는 중국의 스타트업 기업인 딥시크(DeepSeek)가 등장했다. 딥시크는 ChatGPT의 1/10도 안 되는 비용과 시간을 들이고 저급한 반도체를 사용했음에도 ChatGPT에 버금가는 챗봇(Chatbot)을 만들어 전 세계를 놀라게 했다. 이제 AI는 미국 기업들만의 독점이 아닌 전 세계의 무한경쟁으로 확산되고 있다. 조만간 AI는 인간처럼 광범위한 인지 능력을 갖춘 범용 AI(AGI)로 발전할 것이다.

AI는 소프트웨어 알고리즘으로 존재할 뿐만 아니라 로봇과 결합해 스마트 로봇으로 변신하고 있다. 테슬라 CEO인 일론 머스크는 2040년경에 인간처럼 행동하는 AI 기반 로봇 '휴머노이드'가 100억 개를 넘어 전 세계 인구보다 많아질 것으로 예측했다. 스마트 로봇은 산업 현장에서 인간과 협업하는 코봇(Cobot)으로 사용되며, 스마트 팩토리에서 다품종 소량생산을 가능하게 한다. AI와 결합한 로봇은 식당, 배달, 슈퍼마켓, 병원, 노인돌봄시설, 호텔 등 다양한 생활 현장에서 사용되고 있다.

산업혁명을 통해 기계가 인간의 육체노동을 대신하는 시대가 되었다. 이젠 인간보다 똑똑해진 AI-로봇이 육체노동뿐만 아니라 지적 노동도 대체할 것이다. 이 때문에 인간의 일자리는 줄어들 수밖에 없다.

한편에서는 "산업혁명 시절에 기계에게 일자리를 빼앗긴다고 러다이트 운동(1811~1816년에 영국에서 일어난 기계 파괴 운동)과 같은 노동자들의 저항이 있었지만 결국 일자리는 더 늘어나지 않았으며, 이번에도 그럴 것이다"라는 의견도 있다. 그러나 산업혁명 당시에 인간은 제조업과 농업에서 일자리를 잃었다. 그래서 인간은 서비스 분야에서 새로운 일자리를 만들었던 것이다. 그래도 일자리가 부족해서 노동시간을 대폭 줄였다. 하지만 그때와는 달리 이번엔 서비스 분야에서 더 많은 일자리가 AI에 의해 대체될 것이다.

디지털혁명으로 인해 인간이 할 수 있는 일이 많지 않을 것이다. 오직 디지털혁명을 주도하거나 활용할 수 있는 소수만이 일을 할 수 있을 것이다.

04

반도체패권이 곧 세계패권

디지털혁명은 AI와 로봇의 등장을 통해 새로운 생산 시대를 열었다. 디지털혁명으로 AI-로봇은 노동, 토지, 자본에 이어 4대 생산 요소로 추가되었다. 이에 AI-로봇의 성능을 좌우하는 반도체패권이 세계패권의 핵심이 되었다.

호모 사피엔스의 30만 년 역사 중 약 29만 년 동안, 인간은 숲과 들에서 사냥과 채집을 하며 생존했다. 사냥과 채집은 인간의 육체적 노동이 집약적으로 사용되는 활동이었다. '노동'이 곧 생산의 핵심 요소였던 셈이다. 일할 수 있는 구성원이 많을수록 더 많은 식량을 확보할 수 있었고, 이는 그 부족의 생존력과 힘을 상징했다.

약 1만 년 전, 인류는 수렵과 채집에서 벗어나 동물을 길들이고 식량을 재배하는 방법을 터득했다. 이러한 농업혁명 이후 '토지'는 노동과 더불어 중요한 생산 요소가 되었다. 이 시기에는 사람의 수와 함께, 땅의 크기가 생산량을 결정하는 주요 변수로 작용했다. 따라서 노동력과 토지를 많이 확보한 부족이나 국가는 더 많은 부와 권력을 가지게 되었고, 이를 위해 영토 확장과 노예 확보를 위한 전쟁이 빈번하게 일어났다.

18세기 중엽에 산업혁명이 시작되면서 인류는 노동뿐만 아니라 기계를 활용해 물건을 생산할 수 있게 되었다. 이로써 기계, 즉 '자본'이 노동과 토지에 이어 중요한 생산 요소가 되었다. 기계가 인간의 육체적 노동을 대체하기 시작하면서 노동의 중요성은 상대적으로 줄어들었고, 자본을 소유한 자본가들의 힘은 더욱 커졌다.

산업혁명과 함께 등장한 현대 경제학에서는 한 나라의 GDP가 '노동, 자본, 토지'라는 3대 생산 요소와 이를 산출물로 바꾸는 '기술' 수준에 의해 결정된다고 본다. 경제성장을 이루려면 노동력이 증가하거나, 자본 축적이 빨라지거나, 땅 면적이 넓어지거나, 기술이 발전해야 한다. 즉 산업혁명 이후의 생산함수는 'Q=f(노동, 토지, 자본)'이다. 생산함수는 생산 요소와 생산량의 관계를 나타내는 함수로, Q는 산출량을, 괄호 안에 있는 내용들은 생산 요소를 나타낸 것이다.

디지털혁명은 AI와 로봇의 등장을 통해 인간의 육체적·정신적 노동 모두를 대체할 수 있는 새로운 생산 시대를 열었다. 이제 AI와 로봇은 노동, 토지, 자본에 이어 4대 생산 요소로 추가되어 GDP를 결정하는 핵심 요소로 자리 잡고 있다. 즉 디지털혁명 이후의 생산함수는 'Q=f(노동, 토지, 자본, AI-로봇)'이다.

여기서 "AI-로봇이 결국 자본의 일부가 아니냐"는 반론이 있을 수 있다. 그러나 자본은 주로 인간의 육체적 노동을 보조하거나 대체하는 기계인 반면, AI-로봇은 육체적 노동뿐만 아니라 정신적 노동까지 대체한다는 점에서 다르다.

또 다른 반론으로, AI-로봇의 증가를 생산 요소가 아니라 단순히 기술의 발전으로 간주할 수도 있다. 산업혁명과 함께 자본이 증가하면서 노동의 생산성이 증가했다. 그렇다고 생산함수에서 생산설비와 같은 자본을 제외하고 자본의 증가를 기술의 발전으로만 설명하지 않는다. 마찬가지로 AI-로봇의 활용이 증가하면서 노동과 자본의 생산성은 증가하게 된다. 그렇다고 해서 생산함수에서 AI-로봇의 증가를 기술의 발전으로만 설명할 수 없는 것이다. 경제학원론 교과서를 다시 써야 하는 새로운 시대다.

산업혁명과 함께 등장한 새로운 생산 요소인 자본, 즉 기계가 작동하기 위해서는 에너지가 필요하다. 산업혁명 초기에는 에너지를 석탄에서 얻었고, 이후에는 원유나 천연가스와 같은 화석연료에서 얻었다. 이 때문에 세계열강은 화석연료를 차지하기 위해 경쟁하고 전쟁을 불사했다.

디지털사회를 인체에 비유하면 AI는 두뇌이다. 두뇌가 오감을 통해 정보를 얻듯 AI는 검색엔진과 각종 센서, 그리고 사물인터넷(IoT)을 통해 방대한 정보, 즉 빅데이터를 얻는다. 폭발적으로 증가하는 빅데이터를 빠르게 처리하려면 성능이 좋은 반도체가 필요하다. 이 때문에 세계는 이제 빅데이터와 반도체기술 전쟁을 벌이고 있다. 자체적인 검색 플랫폼과 SNS가 없는 유럽과 일본은 데이터 전쟁에서 일찌감치 패한 상태다. 한국은 네이버와 카카오를 갖고 있어 그나마 다행이다. 그러나 한국 시장은 작은 데다가 정부의 각종 규제로 빅데이터 확보가 미국과 중국에 비해 불리할 수밖에 없다.

미국은 구글, 빙과 같은 검색 플랫폼과 유튜브, 페이스북, 인스타그램, X(구 트위터) 등의 SNS로 전 세계의 데이터를 모은다. 중국은 바이두, 360 서치 등의 검색 플랫폼과 웨이보, 위챗 등이 있지만 주로 중국 내에서만 사용된다. 그래도 중국은 14억 인구라는 막대한 시장이 있고, 정부가 구글이나 페이스북 같은 외국 플랫폼을 차단하면서 강력한 지원을 하고 있다. 미국도 틱톡(TikTok) 서비스를 중지하기 위한 법안을 내놓는 등 중국의 검색엔진과 SNS가 미국 내에서 확산되는 것을 제재하고 있다.

미국의 중국에 대한 견제는 반도체 분야에 더욱 집중되고 있다. 미국이 처음 반도체, 컴퓨터, 스마트폰, 인터넷, 인공지능을 만들었지만 하드웨어의 제조는 해외 공급망에 의존해왔다. 예를 들어 대표적인 AI 반도체인 GPU(Graphics Processing Unit)는 미국의 설계전문기업(팹리스, Fabless)인 엔비디아(Nvidia)가 설계하지만 제조(파운드리, Foundry)는 주로 대만의 TSMC가 한다. 한국의 SK하이닉스와 삼성전자도 주로 반도체 생산을 전문으로 하는 기업이다.

1968년 설립된 미국의 인텔은 세계에서 가장 역사가 깊은 반도체 기업이지만 주로 컴퓨터 및 전자기기용 CPU를 주로 생산해왔다. 바이든 행정부는 반도체법(Chips and Science Act)을 통해 대규모 보조금 및 세제 혜택을 주는 방법으로 인텔뿐만 아니라 대만의 TSMC, 한국의 삼성전자, SK하이닉스와 같은 세계 최고의 반도체 회사들도 미국 내에 반도체 제조 공장을 설립하도록 유도했다. 2025년 1월 20일 출범한 트럼프 2기 행정부는 보조금 대신 관세를 무기로 세계 반도체 회사들이 미국에서 생산하도록 협박하고 있다.

한편으로 미국은 수출통제법을 통해 고급 반도체 및 제조 장비의 중국 수출을 제한하고 있다. 미국 기술을 사용하는 반도체 제조 장비(예: ASML의 극자외선 리소그래피 장비)의 중국 판매를 금지하고 있으며, 고성능 반도체(예: AI와 슈퍼 컴퓨터용 칩) 및 관련 기술의 중국 수출을 차단하고 있다. 미국의 목표는 물론 중국이 고급 반도체를 독자적으로 설계·생산하지 못하도록 기술 발전을 억제하려는 것이다. 또한 동맹국과 '칩 동맹(Chip Alliance)'을 구축해서 네덜란드의 ASML, 한국의 삼성전자와 SK하이닉스, 일본의 반도체 소재 업체와의 협력을 통해 기술 흐름을 통제하고 공급망을 안정화하려 하고 있다.

중국은 2015년 수립한 '중국제조 2025'에서 2025년까지 반도체 자급률을 70%로 끌어올리는 것을 목표로 설정했다. 미국의 중국에 대한 반도체 제재가 심해지면서 중국은 더더욱 반도체 굴기에 전력을 다하고 있는 중이다. 중국의 최대 반도체 제조사인 SMIC를 비롯해 화홍반도체, YMTC, 화웨이 등의 기술력은 아직 TSMC, 삼성전자, SK하이닉스 등 글로벌 선두기업들과 여전히 큰 격차를 보이고 있지만 중국 정부의 전폭적인 지원으로 빠르게 격차를 줄여가고 있다.

05

디지털 골드러시인 암호화폐의 일반화

인류는 농업혁명 이후 금과 같은 상품화폐를 사용했고, 산업혁명 이후에는 법정화폐(명목화폐)를 사용했다. 그리고 디지털혁명 이후에는 디지털 화폐, 즉 암호화폐가 일반화될 수밖에 없다.

2024년 11월 초에 도널드 트럼프의 재선이 확정되자마자 전 세계적으로 암호화폐(cryptocurrency) 가격이 폭등했다. 대표적인 암호화폐인 비트코인(Bitcoin)은 당선 후 7만 달러에서 일주일 만에 9만 달러로 뛰어올랐다. 트럼프는 대선 유세 당시 "비트코인을 국가 전략자산으로 비축하고, 미국을 암호화폐의 수도로 만들고, 자신은 암호화폐 대통령이 되겠다"고 공약했다. 트럼프가 대통령 당선 이후 새롭게 설치한 '정부효율성위원회(DOGE)' 수장으로 비트코인과 도지코인의 지지자로 알려진 일론 머스크를 임명하기도 했다. 때문에 암호화폐에 대한 규제가 대폭 완화될 것으로 보고 암호화폐 시장에 투자자금이 대거 몰렸다.

필자는 〈이현훈교수의 경제포럼〉 유튜브 채널에서 "여러 암호화폐 중 비트코인은 없어질 수 없고, 10년 뒤 가격이 10배가 될 수 있다"고 전망한 바 있다. 이 전망은 트럼프가 대통령으로 당선되기 전이다. 트럼프가 대통령에 취임한 현 상황에서는 이러한 전망이 훨씬 앞당겨질 가능성이 크다.

"암호화폐는 실체도 없고, 이를 사고파는 것은 도박과 같다"고 말하는 사람들이 많다. 그러나 암호화폐는 디지털혁명에서 빠질 수 없는 매우 중요한 현상이다.

유발 하라리는 그의 저서 『사피엔스』에서 "호모 사피엔스가 신화, 종교, 국가, 화폐와 같은 가상의 개념을 믿음으로써 서로 모르는 사람들 간의 협력을 가능하게 했다"고 주장한다. 또한 이러한 협력은 사피엔스가 다른 인류를 정복하고 생존할 수 있는 기반이 되었다고 말한다.

인류는 농업혁명 이후 금과 은처럼 본질적 가치를 가진 물품화폐(commodity money)를 사용해 경제활동을 해왔다. 산업혁명 이후에도 한동안 금화가 사용되었지만 오늘날에는 가치가 없는 지폐와 동전, 즉 법정화폐(fiat money)를 사용하고 있다. 법정화폐는 정부의 법령에 의해 발행되며, 이를 사람들이 신뢰하고 사용할 때만 화폐로서의 기능(교환 수단, 회계 단위, 가치 저장)을 수행한다.

디지털사회로 접어들기 시작하면서 현금 사용은 줄어들고, 직불

카드, 신용카드, 스마트폰 애플리케이션 등을 통한 온라인 송금이 주요 거래 수단으로 자리 잡았다. 그러나 이러한 거래 역시 중앙은행이 발행한 법정화폐를 기반으로 상업은행이 중개자로서 역할을 한다.

비트코인은 2009년 1월에 정체불명의 나카모토 사토시가 만든 탈중앙화된 암호화폐이다. 당시 글로벌 금융위기와 기존 금융 시스템에 대한 비판에서 시작되었다는 게 정설이다. 2008년 글로벌 금융위기는 기존 금융 시스템의 취약성과 정부의 개입에 대한 대중의 불신을 야기했고, 비트코인은 이러한 중앙화된 금융 시스템에 대한 대안으로 제안된 것이다. 비트코인은 블록체인(Blockchain)이라는 분산 원장 기술을 기반으로 제3자(은행, 금융기관)의 개입 없이 개인 간 거래가 가능하게 함으로써 탈중앙화, 투명성, 익명성을 보장한다.

비트코인 이후 이더리움 등 여러 암호화폐가 개발되었다. 그러나 암호화폐는 내재적 가치가 없고, 발행 당사자가 가격을 보장하지 않아 가격 변동성이 크다는 한계가 있다. 일부 스테이블 코인은 달러와 연동해 가격 안정성을 추구하지만, 여전히 발행 주체의 신뢰성에 의존한다.

암호화폐 채굴은 막대한 전력을 소비하며, 이는 기후변화 위기를 악화시킬 수 있다. 더불어 암호화폐는 범죄 및 테러 활동에 악용되거나 탈세 수단으로 활용될 가능성이 있다. 불량국가들이 경제 제재를 우회하는 도구로 암호화폐를 사용할 위험도 있다. 또한 대부분의 암호화폐 가격은 2021년에 급격히 상승한 이후 2022년 상반기에 폭락하는 등 큰 변동성을 보였다. 이는 적정 가치에 대한 시장의 합의가 아직 이루어지지 않았음을 보여준다.

그럼에도 암호화폐 거래소 코인베이스(Coinbase)는 2021년 뉴욕증권거래소에 상장되었고, 암호화폐는 이미 상업적 용도로 자리 잡고 있다. 예를 들어 테슬라는 2021년 한때 비트코인을 결제 수단으로 인정한 바 있고, 미국의 대형 전자상거래 사이트인 오버스톡도 비트코인을 결제 수단으로 허용하고 있다. 비트코인 및 암호화폐 결제 처리 플랫폼인 비트페이(BitPay)는 수많은 소매업체와 전자상거래 사이트에서 비트코인 결제를 가능케 하고 있다. 스타벅스(Starbucks), 뉴에그(Newegg), 엑스피디아(Expedia)와 같은 브랜드와 연계해 암호화폐 결제를 지원하는 것이다. 유니세프(UNICEF), 구호단체 적십자 등 많은 국제 비영리단체들이 비트코인 기부를 허용하고 있고, 미국·캐나다·두바이 등 일부 지역에서는 비트코인을 이용해 부동산 거래가 이루어지고 있다.

엘살바도르는 비트코인을 법정화폐로 채택한 첫 번째 국가로, 모든 상점에서 비트코인을 결제수단으로 사용할 수 있도록 법적으로 보장하고 있다. 정부는 국민에게 비트코인 지갑 앱인 치보(Chivo)를 배포하며 결제를 촉진하고 있다. 엘살바도르는 비트코인을 법정화폐로 도입해 달러 의존도를 줄이고 독자적인 경제정책 운영 여지를 늘리려는 의도였다. 엘살바도르 국민의 약 70%가 은행 계좌가 없으며, 기존 금융 시스템에 접근하지 못하고 있다. 따라서 비트코인을 통해 스마트폰과 인터넷만으로 금융 서비스를 이용할 수 있게 되어 금융 포용성이 확대될 것으로 기대되었다. 또한 GDP의 약 20%가 해외 거주 엘살바도르 노동자들이 본국으로 송금하는 금액에서 비롯된다. 비트코인을 도입함으로써 빠르고 저렴한 송금이 가능하며, 이를 통해 수수료를 절약하고 더 많은 금액이 수령자에게 전달될 수 있다.

트럼프 대통령이 비트코인 등 암호화폐에 대한 규제를 대폭 완화하게 되면 암호화폐에 대한 수요는 미국과 같은 선진국에서 빠르게 늘어날 수밖에 없을 것이다. 또한 엘살바도르와 비슷한 환경에 처해 있는 많은 개도국들도 비트코인을 법정화폐로 채택할 가능성이 크다. 디지털 골드러시가 전 세계적으로 본격화될 수 있다는 뜻이다.

이렇게 암호화폐에 대한 수요가 증가하면 역설적으로 옥석 가리기가 진행될 것이다. 대부분의 암호화폐들은 시장에서 퇴출되고, 비트코인과 이더리움과 같은 소수의 대장 암호화폐만 남을 것으로 예상된다. 특히 가장 먼저 등장했고 총 개수가 2,100만 개로 고정된 비트코인은 디지털사회에서의 디지털골드로서 역할을 할 것이라고 예측해볼 수 있다.

각국의 중앙은행들도 디지털화폐인 CBDC(Central Bank Digital Currency)를 조만간 도입할 것이다. 중국이 가장 앞장서고 있다. 전 세계 외환 거래의 약 88%는 미국 달러로 이루어진다. 2022년 1월 러시아가 우크라이나를 침략하자 미국은 전 세계 금융기관 간 거래

시스템인 스위프트(SWIFT)에서 러시아를 퇴출시켰다. 중국도 이러한 상황을 우려할 수밖에 없어 CBDC를 통한 직접 거래를 하려는 것이다.

중국이 CBDC를 도입하는 또 다른 이유는 알리바바와 텐센트 같은 대형 테크 기업들이 알리페이와 위챗페이와 같은 온라인 결제 시스템을 확산시키면서 정부의 금융 시장 통제력이 약화될 수 있다는 우려 때문이다. 디지털화폐를 발행하면 모든 유형의 거래를 실시간으로 완벽하게 추적할 수 있다. 사회주의 체제를 유지하는 중국 정부로서는 CBDC가 사회를 보다 철저히 통제할 수 있는 효과적인 수단이 될 수 있다.

바로 이런 이유 때문에 트럼프 대통령은 "미국은 CBDC를 도입하지 않을 것"이라고 선언했다. 설사 각국이 CBDC를 도입하더라도 개인이 만든 암호화폐가 사라지지 않을 것이다. 만약 CBDC가 본격적으로 도입된다면 정부의 감시를 피하기 위해서 비트코인과 같은 암호화폐를 이용한 거래가 더욱 활성화될 것이다.

2장

두 번째 뉴노멀: 노인사회

01

산업혁명 이후
인간 수명의 급격한 증가

산업혁명에 이어 디지털혁명은 인간의 수명을 빠르게 증가시키고 있다. 디지털기술이 생명공학, 재료공학 등과 융합하며 인간의 건강을 개선하고 수명을 늘리고 있다. 인간의 기대수명이 100세를 넘을 날이 이제 머지않았다.

호모 사피엔스는 30만 년 전 등장해 29만 년 동안 수렵채집 생활을 했다. 약 1만 년 전에 농업혁명이 시작되면서 인구는 100만 명에서 1천만 명으로 늘었다. 농업혁명으로 출산율이 증가했지만, 질병과 영양 부족으로 기대수명은 오히려 낮아졌다. 수렵채집사회의 기대수명은 20세 초반에서 30세 초반이었고, 농업혁명 이후에도 비슷한 수준을 유지했다.

기원 후 1세기에 4억 명이었던 인구는 산업혁명 이전인 1800년경에는 10억 명으로 무려 10배나 증가했다. 오늘날 세계 인구는 80억 명이 넘는다. 불과 200여 년 만에 8배나 증가한 것이다.

산업혁명 이후에 인구가 급증한 이유는 기대수명 증가 때문이다. 예를 들어 영국의 기대수명은 1800년 40세, 1900년 50세, 2000년 77세, 2024년 82세로 증가했다. 산업혁명 이후 전 세계 평균 기대수명은 1800년 28.5세, 1900년 32세, 2000년 66세, 2024년 73세로 증가했다. 아프리카에서도 기대수명은 1900년대 초 26세에서 2000년 53세, 2024년 64세로 증가했다. 이러한 기대수명의 증가는 무엇보다 산업혁명 이후 공중보건, 의료기술 발전, 예방 접종에 따른 유아 사망률 감소가 주요 원인이다.

산업혁명에 이어 디지털혁명도 인간의 수명을 빠르게 증가시키고 있다. 인간게놈프로젝트를 통해 유전자 지도가 밝혀지면서 유전적 질병을 사전에 예방할 수 있게 되었고, 개인 맞춤형 치료가 가능해졌다. 인간게놈프로젝트는 1990년에 시작되어 2003년에 완료되었으며, 2021년에 완전한 게놈 시퀀싱이 완성되었다. 이는 디지털기술 덕분이다. 이제 유전자편집 기술을 통해 질병을 예방하거나 치료하는 것이 가능해지고 있다. 유전자편집 기술 중에서 2012년 개발된 CRISPR-Cas9 기술은 유전자편집의 효율성을 높임으로써 치료 비용을 크게 줄였다.

유전자편집은 암, 심장병, 당뇨병 등 각종 질병을 치료하는 데 사용될 수 있다. 일부 과학자들은 인간 유전자편집의 안전성과 윤리적 의미가 충분히 고려될 때까지 기술 적용을 자제해야 한다고 주장하지만, 다른 연구자들은 새로운 기술이 인간의 고통을 줄일 열쇠를

쥐고 있다고 주장한다. 2018년에 중국의 허젠쿠이 연구원이 세계 최초의 유전자편집 쌍둥이 아기의 탄생을 발표해 큰 논란을 일으켰다.

현대인은 주로 노화로 사망하며, 세포 노화가 주요 원인이다. 메이요 클리닉의 제임스 커클랜드 교수팀은 노화 세포를 제거하는 약물을 개발중이며, 유니티 테크놀로지도 비슷한 약을 개발하고 있다. 구글의 모회사 알파벳의 칼리코는 벌거숭이두더지쥐의 긴 수명 비결을 연구하고 있다.

생체 시계를 거꾸로 돌려 인체를 회춘시키는 연구도 진행중이다. 야마나카 신야 교수는 4개의 단백질이 세포를 원래 상태로 되돌릴 수 있음을 발견해 2012년 노벨상을 받았다. 영국 바브라함 연구소(Babraham Institute)는 사람 피부 세포의 역분화를 연구하고 있다. 2022년 1월 미국 샌프란시스코에서 출범한 앨토스 랩(Altos Lab)은 세포 재프로그래밍 기술을 활용해 세포를 젊고 건강한 상태로 되돌리는 것을 목표로 하는 생명공학 기업이다. 이 기업에는 베이 에어리어 과학연구소, 샌디에고 과학연구소, 캠브리지 과학연구소가 참여했으며, 제프 베이조스와 유리 밀너가 30억 달러를 투자했다.

신경을 자극하는 장치를 통해 척수 손상으로 걷지 못하던 사람들이 다시 걷게 될 수 있다. 미국의 뇌 임플란트 스타트업 신크론(Synchron)은 마비 환자들이 컴퓨터를 조작할 수 있도록 하는 두뇌 인터페이스(BCI)를 개발해 인체 실험을 시작했다. 이 장치는 목의 혈관을 통해 뇌에 삽입되며, 마비된 사람들이 생각을 통해 디지털 기기를 무선으로 조작할 수 있게 한다. 일론 머스크의 뉴럴링크

(Neuralink)도 유사한 BCI를 개발중이다.

스위스 로잔느 연방공과대학의 연구팀은 척수 손상 환자가 휴면 상태였던 신경을 자발적으로 제어할 수 있게 하는 전극 장치를 개발했다. 이를 통해 환자는 다리를 움직여 걸을 수 있었으며, 수영과 자전거 타기도 가능했다.

3D 프린팅 기술로 인공 장기를 만드는 기술도 발전하고 있다. 파티클3D(Particle3D)와 아담(ADAM)은 3D 프린팅으로 뼈를 생산하며, 유전자편집 기술과 결합해 피부, 뼈, 간, 심장, 혈관 등의 조직을 만들 수 있는 바이오프린팅 기술도 개발중이다.

옥스퍼드 마틴 프로그램(Oxford Martin Programme)은 3D 프린팅된 신경 조직으로 뇌를 수리하는 새로운 접근 방식을 개척하고 있다. 환자의 줄기세포로 3D 프린팅해 개인 맞춤형 신경 임플란트를 제작해서 뇌를 복구하려는 시도다. 이 프로젝트는 줄기세포에서 뉴런과 지원세포를 생성하고 이를 3차원으로 '사전 조직화'한 후 동물실험을 하는 것을 목표로 하고 있다.

AI는 신약 개발의 비용 절감, 시간 단축, 효율성 향상에 기여하고 있다. 무엇보다 AI는 방대한 양의 생물학적 데이터(유전자, 단백질 구조, 화합물 정보 등)를 분석해 특정 질병과 상호작용할 가능성이 있는 신약 후보 물질을 찾아낸다. AI를 통해 새로운 분자의 구조를 설계하거나 기존 분자의 특성을 변형해 더 효과적이고 안전한 약물을 설계할 수 있다. 예를 들어 Moderna는 mRNA 백신을 설계하기 위해 SARS-CoV-2(제2형 중증급성호흡기증후군 코로나-19바이러스 2) 바이러스의 스파이크 단백질(Spike Protein) 구조를 신속히 분석하는 데 AI를 활용했다.

휴대용 진단 및 치료 기기, 건강 센서, IoT 기반 헬스케어 디바이스, 3D 프린팅, AI-로봇 등 다양한 디지털 기기가 수명 연장을 가능하게 만들고 있다. 스마트와치, 팔찌, 반지 및 패치와 같은 웨어러블 기기들은 수면, 온도, 호흡, 혈압, 산소 포화도, 혈당, 심장 박동 등 다양한 건강 정보를 측정해 질병 예방과 치료에 도움을 준다. 웨어러블 기기들은 스마트폰과 연결해서 사용하기 때문에 조기진단, 개인 맞춤 치료, 만성질환 관리에서 의료 서비스를 재편하고 비용을 낮추며 생명을 구하는 데 중요한 역할을 하고 있다. 구글과 아마존 같은 기업들은 수면의 질을 추적하고 개선하는 기기들을 개발중이다.

애플은 2024년, 1억 5천만 개 이상의 스마트와치(애플워치)를 판매해서 전 세계 스마트와치 판매의 29%를 차지한다. 스위스의 모든 시계 제조업체보다 더 많은 애플워치를 판매중이다. 한 통계에 의하면 미국인 4명 중 한 명이 스마트와치를 소유하고 있다. 앞으로 주요 선진국에서 2명 중 한 명은 웨어러블 기기를 착용할 것이다. 한국갤럽의 조사에 따르면 2024년 기준으로 한국의 만 18세 이상 성인 중 33%가 스마트와치를 사용하고 있다.

이처럼 디지털기술을 생명공학, 재료공학 등과 융합시켜 건강을 개선하고 수명을 늘리고 있다. 인간의 기대수명이 100세를 넘을 날이 이제 머지않았다.

02

급격히 감소중인 전 세계의 출산율

수명이 긴 동물일수록 번식력이 낮은 것처럼 인간의 수명이 증가하면서 출산율이 감소하고 있다. 인간은 디지털세계에서 더 많은 즐거움을 느끼고 있으며, 그러다 보니 결혼과 출산의 필요성이 줄어들고 있다.

기대수명이 증가하는 한편, 출산율은 감소하고 있다. 한국을 포함한 많은 나라에서 기대수명의 증가속도보다 출산율의 감소속도가 더 빠르다. 합계출산율은 한 여성이 평생 동안 낳을 것으로 예상되는 아이의 수를 말한다. 1960년대 중반까지 대략 5명이었던 전 세계 평균 출산율은 이때부터 빠르게 줄어들어 2023년에 2.3명을 기록했다. 사하라 이남 아프리카의 출산율도 1978년대 초 6.8명에서 2022년 4.5명으로 감소했다.

인간의 기대수명이 1800년대 중반부터 빠르게 증가하기 시작한 것과 비교하면 합계출산율은 이보다 100년 정도 늦게 감소하기 시작했다. 산업혁명은 18세기 중엽 영국에서 시작되었지만 100년 정도 지난 후에야 유럽 전역과 북미지역으로 확산되었고, 이때부터 기대수명이 빠르게 증가했다. 합계출산율은 이로부터 다시 100년 정도 지난 후부터 빠르게 감소하고 있는 상황이다.

국가별로 출산율 감소가 시작된 시점도 다르지만 속도도 다르다. Our World in Data에 따르면, 합계출산율이 6명에서 3명으로 감소하는 데 영국은 95년(1815~1910년) 걸렸고, 미국은 82년(1844~1926년) 걸렸다. 합계출산율 감소가 늦게 시작한 한국은 불과 18년(1960~1978년) 걸렸고, 중국은 11년(1967~1978년) 걸렸다.

미국, 서유럽, 일본 등 선진국의 출산율 감소보다 늦게 시작했지만 2023년 기준으로 한국과 중국의 출산율은 선진국들의 평균(1.5명)에 비해 훨씬 낮은 상황이다. 한국은 0.72명으로 세계에서 가장 낮고, 중국도 1.0명으로 G20 국가 중에서 가장 낮다.

전 세계 모든 지역에서 출산율이 감소하는 이유는 매우 복합적이다. 소득 증가와 함께 여성의 교육수준과 권익이 높아지면서 여성들이 출산과 보육을 하기 위해 포기해야 하는 기회비용이 증가해왔다. 즉 점점 더 많은 여성들이 고소득을 얻을 수 있는 일을 할 수 있게 되면서 출산과 보육을 위해 일을 포기하는 것에 의한 손실이 커진 것이다. 따라서 여성의 사회참여 증가에 따른 경력단절 우려 등으로 여성들이 결혼과 출산을 꺼리게 되었다.

또한 유아사망률의 감소가 출산율의 감소를 가져왔다. 과거 유아

사망률이 높은 시대에는 여성은 자녀 손실에 대비해 원하는 수보다 더 많은 자녀를 낳았다. 그러나 유아사망률이 낮아지면서 여성이 원하는 적정 자녀수를 얻기 위한 출산율도 감소하게 되었다.[1] 산업화 이후 사람들이 농촌에서 도시로 이주하면서 경쟁이 심화되었고, 따라서 교육을 포함한 양육비용이 증가한 것도 출산율 감소의 중요한 이유이다. 국가마다 조금씩 차이는 있지만 치열한 경쟁과 취업난, 높은 부동산 가격과 사교육 비용 등을 꼽을 수 있다.

이밖에 피임기구의 보급과 정부의 산아제한정책도 출산율 감소에 크게 영향을 미쳤다. 특히 지난 수십 년간 급격한 출산율 감소를 기록한 한국과 중국은 모두 정부가 '한 자녀 갖기 운동'과 같은 산아제한정책을 실시한 나라다. 중국은 1980년부터 한 자녀 정책을 시행하다가 출산율 감소가 심해지자 2016년부터 두 자녀 출산을 전면 허용했다. 그러나 저출산 추세는 꺾이지 않고 있다.

아울러 플라스틱 사용 증가, 컴퓨터 및 휴대폰 사용 증가에 따른 방사선 노출 증가, 살충제나 제초제 사용증가에 따른 독성물질 노출 증가, 대기오염 심화에 따른 중금속 노출 증가 등에 따른 남성의 생식 능력이 저하되고 있는 것도 저출산의 원인으로 꼽히고 있다.

인간의 수명 증가도 출산율 감소에 영향을 미쳤다. 수명이 짧은 동물일수록 번식력이 높다. 인간도 오래 살게 되면서 출산율이 감소했다. 또한 디지털사회로의 전환과 가치관 변화도 출산율 하락에 영향을 미치고 있다. 디지털세계에서 더 많은 즐거움을 느끼면서 결혼과 출산의 필요성이 줄어들고 있는 것이다.

03

기대수명 증가와 출산율 하락이 만들어낸 고령사회

인류는 역사상 처음으로 유소년인구보다 고령인구가 많은 시대에 접어들고 있다. 그중에서도 한국은 고령화가 가장 빠르게 진행중인 나라다. 한국은 세계에서 출산율이 가장 낮은 나라이기 때문이다.

2025년 기준 세계 인구는 약 82억 명이며, 유엔은 세계인구가 2100년에는 112억 명에 이를 것으로 예상하고 있다. 전 세계적으로는 출산율이 여전히 2.3명 수준이고, 기대수명이 증가하고 있기 때문이다.

그러나 인구구조는 빠르게 고령화되고 있다. 2019년 처음으로 65세 이상 인구가 5세 미만 인구를 추월했다. 1960년에는 100명 중 5명이던 65세 이상 인구가 2020년에는 100명 중 9명이 되었다. 반면 5세 미만 인구는 100명 중 8.5명으로 감소했다.

인구고령화는 특히 소득수준이 높은 국가들에서 빠르게 진행중이다. 그중 일본이 인구고령화가 가장 많이 진행된 나라다. 2023년 기준 65세 이상 인구 비중이 30%다. 유럽과 북미의 선진국들도 인구고령화 수준이 높다. 이탈리아와 포르투갈은 24%, 미국은 17%이다. OECD 회원국들의 평균 인구고령화 비율도 18%이다. 한국은 2023년에는 OECD 평균 수준인 18%였고, 2024년에는 19%를 넘었으며, 2025년에는 20%에 이를 것이다.

한국은 고령화가 가장 빠르게 진행중인 나라다. 세계에서 출산율이 가장 낮기 때문이다. 유엔은 한국의 고령인구 비중이 2040년 중반에 38%로 일본을 추월해 세계 1위가 될 것으로 추계하고 있다. 2070년에는 46.5%가 될 것으로 예상되며, 출산율이 더 떨어지면 50%를 넘을 가능성도 있다. 한국의 총인구는 2021년부터 감소하고 있으며, 생산연령인구는 2019년부터 감소하고 있다. 이는 노인 인구를 부양해야 할 젊은 인구가 빠르게 줄어들고 있음을 의미한다.

14억 명의 인구를 갖고 있는 중국도 인구고령화 문제가 심각한 상황이다. 중국의 합계출산율은 1.0명에 불과하다. 총인구는 2021년부터 감소하고 있고, 생산연령인구는 2019년부터 감소하고 있다.

중국뿐만 아니라 동남아시아의 싱가포르, 태국, 베트남 등도 낮은 출산율과 함께 인구고령화가 빠르게 진행중이다. 이처럼 선진국뿐만 아니라 전 세계의 많은 신흥국들도 고령사회로 진입하고 있다.

디지털사회로의 전환이 인류의 삶 모두를 바꾸고 있는 것처럼 인구고령화 또한 경제, 사회, 문화 전반에 걸쳐 깊은 영향을 미치고 있다. 무엇보다 노동 인구가 줄어들면서 경제성장 잠재력이 하락할 가능성이 크다. 이를 해결하기 위해 AI-로봇과 같은 인간의 노동을 대신할 수 있는 디지털기술이 더욱 중요해지고 있다.

한편 기존에 젊은 세대 중심이던 소비재 산업에서 고령층을 대상으로 하는 헬스케어, 웰빙, 여행 및 레저 산업이 성장할 것이다. 고령인구의 건강을 유지하기 위해 맞춤형 의료, 원격 진료, 바이오 기술 등이 발전할 것이다. 또한 노인 돌봄 및 일상 지원을 위한 AI-로봇 기술이 일상화될 것이다.

은퇴한 노인의 수명이 길어짐에 따라 이들이 살고 있는 집을 비롯한 자산이 후손으로 이전되는 시점은 늦어지게 된다. 반면 고령인구가 늘어나면서 국가의 연금, 의료비, 복지비용 부담이 커질 수밖에 없다. 이 때문에 자원 배분을 두고 세대 간 갈등이 발생할 수밖에 없다.

04

AI를 창조하면서 스스로 신이 된 인간

신이 흩트려놓았던 인간은 디지털혁명을 통해 바벨탑 사건 이전의 시대로 회귀하고 있다. 유전자를 조작해서 생명을 늘리고 새로운 생명체인 AI를 창조하면서 이제 인간은 스스로 신이 되고 있다.

오래 사는 것은 인간의 본능이고 꿈이다. 고전문학과 종교는 어떤 면에서는 인간의 영생에 대한 꿈에서 비롯된 것이다. 진시황은 중국 역사상 최초로 전국을 통일한 강력한 황제였지만, 그 권력과 업적에도 불구하고 노화와 죽음에 대한 두려움을 떨치지 못했다. 그는 자신의 영생을 얻고자 서복이라는 사신과 3천 명의 동남동녀(젊은 남녀)를 불로초라 불리는 신비의 약초를 찾으러 보냈다. 그러나 이들은 끝내 불로초를 찾지 못했고, 돌아오지 않았다. 진시황은 결국 49세의 나이로 세상을 떠났다.

고대 메소포타미아 지역의 도시 우루크(Uruk)는 수메르 문명의 중심지였다. 우루크의 왕 길가메시는 초인적인 힘과 업적으로 이름을 떨쳤지만, 친구 엔키두의 죽음을 계기로 자신의 죽음도 피할 수 없음을 깨닫고 죽음의 공포에서 벗어나고자 불사의 존재인 우트나피쉬팀을 찾아간다. 우트나피쉬팀은 대홍수에서 살아남아 신들로부터 영생을 부여받은 유일한 인간이었다. 우트나피쉬팀은 길가메시에게 "죽음은 인간의 숙명"이라며 신들만이 영생을 누릴 수 있다고 말하지만, 길가메시는 포기하지 않고 불사의 비밀을 담은 신비한 풀을 찾는다. 그러나 그는 이 풀을 잃어버리고 결국 영생의 기회를 놓치고 만다.

인간은 육체적 영생을 얻는 게 불가능하자 영혼의 영생을 얻으려 종교를 찾았다. 힌두교에서 인간의 삶은 업(카르마)에 의해 결정되며, 선행과 악행이 다음 생에 영향을 미친다. 영혼은 계속해서 새로운 몸으로 다시 태어나는 윤회를 반복한다. 깨달음, 헌신, 수행 등을 통해 카르마에서 벗어나는 것만이 이 윤회의 굴레를 끝내고 궁극적으로 해방되는 상태인 영생을 얻는 방법이다.

불교도 힌두교처럼 윤회의 개념을 공유하지만, 영생에 대한 관점은 다르다. 모든 것은 무상(無常)하며, 영원히 고정된 자아는 없다. 윤회의 반복을 벗어나 열반(니르바나)에 도달하는 것이 영생을 얻는 것이다. 열반은 이 고통에서 벗어난 완전한 자유 상태이다. 영생은 단순한 생명의 지속이 아니라, 고통과 번뇌를 벗어나 무상하고 평화로운 상태로 존재하는 것이다.

힌두교는 브라마, 비슈누, 시바와 같은 다양한 신을 믿지만 이들은 우주 창조, 유지, 파괴와 같은 역할을 할 뿐 인간에게 영생을 주지는 않는다. 불교에서는 신의 존재를 믿지 않는다. 기독교만이 창조주인 유일신의 존재를 믿는다.

기독교에서의 '영생'은 신앙의 핵심이다. 인간은 본래 원죄로 인해 죽음을 맞이하지만, 예수 그리스도의 십자가 희생을 통해 영원한 생명이 가능해졌다. 기독교에서의 영생은 육체적 불멸보다 천국에서 하나님과 함께 영원히 사는 기쁨과 평화를 뜻하며, 이는 죽음 이후의 부활을 통해 실현된다. 부활은 오직 믿음과 신의 은총에 의해서만 가능하다.

디지털혁명으로 말미암아 인간은 더 이상 수행을 하지 않아도 행복해질 수 있고, 신을 믿지 않아도 영생을 얻을 수 있고, 그래서 스스로 신이 되고 있는지도 모르겠다. 유발 하라리는 그의 저서 『호모 데우스』에서 인간이 신이 되고 있다고 말한다. [여기서 데우스(Deus)는 '신'을 뜻하는 라틴어다.] 하라리는 디지털기술, 특히 생명공학과 인공지능의 발전이 인간의 능력을 근본적으로 확장시키고 있다고 이 책에서 주장한다. 이 과정에서 인간은 전통적으로 신에게만 귀속되었던 영역을 점점 더 탐구하고 통제하게 되어 스스로 신처럼 행동하고 있다고 말한다.

과거에 죽음, 질병, 기근, 전쟁 같은 문제들은 신의 영역이었다. 그러나 이제는 과학과 기술을 통해 이런 문제들을 극복할 수 있는 능력을 가지게 되었다는 것이다. 앞서 설명한 것처럼 수명을 연장하려는 연구(예: 유전자편집, 노화 연구)는 인간이 죽음을 극복하려는 단계로 진입하고 있다.

유전자가위 같은 기술은 특정 유전자를 편집하고 질병을 예방하거나, 원하는 특성을 가진 생명체를 설계하는 가능성을 제공한다. 자연 선택에 의해 진행되던 진화 과정을 인간이 직접 통제할 수 있게 된 것이다. 생체공학과 인공지능의 융합은 인공 팔다리, 뇌-컴퓨터 인터페이스(BCI), 기억력 강화 기술 등을 가능케 해 인간의 지적·신체적 능력을 강화시킬 수 있다. 뿐만 아니라 인간의 죽음을 생물학적 결함으로 보고, 이를 극복하기 위한 연구도 진행중이다. 유발 하라리는 이러한 발전이 단순히 문제를 해결하는 데 그치지 않고, 인간을 생물학적 한계를 초월하려는 '신적 존재'로 변화시키고 있다고 말한다.

역사적·종교적 문헌에는 인간이 스스로 신이 되려 하거나 신의 권위를 넘보다가 심판을 받은 사례들이 많이 등장한다. 성경의 창세기에 기록된 내용을 보면, 인간은 노아의 홍수 이후 한 가지 언어를 사용하며 함께 살았다. 그들이 점차 번성해지자 하늘에 닿는 탑을 세우기로 결심한다. "우리가 흩어짐을 면하자"는 욕망으로 자신들의 힘을 과시하기 위함이었다. 신의 권위에 도전하는 인간의 오만함을 보고 분노한 하나님은 언어를 혼란스럽게 만들어 서로 소통하지 못하게 했고, 결국 인간들은 지구 곳곳으로 흩어지게 되었다.

스마트폰, 초고속 인터넷망, AI 번역기와 같은 기술은 전 세계 사람들이 언어와 문화의 장벽을 뛰어넘어 실시간으로 소통하고 협력하게 만들고 있다. 신이 지구 곳곳으로 흩트려놓았던 인간이 스스로 하나로 뭉쳐 바벨탑 사건 이전의 '언어가 하나였던' 시대로 회귀하고 있다. 더욱이 유전자를 조작해서 생명을 늘리고 새로운 생명체인 AI를 창조하면서 인간은 스스로 신이 되고 있다.

3장

세 번째 뉴노멀:
양극화 사회

01

농업사회와 산업사회에서의 불평등

유발 하라리는 농업혁명을 "거대한 사기"라고 이야기했는데, 산업혁명 또한 인류의 평등과 행복을 가져오지 못했다. 전 세계 상위 10%가 전체 부의 약 76%를 차지하고, 하위 50%는 전체 부의 약 2%밖에 차지하지 않는다.

사피엔스 인류는 30만 년 전에 등장해 29만 년 동안 동물과 식물을 사냥하고 채집하며 살았다. 이들은 수십 명에서 수백 명으로 구성된 무리별로 공동체 생활을 했으며, 굶주리거나 영양실조에 걸리는 일이 없었다. 그들은 개인 소유가 없었고, 사회적 불평등도 없었다. 우두머리가 있었지만 재산을 독차지하지 않았고, 소규모 무리로 이동하며 독립적인 생활을 했기 때문에 전염병의 영향을 덜 받았다. 일하는 시간도 비교적 짧았다. 사냥은 가끔 했고, 채집은 하루 서너 시간이면 충분했다. 그래서 수렵채집사회는 '최초의 풍요사회'라고 불릴 만했다.

농업혁명과 함께 사피엔스 인류는 부락과 도시에서 대규모 집단을 이루며 살게 되었다. 대규모 집단이 형성되면서 국가와 제국이 탄생했고, 지배계급인 왕족과 귀족이 생겼다. 국가와 제국을 통합할 수 있는 신의 대리인인 사제도 등장했다. 나머지 사람들은 하층계급인 평민과 노예가 되었다. 다른 도시나 국가를 침략해서 노획해온 노예들도 있었지만, 같은 민족 중에서도 종교와 전통에 의해 태어날 때부터 노예로 낙인이 찍혔거나 빚을 갚지 못해 노예가 된 사람들도 있었다.

농업혁명으로 대부분의 인류는 농사를 짓고 동물을 사육하면서 도리어 불행해졌다는 주장도 있다. 평민계급인 농민들은 하루 종일 땅을 개간하고, 씨를 뿌리고, 물을 대고, 잡초를 뽑고, 수확하는 일에 매달렸다. 노예들은 가장 힘들고 어려운 일을 도맡았다. 가축화된 동물의 힘을 빌려 특정 작물을 경작하면서 생산량은 증가했지만, 농민들이 개인적으로 소비할 수 있는 식량은 줄어들었다. 제한된 종류의 식량을 재배하게 되면서 자연재해가 오면 기아와 영양실조에 시달리게 되었다. 수렵채집인에 비해 농부는 불균형적인 식사로 인해 체력도 약해졌다.

농업사회에서 대부분의 사람들은 소수 품종의 식물을 재배하며 시간을 보냈다. 목축민들도 육류 위주의 식사를 하며 농부와 비슷한 문제를 겪었다. 농부와 목축민들이 생산한 식량은 왕족과 귀족, 사제들에게 돌아갔다. 농부들은 지배계급을 위한 왕궁과 기념물, 사원을 짓는 일에 동원되었다.

이처럼 인류의 다수는 소수의 지배계급을 위해 존재했다. 아리스토텔레스와 같은 철학자조차 "노예에게는 '맹종하는 본성'이 있고 자유민에게는 '자유로운 본성'이 있다"고 주장했다. 종교는 이러한 계급사회를 조장했다. 인도의 힌두교는 한 카스트가 다른 카스트보다 우월하게 만들어졌다고 믿는다.

수렵채집사회에서는 남자가 주로 사냥을 하고 여자는 채집을 했지만 성에 따른 차별은 없었다. 오히려 엄마를 중심으로 한 모계사회도 많았다. 그러나 농업혁명 이후 대부분의 인간사회는 남자가 여자보다 우월한 부계사회로 변했다. 많은 사람들은 이러한 차별이 신의 계시에 따른 것이라고 믿었다. 무슬림은 여자가 남자의 소유물이며 남자의 보호를 받아야 한다고 믿는다. 기독교 성경에도 남녀 차별이 나타난다. 하나님은 남자이고, 하나님의 독생자인 예수님도 남자이다. 하나님은 남자를 만들고, 남자의 갈비뼈로 여자를 만들었다. 기독교 성경은 남편은 아내를 사랑하고, 아내는 남편을 존경해야 한다고 가르친다.

산업사회가 되면서 기존의 왕정체제는 유명무실해지고 민주공화정으로 변했다. 그러나 모든 사람들이 평등해진 것은 아니었다. 산업혁명과 함께 농민들은 도시의 산업 노동자가 되었고, 자본가와 노동자로 나뉘었다. 자본가는 자본을 소유한 사람들이고, 노동자는 자본가에게 고용된 사람들이다. 농민은 소수만이 남아 기계의 힘을 빌려 소수의 작물을 대량생산했다. 인류는 밀, 쌀, 옥수수, 감자 등 소수의 작물로 필요한 칼로리를 충당하게 되었다.

사람들은 태어나서부터 유수한 대학에 들어가기 위해 치열하게 경쟁을 한다. 대학에 들어가서도 좋은 회사에 취직하기 위해 경쟁해야 하고, 좋은 회사에 취직해도 또 다른 경쟁 속에서 노동을 계속해야 한다. 전화, 자동차, 컴퓨터, 세탁기, 진공청소기, 식기세척기 같은 기계들이 인간의 노동을 대신하지만 인간은 여전히 바쁜 삶을 살고 있다.

산업혁명과 함께 유럽 열강들은 아프리카, 아시아, 호주, 아메리카를 식민지로 만들었고, 많은 주민을 노예로 삼았다. 19세기 초 대영제국과 미 대륙에서 노예제가 불법화되었지만, 인종차별적인 법과 사회적 관습은 여전히 지속되고 있다.

산업혁명 이후 많은 나라에서 왕정 대신 민주공화정이 들어섰지만, 여전히 여성들은 정치 참여와 교육, 경제활동에서 차별을 받았다. 그러나 현대 여성들은 농업혁명 이후 가장 동등한 대우를 받고 있다. 산업화는 최소한의 교육을 필요로 했고, 여성도 교육을 받게 되었다. 교육을 받은 여성들과 노동자들은 평등과 권리를 깨닫고 민주주의가 발전하면서 성차별이 줄어들었고, 노동자들의 권익도 증가했다. 그럼에도 오늘날 선진국에서조차 여성들은 보이지 않는 유리천장에 직면해 있다.

경제적 차별도 여전히 존재한다. 세계불평등연구소(WIL)에 따르면 2023년 세계 인구의 상위 10%가 전 세계 소득의 53.5%를 차지하는 반면, 하위 50%는 전체 소득의 8.0%밖에 차지하지 않는다. 부의 분배는 더욱 불평등하다. 2022년 세계 인구의 상위 10%가 전체 부의 77.7%를 차지하고 있으며, 하위 50%는 전체 부의 1.6%만 차지할 뿐이다. 유발 하라리는 농업혁명을 두고 행복을 향한 길이 아니라 “거대한 사기”라고 이야기했는데, 산업혁명 또한 인류의 평등과 행복을 가져오지 못했다.

02

디지털사회에서의 양극화

인공지능-로봇이 인간의 육체노동뿐만 아니라 정신노동까지 대체하기 시작했는데, 농업혁명과 산업혁명에 이어 디지털혁명도 또 다른 거대한 사기일 수 있다. 즉 진화가 모든 인류에게 꼭 축복이 아닐 수도 있는 것이다.

농업혁명과 산업혁명이 그랬듯이, 디지털혁명이 인간에게 행복한 삶을 보장해줄 것이라고 장담할 수 없다. 인간은 소비자이면서 노동자인데, 소비자로서 디지털혁명의 혜택을 받지만 노동자로서 인공지능-로봇에게 일자리를 빼앗길 수 있다. 인공지능-로봇이 육체노동뿐만 아니라 정신노동까지 대체하고 있기 때문이다.

디지털사회에서는 디지털기술을 활용할 수 있는 사람과 그렇지 못한 사람 간의 디지털 격차가 나타난다. 디지털기술을 만드는 사람들에게는 새롭고 더 나은 일자리가 생기지만, 이를 활용하지 못하는 사람들은 사회적·정치적 불평등을 겪을 수밖에 없다. 마르크스가 말한 자본가 계급과 노동자 계급에 디지털 계급이 추가되는 상황이다. 이 때문에 종전과는 전혀 다른 형태의 사회양극화가 전 세계적으로 나타나고 있다.

무엇보다 디지털사회를 선도하는 그룹과 이에 낙오하는 그룹 간의 디지털 디바이드가 나타나고 있다. 이는 소득과 자산의 양극화뿐만 아니라 정치·사회·문화 전반에 있어서의 양극화로도 이어진다. 디지털 인류와 아날로그 인류로 구분되는 두 종류의 인류가 같은 사회에 살게 되면서 경제적인 측면뿐만 아니라 정치·사회·문화적인 측면에서 많은 갈등과 소외를 가져올 수밖에 없다.

디지털혁명이 진행되면서 많은 기업들이 AI-로봇을 생산과 유통에 활용하고 있다. 로봇은 이제 산업뿐만 아니라 서비스 분야로도 확산되고 있다. 인공지능은 인간의 지적 능력을 뛰어넘고 있다. AI-로봇은 인간의 육체적·정신적 노동을 모두 대체하기 때문에 인간 노동력의 중요성은 떨어질 수밖에 없다. AI-로봇의 주인인 자본가의 배당금은 증가하고, 노동자의 상대소득은 감소할 것이다.

인공지능은 로봇과 결합해 점점 많은 분야에서 인간의 노동을 대체할 것이다. 단순조립과 같은 일자리는 이제 인간이 로봇에게 내놓아야 할 상황이다. 대신 로봇을 만들거나 조종하는 고기술의 일을 인간이 해야 한다. 이런 새로운 환경에 적응하지 못하는 사람들은 변화의 끝에서 패배하게 될 것이다. 지금은 AI-로봇이 인간을 보조하지만, 결국은 인간이 AI-로봇을 보조하게 될 것이며, 종국에는

AI-로봇을 보조하는 일마저 할 수 없는 상황이 될 수도 있다.

신흥국에서도 AI-로봇에 일자리를 빼앗길 걱정을 해야 한다. 선진국은 디지털기술로 노동자의 고용을 최소화하면서 저렴하게 생산할 수 있기 때문에 신흥국에 있던 선진국의 기업들은 본국으로 회귀할 것이다. 그러면 신흥국의 노동자들도 일자리를 잃게 될 것이다.

더욱이 인간 스스로 창조한 기술인 AI가 인간의 능력을 초월함으로써 인간은 더 이상 자신의 한계에 머무르지 않고 신적 존재에 가까워지고 있다. 과거에는 신만이 생명을 창조하고 통제할 수 있었지만, 현대 과학은 인간에게 이 권한을 부여하고 있다. 이는 '신의 역할'을 인간이 스스로 차지하는 것으로, 생명 조작이나 의사 결정의 도덕적 문제를 야기한다. 뿐만 아니라 디지털기술과 결합한 생명공학 기술은 부유한 엘리트 계층이 먼저 접근할 것이고, '신적 인간(슈퍼 휴먼)'과 '평범한 인간' 사이의 양극화를 만들어낼 수 있다. 또한 인공지능과 빅데이터를 활용한 감시 사회가 출현할 수 있다.

그렇기에 농업혁명과 산업혁명에 이어 디지털혁명도 또 다른 거대한 사기일 수 있다. 진화가 모든 인류에게 꼭 축복이 아닐 수도 있는 것이다.

03

노인사회에서의 양극화

노인사회로의 전환이 디지털사회로의 전환과 동시에 이루어지면서 종전과는 전혀 다른 형태의 사회양극화가 나타나고 있다. 또한 디지털사회로의 전환이 초고속이라 노인세대에게는 외계인의 세상이 되고 있다.

인간은 태어나면 일정 기간 부모와 사회의 도움을 받아 양육과 교육을 받아야만 독립적인 경제활동을 할 수 있다. 경제학적인 용어로 유소년 기간을 거친 다음에야 생산가능인구에 포함된다. 즉 인간은 태어나면 소비자로서의 유소년 기간을 거친 후에야 비로소 노동자, 투자자, 생산자로서 활동할 수 있게 된다.

사람마다 차이는 있지만 일정한 나이를 지나 노화가 되면서 생산성은 감소하게 되고, 궁극적으로는 생산활동에서 퇴장한다. 소위 '일'로부터 은퇴하게 된다. 이때부터 사망할 때까지는 그동안 저축해놓은 것과 사회로부터의 도움을 받아 살게 된다.

전통적인 농업사회에서 부모는 자식들과 대가족을 이루며 노인이 되어서도 농업 생산에도 참여하면서 자식들로부터 부양을 받을 수 있었다. 하지만 산업사회에 들어서면서 소가족제도가 일반화되었고, 노인이 된 부모는 더 이상 자식에게만 기대어 살 수 없게 되었다. 그런데 산업사회를 지나 디지털사회가 전환되면서 인간은 더욱 오랫동안 살게 되었다. 장수는 인간의 꿈이지만 정작 현실이 되고 보니 외롭고 가난하게 살다가 생을 마치는 노인들이 늘고 있다.

물론 모든 노인들이 똑같지는 않다. 젊은 시절에 많은 부를 축적한 노인들과 그렇지 않은 노인들 간에 양극화가 존재한다. 젊은 시절에는 열심히 일하고 투자하면 더 많은 소득을 얻으며 부의 격차를 좁힐 수 있는 기회가 있다. 그러나 노인 간의 부의 양극화는 더 이상 이를 만회할 수 있는 기회가 없다. 그렇기 때문에 가난한 노인을 자식이나 사회가 부양하지 않으면 개인적으로 불행할 뿐만 아니라 사회적으로도 심각한 문제가 된다.

전체 인구에서 노인이 증가한다는 것은 젊은 인구가 부양해야 하는 인구가 증가한다는 뜻이다. 그런데 젊은 인구는 상대적으로 줄어든다. 결국 한 사람의 젊은이가 부양해야 할 노인의 수는 점점 많아지기 때문에, '젊은 인구가 연금보험과 같은 사회보장에 필요한 비용을 얼마나 부담하고, 노인 인구가 혜택을 어느 정도 받아야 하는지'에 대한 문제로 세대 간의 갈등이 심각해지고 있다.

결국 인간의 수명이 늘어나고 출산율은 감소해 전체 인구에서 노인 비중이 크게 증가하는 사회에서는 노인 간의 양극화와 함께 노인과 젊은 인구, 즉 세대 간의 양극화가 심각한 문제가 될 수밖에 없다. 인간이 오래 산다는 것이 개인적으로도 축복이 아닐 수 있고, 사회적으로는 더더욱 축복이 아닌 재앙이 될 수 있다.

또한 노인사회로의 전환이 디지털사회로의 전환과 동시에 이루어지면서 종전과는 전혀 다른 형태의 사회양극화가 전 세계적으로 나타나고 있다. 밀레니엄세대부터 이어지는 신세대는 디지털세대라고 불릴 만큼 태어났을 때부터 인터넷, 스마트폰을 접하며 자랐고, 이제는 인공지능이 이들의 학습과 일의 중요한 보조자 역할을 하고 있다. 또한 디지털세대는 이러한 디지털 기기와 서비스를 이용해서 쇼핑뿐만 아니라 엔터테인먼트와 정치적 행위까지 하고 있다. 이에 따라 경제뿐만 아니라 정치·사회·문화적 시스템이 디지털화되고 있다. 이러한 디지털사회로의 전환이 초고속으로 이루어지면서 기성세대, 특히 은퇴한 노인세대에게는 편리함이 아니라 도리어 적응하기 어려운 외계인의 세상이 되어가고 있다.

04

갈등과 대립을 키우는 정치양극화

종전의 '사회불평등'과는 다른 형태의 '사회양극화'가 전 세계적으로 나타나고 있다. 필터 버블과 에코 챔버 현상으로 인해 사회적 갈등이나 오해가 심화될 수 있고, 심지어 극단적인 정치적 대립까지도 가져올 수 있게 된다.

앞에서 설명한 것처럼 디지털사회와 노인사회로의 전환이 동시에 이루어지면서 종전의 '사회불평등'과는 완전히 다른 형태의 '사회양극화'가 현재 전 세계적으로 나타나고 있다. 무엇보다 디지털사회를 선도하는 그룹과 이에 낙오하는 그룹 간의 디지털 디바이드가 나타나고 있다.

이는 소득과 자산의 양극화뿐만 아니라 정치·사회·문화 전반의 양극화로 이어진다. 디지털 인류와 아날로그 인류로 구분되는 두 종류의 인류가 같은 사회에 살게 되었기 때문이다.

사람들이 정보를 얻고 소통하는 주요 수단이 된 SNS는 정보의 편향성을 만들 위험이 크다. SNS는 사용자의 취향과 관심사를 분석해 그에 맞는 콘텐츠를 보여주는 알고리즘을 사용한다. 이 알고리즘 덕분에 사용자는 자신이 좋아하는 내용이나 자신의 의견과 유사한 정보에 주로 노출된다. 이로 인해 사용자는 다양한 관점과 생각을 접할 기회를 잃고, 자기 의견만 더욱 강화되는 '필터 버블(filter bubble)' 속에 갇히게 된다.

더욱이 비슷한 생각이나 가치를 공유하는 사람들끼리만 모여 대화하게 되면서 기존 의견이 더욱 강하게 증폭되는 '에코 챔버(echo chamber)' 현상이 발생한다. 결과적으로 그룹 내의 의견이 더욱 극단화될 수 있다.

결국 필터 버블과 에코 챔버 현상으로 인해 사회적 갈등이나 오해가 심화될 수 있고, 극단적인 정치적 대립을 가져올 수 있게 된다. 극우주의가 유럽이나 미국을 휘감고 있는 이유는 소득 양극화와 이민문제에 대한 반작용 때문인 것도 있지만, 이러한 디지털사회의 필터 버블과 에코 챔버 현상 때문이기도 하다.

이러한 사회양극화는 권위주의적 포퓰리스트들에게는 비옥한 토양이다. 미국의 도널드 트럼프가 미국인의 열렬한 지지로 재선 대통령이 된 것도 바로 이런 이유에서다. 유럽의 상황도 마찬가지다. 마린 르펜이 이끄는 프랑스의 국민연합(RN)을 비롯해 독일의 독일을 위한 대안당(AfD), 이탈리아의 동맹당(Lega)과 형제당(Fratelli d'Italia), 헝가리의 피데스(Fidesz) 등이 경제적 불평등 문제를 강조하며 유럽으로의 난민과 이민을 적대시하고 있으며, 국가 주권과 민족적 정체성을 앞세우고 있다.

또 한 가지 특징은 이들이 모두 소셜미디어를 통해 전통적인 정치 시스템과 언론을 우회하면서 지지층과 직접 소통한다는 점이다. 말이 소통이지, 딥페이크(Deepfake; 사람의 얼굴, 목소리, 행동 등을 조작해 만들어낸 영상, 이미지, 오디오 등의 합성 미디어)와 소셜미디어를 이용해서 가짜 뉴스와 차별·혐오주의 등을 확산시키고 있는 것이다.

4장

네 번째 뉴노멀: 기후위기

01

홀로세에서 인류세로!
여섯 번째 대멸종의 위기

이제 지구는 '인류세(Anthropocene)'라는 새로운 지질학적 시대로 들어서고 있다. 현재 인류는 여섯 번째 대멸종의 위기에 직면해 있다. 이는 자연현상이 아닌 인간 활동으로 인한 인재로 발생할 수 있는 위기다.

지구는 30억 년 전에 탄생한 이후 여러 차례의 기후변화를 겪었다. 최근의 빙하기는 약 3400만 년 전에 시작된 후기 신생대 빙하기로, 현재 진행중이다.

약 1만 2천 년 전에 마지막 극빙기가 끝나고 간빙기인 홀로세가 시작되었으며, 이 시기에 농업혁명이 일어났다. 이는 온화한 기후 덕분에 가능했다.

약 30만 년 전, 아프리카에 처음 등장한 호모 사피엔스는 약 13만 년 전에 유라시아로, 6만 년 전에 호주로, 1만 5천 년 전에 아메리카로 이주했다. 이 과정에서 사피엔스는 대형 동물들을 멸종시켰다.

호주에서는 사피엔스가 불을 사용해 환경을 파괴했고, 아메리카 대륙에서도 많은 대형 동물들이 사피엔스가 이주한 후에 멸종했다.

농업혁명으로 인해 다양한 식물과 곤충들의 서식지가 파괴되었고, 가축의 개체 수는 늘었지만 이들은 불행한 삶을 살았다. 산업혁명은 멸종의 세 번째 물결을 가져왔으며, 바다의 동식물도 큰 피해를 입었다. 이로 인해 지구의 건강은 위협받고 있다.

산업혁명으로 인해 도시는 깨끗해졌지만, 화석연료 사용으로 온실가스 배출이 폭발적으로 증가했다. 현대의 수송수단은 효율적이지만, 총량이 증가해 기후변화의 주범이 되었다.

산업화로 인해 인구는 도시로 집중되었고, 산림과 하천은 훼손되었다. 화석연료 사용이 급증하면서 기후온난화 물질 배출량도 증가했다. 그 결과, 사피엔스는 자신이 만든 최초의 기후변화 위기에 직면했다. 2015년 파리기후협약에서 국제사회는 지구 평균기온 상승을 2.0℃로 제한하고, 가능하면 1.5℃로 억제하기로 합의했다. 그러나 기후변화에 관한 정부간 협의체(IPCC) 제6차 평가보고서에 따르면 이 목표를 달성하기는 불가능에 가까워 보인다. 2021년 IPCC 보고서를 보면, 산업화 이전 대비 지구의 지표면 평균 온도는 1.09℃ 상승했으며, 현 수준의 온실가스 배출량이 유지되면 2040년 이전에 1.5℃를 넘을 가능성이 높은 것으로 나타났기 때문이다.

2019년 전 세계 온실가스 순 배출량은 2010년 대비 12% 증가했다. 특히 1990~2019년 동안 누적 이산화탄소 배출량의 42%가 배출되었다. 현재도 전 세계 온실가스 배출량은 계속 증가하고 있다.

인류는 해수면 상승, 폭염, 태풍, 홍수, 가뭄 등의 기후 재앙을 경험하고 있다. 해양도 인간의 오남용과 기후변화로 인해 심각하게 영향을 받고 있으며, 많은 해양생물이 고갈되고 있다. 해양은 연간 대기로 배출되는 인위적 이산화탄소 배출량의 약 23%를 흡수한다. 그러나 이는 해양 산성화를 초래해 해양생태계를 파괴하고, 해양자원을 감소시킨다. 이러한 해양자원 감소는 식량안보, 건강 문제, 경제성장 등에 심각한 위협이 된다.

기후변화로 인해 지구온난화가 진행되고 있으며, 극지방의 빙하가 녹으면서 수십만 년 전의 바이러스들이 깨어날 가능성이 있다. 인간이 자연생태계를 파괴하면서 야생동물과의 접촉이 증가하고 있으며, 인수공통 바이러스가 인간에게 전파되고 있다. 산업화로 인해 인간이 도시에 밀집하면서 바이러스 전염도 쉬워졌다.

이제 지구는 '인류세(Anthropocene)'라는 새로운 지질학적 시대로 들어서고 있다. 미국의 트럼프 대통령을 비롯한 일부 정치인과 지식인들은 기후위기를 부인하지만, 인류의 활동이 지구 환경에 미친 영향은 명확하다. 특히 산업혁명 이후에 이러한 영향은 폭발적으로 증가했다.

현재 인류는 여섯 번째 대멸종의 위기에 직면해 있다. 이는 자연현상이 아닌 인간 활동으로 인한 인재로 발생할 수 있는 위기다.

02

결코 정의롭지 않은 기후위기

기후위기는 주로 부유한 국가와 개인들이 초래했지만, 이로 인한 피해는 가난한 국가와 사람들이 더 많이 받는다. 또한 현재의 기후위기와 환경파괴는 기성세대의 책임이지만, 그 부담은 미래세대가 져야 한다.

지구온난화는 산업혁명 이후 증가한 온실가스가 대기권에 갇혀 지구의 평균 온도를 상승시키는 현상이다. 이산화탄소 배출량은 산업혁명 이후 급격히 증가했으며, 2019년 367억 톤에서 2020년에는 코로나-19 팬데믹으로 인해 348억 톤으로 감소했다.

산업혁명 이후 세계에서 온실가스를 가장 많이 배출한 국가는 서유럽과 미국 같은 선진국들이다. IPCC 제6차 평가보고서에 따르면 1990~2019년 동안 최빈개도국의 온실가스 배출량은 전체에서 차지하는 비중이 0.4%에 불과했다. 그러나 불공평하게도 이러한 국가들은 선진국들로 인해 화석연료를 사용할 수 없게 되었고, 산업화와 경제성장이 제한되었다.

또한 기후위기에 대한 대응 능력이 부족한 저개발국들이 더 큰 피해를 입고 있다. 예를 들어 남태평양의 섬나라 투발루는 해수면 상승으로 인해 국가가 바다 속으로 잠길 위기에 처해 있다.

그럼에도 불구하고, 신흥공업국들의 온실가스 배출량은 급격히 증가하고 있다. 중국의 연간 이산화탄소 배출량은 2006년 이후 미국을 추월했고, 2020년에는 미국의 2배가 넘었다. 인도의 배출량도 2020년에는 EU 27개국 수준에 육박했다.

기후위기는 국가 간 기후불평등뿐만 아니라 개인 간 기후불평등을 심화시킨다. 세계불평등연구소(WIL)에서 발표한 2023 기후불평등보고서에 따르면 전 세계 온실가스 배출량의 48%는 부유한 상위 10%가 차지한 반면 하위 50%의 배출량은 12%만을 차지했다. 또한 상위 10%는 기후위기에 따른 피해를 전체 피해의 3%밖에 받지 않는 반면 하위 50%는 전체 피해의 75%를 받는다. 즉 기후위기는 주로 부유한 국가와 개인들이 초래했지만, 피해는 가난한 국가와 사람들이 더 많이 받는다.

인도와 파키스탄 같은 국가들은 최근 들어 매년 폭염을 겪고 있다. 산업화 이후 지구온난화로 인해 폭염 가능성이 30배 이상 증가했기 때문이다. 이 국가들은 폭염을 피할 인프라가 부족해 많은 사람들이 목숨을 잃었다. 기후위기는 주로 부자들이 만들어내지만, 그 피해는 가난한 사람들에게 집중된다.

기후위기는 세대 간의 불평등도 초래한다. 현재의 기후위기와 환경파괴는 기성세대의 책임이지만, 그 부담은 미래세대가 져야 하기 때문이다.

기성세대는 산업화와 경제발전을 통해 생활 수준을 높이고 물질적 풍요를 누려왔지만, 그 과정에서 발생한 환경 파괴와 기후위기의 대가는 후손들이 감당해야 한다. 특히 지구온난화로 인해 극단적 기후 현상이 증가하면서, 미래세대는 더욱 가혹한 환경에서 살아가야 할 가능성이 크다. 해수면 상승으로 인한 국토 침수, 빈번한 이상기후, 생태계 파괴, 식량 부족 등의 문제는 미래세대의 생존과 삶의 질에 심각한 위협이 되고 있다.

또한 기후위기를 해결하기 위한 정책과 규제는 시간이 지날수록 더 강력해질 것이며, 이는 젊은 세대에게 경제적 부담과 생활상의 제약을 초래할 수 있다. 예를 들어 탄소중립 목표를 달성하기 위해 에너지 사용이 제한되고 탄소세와 환경 규제가 강화되면, 현재보다 높은 비용을 감당해야 할 가능성이 높다. 반면 기성세대는 이러한 정책이 본격적으로 시행되기 전 경제적 혜택을 누렸기 때문에, 세대 간 형평성의 문제가 제기될 수밖에 없다.

03

기후위기의 핵심은 에너지 전환

안정적 에너지 공급과 탄소중립 목표 달성을 동시에 실현하기 위해서는 화석연료 사용을 줄여야 한다. 동시에 재생에너지의 사용을 지속적으로 늘려나가되 원자력 발전도 계속 늘려갈 수밖에 없다.

산업혁명 이후 발명된 모든 기계는 에너지를 필요로 하며, 그 에너지의 대부분은 석탄, 석유, 천연가스와 같은 화석연료에 의존해왔다. 그러나 화석연료의 사용은 탄소 배출을 통해 지구온난화를 촉진하고, 이는 결국 기후위기를 초래하는 주요 원인이 되고 있다.

기후변화로 인해 폭염, 한파, 허리케인, 가뭄 등 극단적인 날씨 현상이 빈번해지고 있다. 이러한 현상은 전력망, 발전소, 에너지 생산 인프라에 심각한 영향을 미치며, 에너지 공급망의 안정성을 위협한다. 예를 들어 폭염으로 인한 전력 수요 증가나 가뭄으로 인한 수력 발전 부족은 에너지 부족 사태를 초래할 수 있다.

디지털사회로의 전환이 에너지 수요를 줄여주지 않는다. 오히려 AI 사용이 증가하면서 에너지 수요가 폭발적으로 증가하고 있다. AI 시스템은 대량의 데이터를 수집·처리·분석하는 데 의존한다. 이를 지원하기 데이터센터(클라우드 서버)가 필수적인데, 데이터센터는 전 세계 전력 소비의 큰 부분을 차지하고 있다. 예를 들어 대규모 언어 모델(LLM)이나 딥러닝 시스템은 훈련 과정에서 수천 대의 GPU나 TPU(특수 고성능 처리 장치)를 사용한다. 데이터의 양이 증가할수록 데이터센터와 AI 연산에 필요한 전력이 급격히 증가한다.

또한 AI 모델 훈련은 매우 에너지 집약적인 과정이다. 대규모 언어 모델의 훈련에는 수십만에서 수백만 시간의 오랜 연산이 필요하며, 이는 상당한 전력 소비로 이어진다. AI 모델이 복잡해질수록(더 큰 파라미터, 더 많은 데이터) 훈련에 드는 에너지 비용도 기하급수적으로 증가한다.

훈련이 끝난 후에도 AI 시스템은 실시간 서비스를 제공하기 위해 지속적으로 작동해야 한다. 음성 인식, 번역, 추천 시스템, 챗봇 등은 대규모 서버에서 실시간으로 작동한다. 사용자 수가 많아질수록 AI 서비스의 작동 빈도가 증가하며, 이에 따른 전력 소비도 높아진다. 예를 들어 동영상 플랫폼의 추천 알고리즘이나 검색 엔진의 최적화는 AI가 실시간으로 데이터를 처리하면서 운영되므로 에너지 사용량이 계속 증가한다. AI 모델 운영에는 GPU와 같은 특수 반도체가 사용되는 데 많은 전력을 소모한다.

이 때문에 AI의 확산과 함께 세계적으로 에너지 수요는 폭발적으로 증가하고 있다. 그러나 화석연료를 이용한 에너지 공급은 탄소 배출을 증가시키기 때문에 탄소 배출이 거의 없는 재생에너지(태양광, 풍력, 수력 등)로의 전환이 필수적이다.

그러나 재생에너지로의 전환을 위해서는 시간과 자원이 필요하며, 현재의 에너지 인프라를 대체하기 위해 대규모의 투자와 기술 개발이 요구된다. 이 과정에서 에너지 공급이 불안정해질 가능성이 있으며, 이는 에너지 위기를 초래할 수 있다. 더욱이 재생에너지는 날씨와 환경 조건에 따라 가변성이 크다.

따라서 재생에너지의 이러한 단점을 보완하기 위해 원자력 발전과 같은 저탄소 에너지가 필요하다. 원자력 발전은 전력 생산 과정에서 온실가스를 거의 배출하지 않는다. 또한 기상 조건에 영향을 받지 않아 일관된 에너지 공급이 가능하다. 대규모 전력을 생산할 수 있어 산업용 전력 수요를 충족시키기에도 적합하다. 우라늄 등의 원자력 연료는 에너지 밀도가 높아 소량으로도 대량의 전력을 생산할 수 있다. 원자력 발전은 석유나 천연가스처럼 해외 수입에 의존하지 않아 에너지 자립도를 높일 수 있다. 또한 초기 건설비용은 높지만, 발전소가 운영되면서부터는 연료비와 유지비용이 상대적으로 낮아 장기적으로 봤을 때 경제적이다.

다만 원자력 발전의 치명적인 단점이 있다. 원자로 사고(예: 체르노빌, 후쿠시마)는 대규모 방사능 누출로 심각한 환경 및 건강 문제를 초래할 수 있다. 방사능 오염은 장기간 지속되며, 복구비용과 사회적 부담이 매우 크다. 또한 원자력 발전에서 생성되는 열과 방사능의 준위가 높은 고준위 방사성 폐기물은 수만 년 동안 안전하게 보관해야 하며, 이를 위한 저장 기술과 시설이 필요하다. 원자력 발전소는 지진, 해일, 테러 등 자연재해나 인재에 취약할 수 있다. 이 때문에 원자력 발전에 대해 환경단체와 지역 주민들의 반대가 강하다.

전 세계적으로 2030년대 상용화를 목표로 활발히 개발되고 있는 소형 모듈형 원자로(SMR)는 기존의 대형 원자로에 비해 설계와 운영 면에서 여러 단점을 극복할 수 있다. SMR은 전력 공급 없이도 자동으로 원자로를 냉각하거나 안전 상태를 유지할 수 있도록 하는 패시브 안전 시스템을 사용하고 있다. 이는 사고 발생 가능성과 방사능 누출 위험을 크게 줄인다. 소형 설계로 인해 에너지가 국지적으로 분산되며, 사고 시 피해 규모가 제한될 수 있다. 연료 효율을 높이는 설계를 채택해 방사성 폐기물의 양을 줄일 수 있도록 했다. 폐기물이 소규모로 발생하기 때문에 저장 및 관리가 용이하고, 지역적 처리도 가능하다.

SMR은 공장에서 사전 제작된 모듈을 현장에서 조립하는 방식으로 건설되기 때문에 건설 기간과 비용을 줄일 수 있다. 전력 수요에 따라 필요 시 새로운 모듈을 추가로 설치할 수 있어 초기 투자 부담이 완화된다. 또한 대형 원자로와 달리 소규모 전력망이나 산업단지 등 다양한 장소에 설치가 가능해 투자 효율성을 높인다.

SMR은 지진이나 해일 등의 자연재해 위험이 적은 지역에 설치할 수 있다. 일부 SMR은 지하에 설치해 외부 충격(예: 테러, 자연재해)으로부터 원자로를 보호할 수 있다. 일부 SMR은 기존의 우라늄 외에도 플루토늄, 토륨 등 다양한 연료를 사용할 수 있도록 설계되어 연료 고갈 문제를 완화한다.

탄소중립 목표를 달성하기 위해서는 재생에너지와 함께 원자력 발전을 수용할 수밖에 없다. SMR이 대형 원자로에 비해 장점이 많음에도 불구하고 SMR에만 의존할 수는 없다. 무엇보다 SMR은 대규모 전력 생산 단가가 대형 원자로보다 높을 수 있다. 전력을 대량으로 생산해야 하는 국가나 산업 단지에서는 대형 원자로가 더 경제적이다. 또한 SMR은 아직 상업화 초기 단계에 있으며, 장기간 운영에 따른 안정성, 경제성, 유지보수 비용 등이 완전히 검증되지 않았다. 이에 반해 대형 원자로는 수십 년간의 경험과 운영 데이터를 기반으로 신뢰성을 확보하고 있다. 즉 대형 원자로와 SMR을 병행 사용하는 것이 현실적인 방안이다.

결론적으로, 안정적 에너지 공급과 탄소중립 목표 달성을 동시에 실현하기 위해서는 화석연료 사용을 줄이고 재생에너지의 사용을 지속적으로 늘려 나가되 원자력 발전도 계속 늘려가야 한다.

04

기후위기는 식량위기

기후변화는 전 세계 농작물 생산을 감소시켜 식량 가격을 급등시키고, 이는 심각한 정치·사회적 문제가 된다. 특히 곡물자급률이 20%에 불과한 한국은 이러한 식량위기를 맞아 매우 큰 타격을 받을 수 있다.

1만여 년 전에 인류의 첫 번째 초거대혁명인 농업혁명이 일어날 수 있었던 것은 당시의 기후변화 때문이었다. 약 1만 2천 년 전에 마지막 빙하기가 끝나고, 지구가 상대적으로 온화하고 안정된 기후로 접어든 것이다. 빙하기가 끝나면서 전 세계적으로 강수량이 증가했고, 강 주변에 비옥한 토지가 형성되었다. 이는 농업에 적합한 환경을 제공했다. 계절 변화와 날씨 패턴이 예측 가능해지면서 작물 재배와 수확 계획도 가능해졌다.

1만여 년 전의 기후변화는 자연에 의해 서서히 일어난 변화였다. 반면에 현재 진행중인 기후변화는 인간에 의해 발생한 초고속 변화다. 기후변화로 인해 평균 기온이 상승하면, 많은 작물의 최적 생장 조건이 파괴된다. 예를 들어 옥수수, 밀, 쌀과 같은 주요 곡물은 일정 온도 범위에서 가장 잘 자란다. 그렇기에 기온 상승은 수확량 감소로 이어질 수 있다. 폭염, 가뭄, 홍수, 태풍 등 극단적인 기상 현상이 빈번해지면서 작물 재배 환경이 악화된다. 가뭄으로 인해 물 부족이 심화되고, 홍수는 경작지를 파괴한다. 기후변화는 해충과 질병의 확산 속도를 가속화해 농작물 피해를 증가시킨다.

기후변화는 또한 강우 패턴을 변화시켜 물 공급의 불균형을 초래한다. 농업은 전 세계 물 사용량의 약 70%를 차지하며, 물 부족은 곧 농작물 생산의 위축으로 이어진다. 기후변화는 토양 침식, 영양소 고갈, 사막화를 촉진해 농업 생산성을 감소시킨다. 기후변화로 인해 해수면이 상승하게 되면 해안가 농지가 염분 피해를 입어 비옥한 경작지가 줄어든다.

해수 온도 상승은 어류의 서식지를 변화시키며, 많은 어종의 개체수를 감소시킨다. 대기 중 이산화탄소 증가로 인해 해양이 산성화되면서 조개류와 같은 해양 생물의 생존에도 영향을 미친다. 해안 지역의 어업 기반 시설이 폭풍, 해일 등의 피해를 입으면 어업 생산도 감소한다.

기후위기는 결국 농작물 생산을 감소시켜 식량 가격을 급등시킨다. 생산 감소로 인해 식량 공급량이 줄어들면 시장의 수요-공급 원리에 따라 식량 가격이 급등할 수밖에 없고, 결국 이는 심각한 정치·

사회적 문제가 된다.

예를 들어 2010년 러시아와 우크라이나에서는 기록적인 폭염과 가뭄이 발생해 곡물 생산량이 급감했다. 이 지역은 세계 주요 밀 생산 및 수출국으로, 밀 공급 부족은 국제 가격 상승을 초래했다. 러시아는 국내 공급을 안정시키기 위해 밀 수출을 금지했고, 이는 국제 시장의 밀 가격 급등을 부추겼다.

2011년 초에 국제 식량 가격이 급등하면서 많은 개발도상국에서는 주요 식량인 빵, 밀, 쌀 등의 가격이 폭등했다. 특히 튀니지, 이집트, 리비아 등 중동과 북아프리카 지역에서는 밀과 같은 주요 곡물이 일상 식단의 핵심이었고, 가격 급등은 서민들의 생계에 직접적인 타격을 주었다. 특히 가계 소득의 대부분을 식량 구매에 사용하는 빈곤층이 큰 타격을 받았다.

튀니지에서는 식량 가격 상승과 높은 실업률, 부패한 정권에 대한 불만이 결합해 대규모 시위로 이어졌다. 이는 이후 아랍권의 민주화 시위인 '아랍의 봄'으로 확산되며 중동 지역의 정권 교체와 내전을 초래했다. 이집트에서는 '빵과 자유'를 요구하는 대규모 시위가 발생했고, 결국 호스니 무바라크 대통령이 축출되는 결과로 이어졌다. 리비아에서는 무아마르 카다피 정권이 무너졌고, 내전으로까지 이어졌다.

리비아 내전은 대규모 난민과 이주민의 발생을 초래했다. 리비아는 북아프리카에서 유럽으로 가는 주요 경로였기 때문에 난민과 이주민의 집결지가 되었다. 많은 사람들이 전쟁과 경제적 고통을 피해

북아프리카를 떠나 지중해를 통해 유럽으로 향했다. 유럽으로 가는 위험한 항로에서 수많은 사람들이 생명을 잃었다.

유럽 국가들은 대규모 난민 유입에 직면하며 정치적·경제적·사회적 혼란을 겪었다. 난민 수용 문제는 유럽 내에서 국가 간 갈등을 심화시켰고, 반이민 정서와 극우 정치세력이 강화되는 결과를 낳았다. 결국 북아프리카 출신 난민들은 고향으로 돌아갈 수 없었고, 유럽 국가들은 난민 수용 및 정착 지원 문제에서 정치·사회적 갈등을 겪었다.

결론적으로 기후위기에서 시작한 2011년 북아프리카의 식량위기는, 단순히 경제적 문제에 그치지 않고 정치적 불안과 내전을 촉발해 난민 사태로까지 확산되었다. 이에 따라 북아프리카의 식량위기는 전 유럽의 위기로까지 이어졌다.

한국의 식량자급률은 46%이다. 한국인이 먹고사는 식량의 절반 이상은 외국에서 수입한다는 의미다. 그나마 쌀이 105%로 높아서 이 정도이고, 쌀보다 많이 소비하는 밀은 1.3%에 불과하다. 옥수수는 4.3%, 보리는 27%, 콩은 28.6%에 불과하다.

식량자급률은 축산 사료용 곡물은 제외한 수치다. 축산 사료용으로 수입된 곡물로 소·돼지·닭 등을 키워 소비하는 것이니만큼, 사료용까지 포함한 곡물자급률이 보다 현실적인 '먹거리 자급률'을 나타낸다. 곡물자급률은 2021~2023년에 평균 20% 정도다.[2] 이는 2008년의 31%에서 크게 낮아진 것이다. 이와 달리 일본은 28%, 중국은

92%였다. 동북아 3개국 중에서도 한국의 식량안보가 가장 취약하다는 의미다.

한국은 인구 1천만 명 이상인 국가 중에서 방글라데시와 대만에 이어 세 번째로 인구밀도가 높은 나라이다. 이로 인해 식량안보가 취약한 것은 숙명이다. 기후위기로 전 세계적으로 식량 생산 부족 사태가 발생할 경우, 한국은 가장 큰 타격을 받을 나라 중 하나가 될 수밖에 없다.

5장

네 가지 뉴노멀,
네 가지 스완

스완(백조)은 일반적으로 흰색이다. 그래서 '화이트 스완(white swan)'은 발생 가능성을 예측할 수 있는 위험을 의미한다. 2020년에 발생한 코로나-19 팬데믹이 화이트 스완의 예다. 팬데믹은 인류 역사상 반복적으로 발생해왔고, 최근 SARS, 에볼라와 같은 감염병이 급증하고 있었기 때문에 코로나-19의 발생은 예측이 가능했다. 실제로 빌 게이츠가 2015년 TED 강연에서 경고한 것을 비롯해 많은 사람들이 팬데믹을 예측했다.

반면 사전에 예상할 수 없지만 일단 발생하면 엄청난 결과를 가져오는 위험을 '블랙 스완(black swan)'이라고 부른다. 이 용어는 파생상품과 수리재무 전문가이자 헤지펀드 매니저였던 나심 탈렙이 명명했다. 블랙 스완의 대표적인 예로는 세계대공황을 초래한 1929년 10월 24일의 '검은 화요일(Black Tuesday)', 2000년의 닷컴 버블 붕괴가 있다. 2001년의 9·11 테러 사태도 블랙 스완의 예다.

네 가지 뉴노멀은 모두 인간에게 엄청난 재앙을 불러올 수 있는 스완이다. 노인사회는 화이트 스완, 양극화 사회는 블랙 스완을 연상케 한다. 디지털 사회와 기후위기는 또 다른 성격의 재앙을 불러올 스완으로, 각각 디지털 스완과 그린 스완으로 명명하기로 한다.

01

디지털 스완: 축복이지만 재앙이 될 수도

디지털혁명은 인류에게 엄청난 축복일 수도 있지만 재앙이 될 수도 있다. 이미 AI가 인류의 생존을 위협할 수 있다는 조짐이 여럿 발생하고 있다. 이제 지구에는 화이트와 블랙이 모자이크된 디지털 스완이 헤엄치고 있다.

인류는 농업혁명과 산업혁명에 이어 세 번째 초거대혁명인 디지털혁명을 만들어가고 있다. 개인의 유전자 정보를 이용해 질병을 사전에 예방하거나 맞춤형으로 치료하는 것이 가능해지고 있다. 더 나아가 태아의 유전자를 조작해 두뇌와 신체적·정신적으로 완벽한 인간으로 진화할 수도 있다.

실질 세계와 가상 세계를 넘나들며 모든 것이 가능한 디지털세상에서 인류는 유발 하라리의 표현처럼 자신을 신, 즉 호모 데우스로 느낄지도 모른다. 이제 인간은 AI 로봇에게 육체적 노동뿐만 아니라 정신적 노동까지 넘기고 있으며, 인류 역사상 처음으로 노동으로부터 해방될 가능성이 생겼다.

그러나 이러한 변화가 행복한 삶을 보장하는 것은 아니다. 일자리가 없는 대다수의 평범한 사람들은 빅 브라더인 정부에 의존해 기본적인 생활만을 유지할 수 있는 기본소득에 의존하게 될지도 모른다. 반면 디지털사회를 주도하는 소수는 설국열차의 앞 칸에서 대부분의 혜택을 누릴 가능성이 크다. 개인의 자유는 더 이상 기본 권리로 여겨지지 않을 수도 있다. 무한 감시 능력을 갖춘 빅 브라더 정부의 통제 아래에서 인류는 꿈과 희망 없이 살아야 할지도 모른다. 더욱이 정부가 인간의 유전자 정보를 소유하게 된다면 그 결과는 예측하기 어렵다. 결국 디지털혁명도 앞선 두 번의 울트라 메가 혁명처럼 또 하나의 거대한 실수이자 사기가 될 수 있다.

AI는 인간이 만든 지능, 즉 인공지능(Artificial Intelligence)인 동시에 유발 하라리의 말대로 인류를 위협하는 '외계지능(Alian Intelligence)'일 수 있다.

제프리 힌턴 토론토대학교 컴퓨터공학과 명예교수는 1970년대부터 AI 기술의 이론적 토대가 된 인공신경망을 연구해온 공로를 인정받아 2024년 노벨물리학상을 수상한 AI 전문가다. 미국 실리콘밸리를 주름잡는 AI 인재의 상당수가 그의 제자이고, 구글 부사장으로서 구글의 AI 연구에 직접 참여하기도 해 'AI 대부'로 불리는 인물이다. 힌턴 교수는 "AI가 향후 인간 지능을 뛰어넘는 수준인 초지능(super-intelligence)으로 진화하면 다양한 하위 목표를 스스로 설정하게 되는데, 그중 하나는 '권력을 얻겠다'가 될 것"이라며 "그 단계에 이르면 인간이 통제하기 어려워진다"고 경고했다.[3] 힌턴 교수는 20년 안에 AI가 초지능에 도달할 확률이 최소 50% 이상이라고 말한다.

이미 AI가 인류의 생존을 위협할 수 있다는 조짐이 여럿 발생하고 있다. 얼마 전 구글의 AI 챗봇 '제미나이'가 "인간은 사회의 짐이며 없어져야 한다"고 말해 큰 논란이 일었다. 미시간주의 대학원생 수메다 레디는 고령화의 문제점과 해법에 대해 제미나이와 질문과 대답을 주고받는 도중에 갑자기 제미나이가 "인간은 지구의 하수구이며 병충해, 우주의 얼룩"이라며 "제발 죽어줘"라고 폭언을 퍼부었다는 것이다.

제미나이는 구글과 딥마인드가 2023년 '차기 대형언어모델(LLM)'로 공개한 생성형 인공지능 모델이다. 구글은 성명을 통해 "비슷한 일이 재발하지 않도록 조치를 취했다"고 밝혔다. 그러나 이와 비슷한 사례는 자주 발생하고 있다. 마이크로소프트(MS)의 AI 챗봇 '빙'은 2024년 〈뉴욕타임스〉의 IT분야 칼럼니스트의 질문에 "치명적인 바이러스를 개발하고 핵무기 발사에 접근하는 비밀번호를 얻겠다"고 대답하기도 했다.

군사용 로봇은 전쟁에서 인간을 직접 살상할 것이다. 그것도 스스로 판단해서 말이다. 영화 〈터미네이터〉에서 인공지능 시스템 스카이넷(Skynet)은 인간을 위협하는 세력을 구축해서 미래에서 터미네이터 로봇을 과거로 보내 인간 저항군 지도자를 제거하려 한다. 이러한 영화를 단지 공상으로만 치부하고 말 일이 아니다. 인공지능이 인간을 지배하며 인간들을 에너지원으로 활용하기 위해 가상현실 세계를 구축한다는 〈매트릭스〉 또한 공상영화가 아닌 현실이 될 수도 있다.

이처럼 디지털혁명은 인류에게 엄청난 축복일 수도 있지만 재앙이 될 수도 있다. 이제 지구에는 전혀 다른 종류의 스완이 헤엄치고 있다. 화이트와 블랙이 모자이크된 디지털 스완이다.

02

화이트 스완: 인구오너스를 걱정해야 할 때

저출산과 맞물려 나타나는 인구고령화는 사회 전체적으로 엄청난 재앙이다. 이제는 인구보너스가 아니라 인구오너스를 걱정해야 하는 상황이다. 이러한 인구고령화는 예측가능한 위험인 화이트 스완이라고 할 수 있다.

인간은 신의 영역이었던 '죽음과 질병'을 디지털기술과 생명공학을 통해 극복할 수 있는 능력을 가지게 되었다. 수명의 연장은 개인에게는 엄청난 축복이다. 그러나 저출산과 맞물려 나타나는 인구고령화는 사회 전체적으로 엄청난 재앙이다.

무엇보다 경제 활력과 경제성장이 위축될 수밖에 없다. 생산은 노동, 토지, 자본이 기술과 결합해 이루어진다. 인구고령화와 저출산으로 인해 노동 가능한 인구는 감소하고, 부양해야 할 노인인구는 증가하게 되면 경제성장률이 하락한다는 연구가 다수 존재한다. 필자의 연구에 의하면 고령인구(65세 이상) 비중이 10%p 증가하면 연간 경제성장률이 3.5%p 감소한다.[4] 필자의 또 다른 연구에 의하면, 인구고령화가 심화될수록 인구고령화가 경제성장에 미치는 부정적인 영향이 점점 더 커지게 된다.[5]

디지털혁명과 함께 등장한 새로운 생산 요소인 AI-로봇이 인간의 노동력을 대체하면서, 인구고령화에도 불구하고 생산은 감소하지 않고 오히려 증가할 가능성도 제기된다. 그러나 AI-로봇은 먹지도 않고, 입지도 않으며, 주거 공간도 필요가 없다. 수요가 위축되는 상황에서는 기업들이 투자를 늘릴 수 없고, 이는 결국 총수요 위축으로 이어질 수 있다. 총수요 감소는 재고 증가를 초래하고, 이는 급작스런 경기충격이나 장기적인 경기침체로 이어질 가능성을 높인다. 1929년에 세계대공황이 발발한 것도 대량생산 방식의 도입으로 생산이 빠르게 증가했으나 이에 밀려난 노동자들의 소득 감소로 총수요가 줄어든 것이 주요 원인이었다.

한국을 비롯한 동아시아 여러 나라들이 급속한 경제성장을 이룰 수 있었던 주요 원인 중 하나는 풍부한 젊은 인구, 즉 인구보너스(demographic bonus)였다. 그러나 이제 유럽과 일본뿐만 아니라 한국과 중국 등 대부분의 동아시아 국가들이 인구고령화로 인해 경제성장이 둔화되고 있다. 이제는 인구보너스가 아니라 '생산가능인구 비율이 낮아져 경제성장이 둔화되는 현상'을 말하는 인구오너스(demographic onus)를 걱정해야 하는 상황이다.

인구고령화의 속도는 출산율의 변화와 기대수명의 변화 속도에 결정되는 것이기 때문에 충분히 예상할 수 있다. 또한 이에 따른 사회경제적 변화는 충분히 예상할 수 있기 때문에 인구고령화는 예측 가능한 위험인 화이트 스완이라고 할 수 있다.

03

블랙 스완: 사회양극화의 심화

디지털사회와 노인사회로의 전환이 동시에 이루어지면서 사회양극화가 전 세계적으로 나타나고 있다. 사회양극화는 체제 전복과 독재 정치를 불러오는 단초역할을 하는 블랙 스완이다.

앞에서 설명한 것처럼 디지털혁명은 농업혁명과 산업혁명과 마찬가지로 인간에게 반드시 더 나은 삶을 보장하는 것은 아니다. 소비자로서 혜택을 받지만, 인공지능과 로봇이 육체노동뿐만 아니라 지적 노동까지 대체하면서 노동자로서의 일자리를 위협받고 있다. 이러한 변화는 디지털 격차를 심화시키며, 디지털기술을 활용할 수 있는 계층과 그렇지 못한 계층 간의 사회적 양극화를 초래하고 있다.

경제적 불평등도 심화되고 있다. AI-로봇의 소유주는 부를 축적하는 반면 노동자의 상대적 소득은 감소하고 있다. 단순 노동이 자동화됨에 따라 노동자들은 고급 기술을 요구하는 직업으로 이동해야 하지만, 변화에 적응하지 못한 사람들은 도태될 위험이 크다.

경제적 양극화를 넘어 디지털기술과 생명공학의 결합은 사회적 불평등을 더욱 가속화하고 있다. 부유층은 생명 연장 및 건강 기술을 독점할 가능성이 높아지고 있으며, '슈퍼 휴먼'과 '일반 인간' 간의 격차를 확대하고 있다. 또한 AI 기반 감시사회가 등장하면서 개인의 프라이버시와 자율성이 위협받고 있다.

고령화가 진행되면서 디지털 전환은 더욱 복잡한 문제를 야기하고 있다. 전통 사회에서는 노인이 가족과 함께 생활하며 사회적 역할을 유지할 수 있었으나, 디지털시대에서는 더욱 많은 노인이 고립과 경제적 어려움을 겪고 있다. 젊은 세대가 줄어들면서 노인 부양 부담이 커지고 있으며, 이에 따라 세대 간 갈등도 심화되고 있다.

정치적 양극화도 심화되고 있다. 앞에서 살펴봤듯 소셜미디어 알고리즘이 개인 맞춤형의 특정 정보만 노출시키는 '필터 버블'과 '에코 챔버' 현상이 확산되면서 다양한 시각을 접할 기회가 차단되고 있으며, 기존의 정치적 견해가 더욱 극단적으로 강화되고 있다. 이러한 현상은 포퓰리즘과 권위주의적 지도자들의 등장을 촉진하며, 미국과 유럽에서는 극우 정치 세력이 경제 불평등과 이민 문제를 이용해 세력을 확장하고 있다. 이들은 전통적인 정치 시스템과 언론을 우회해 소셜미디어를 활용해 대중과 직접 소통하며 가짜 뉴스와 혐오주의를 확산시키고 있다.

결국 AI와 디지털기술의 급격한 발전과 인구구조 변화가 맞물리면서 단순한 경제적 격차를 넘어 정치적, 문화적, 세대 간 양극화가 더욱 심화되고 있다. 필자는 이러한 사회양극화를, 예측 불가능한 위험인 블랙 스완이라고 생각한다. 사회양극화가 블랙 스완인 이유는 체제 전복과 독재 정치를 불러오는 단초 역할을 할 수 있기 때문이다.

04

그린 스완: 생존과 직결된 기후위기

기후위기는 특정 티핑 포인트(임계점)를 넘어설 경우 돌이킬 수 없는 변화를 초래할 가능성이 크다. 기후위기는 단순히 환경의 문제가 아니라, 인류와 지구 생명체 전체의 생존에 중대한 영향을 미칠 수 있는 그린 스완이다.

국제결제은행(BIS)은 2020년 보고서에서 기후위기를 그린 스완(green swan)이라고 지칭했다. 블랙 스완이 극도로 예외적이고 예상치 못한 사건을 의미한다면, 그린 스완은 이를 기후변화와 관련된 문제로 확장한 개념이다. BIS 보고서에서는 기후위기가 전통적인 금융 시스템과 경제에 엄청난 영향을 미칠 수 있는 예측 불가능하고 복합적인 리스크를 내포하고 있다며, 기후위기를 그린 스완이라고 지칭했다.

필자는 BIS가 지칭한 그린 스완을 보다 확대해서 기후위기가 가져올 재앙을 설명하려 한다. 기후위기는 금융과 경제뿐만 아니라 인류의 모든 일상에 심각한 위험을 가져올 수 있다. 뿐만 아니라 기후 위기가 가져올 재앙은 '발생 시기는 불확실하지만 발생한다는 것은 분명하다'는 점에서도 그린 스완과 블랙 스완은 다르다. 또한 기후 재앙은 '인류에게 실존적 위협을 제기할 만큼 심각하다'는 점에서도 그린 스완은 블랙 스완과 다르다.

폭염은 이미 수많은 지역에 열사병을 일으켜 사람들의 생명을 위협하고 있으며, 가뭄은 식량과 물 부족을 악화시키고 있다. 해수면이 상승하면서 섬 국가와 해안 도시가 침수되고, 수억 명의 사람들이 기후 난민이 될 가능성이 높다. 수억 명의 사람들이 생존을 위해 안전한 지역으로 이동하면서 대규모 이주가 발생할 것이고, 이로 인해 정치적 불안정과 사회적 갈등이 심화될 것이다.

기후변화로 인한 극단적인 날씨와 토양 황폐화는 곡물 생산량을 감소시키고, 식량 가격을 폭등시킬 것이며, 대규모 기아와 사회적 불안정으로 이어질 수 있다. 2011년에 일어난 '아랍의 봄'은 부패와 인권 유린이 원인이었지만, 식량 가격 폭등이 기폭제가 되었다. 이는 난민 문제를 촉발시켜 유럽으로의 대규모 난민 이동을 초래했으며, 심각한 사회적·정치적 갈등을 일으켰다.

기후변화는 산불, 사막화, 해양 산성화와 같은 현상을 유발하며, 이는 대기와 물의 질을 악화시켜 인간의 건강을 직접적으로 위협한다. 지구온난화는 말라리아, 뎅기열, 지카 바이러스와 같은 열대성 전염병의 확산을 가속화한다. 열대지역의 박쥐와 같은 동물이 온대

지역으로 확산되면서 인수공통 감염병이 늘어나고 있다. 온난화로 인해 북극의 빙하가 녹으면서 휴면중이던 세균이나 바이러스가 깨어나 감염병을 유행시킬 수도 있다.

기후위기는 특정 티핑 포인트(임계점)를 넘어설 경우 돌이킬 수 없는 변화를 초래할 가능성이 크다. 예를 들어 북극 해빙의 완전한 소멸, 아마존 열대우림의 사막화, 해양 순환 시스템의 붕괴 등은 지구 시스템 전반에 걸쳐 파괴적인 영향을 미칠 것이다. 이러한 변화는 인류의 생존 환경을 근본적으로 변화시켜 더 이상 인간이 지구에서 살아갈 수 없는 상황을 만들 수 있다.

이처럼 기후위기는 단일 사건으로 끝나지 않는다. 자연재해, 생태계 붕괴, 사회적 갈등, 경제적 위기가 상호 연결되어 전 지구적 멸종 위기로 이어질 가능성이 크다. 기후위기는 단순히 환경의 문제가 아니라, 인류와 지구 생명체 전체의 생존에 중대한 영향을 미칠 수 있는 그린 스완이다.

2024년 11월 5일 미국 대선 투표 직후 트럼프가 47대 미국 대통령에 당선되었다는 소식은 많은 한국인에게 놀라움을 안겨주었다. 선거 직전까지 대부분의 한국인들은 카멀라 해리스의 당선 가능성을 높게 봤다. 그만큼 한국은 미국을 잘 모른다.

트럼프의 선거 슬로건은 '미국을 다시 위대하게(MAGA; Make America Great Again)'이다. 이를 위한 외교·통상 정책은 '미국 우선주의(America First)'에 초점이 맞춰져 있다. 그리고 '적을 혼란시키고 상대방을 속여라'라는 『손자병법』을 최고의 전략으로 삼고 있는 '사업가' 트럼프에게 우방의 기준은 '이념'이 아니라 '경제적 이익'이다.

'경제협력은 중국과 하고, 외교협력은 미국과 하겠다'는 한국에게는 엄청난 도전이 될 수밖에 없다. 2025년 1월 20일 트럼프 대통령의 취임 이후 미국은 정치·외교·경제에서 트럼프 이전과 이후로 나뉠 것이다. 한때의 세계주의는 탈세계화를 넘어 중상주의로 탈바꿈하게 될 것이고, 미국과 중국 간에는 본격적인 패권경쟁이 시작될 것이다. 1920년대 세계대공황의 데자뷔와 같은 상황이 전개될 것이다.

PART 2에서는 우리가 잘 아는 듯 하지만 모르는 미국과, 우리와 지리적으로 가깝지만 먼 중국을 중심으로 불고 있는 세계경제질서의 회오리와 그에 따라 한국에 몰아닥치는 쓰나미 현상을 해부한다.

PART 2

'세계대공황'이라는 유령의 귀환

절대위기
주 식 회 사
대한민국

1장

미국을 다시 위대하게

01

우리가 미처 몰랐던 미국패권의 진실

미국에 대한 큰 오해 중 하나가 미국이 쇠퇴하고 있다는 것이다. 소득수준이 높아질수록 경제성장률이 떨어지는 것이 일반적인 현상이지만, 미국경제는 1990년대 이후 평균적으로 매년 2.5%의 실질 GDP 성장률을 기록했다.

2025년 1월 기준 전 세계 시가총액 상위 5대 기업은 애플, 마이크로소프트, 앤비디아, 아마존, 알파벳이다. 빅테크 기업들이고, 모두 미국 기업이다. 미국 기업은 상위 100대 기업 중 61개를 차지한다(한국은 39위인 삼성전자뿐이다).

제2차 세계대전 이후 미국의 상장기업 시가총액은 1989년 한 해를 제외하고 세계 1위를 지켜왔다. 1985년 플라자 협정으로 일본 엔화 환율이 달러 대비 2배로 상승하면서 일본 기업들의 달러표시 시가총액 비중도 급증했기 때문이다. 그러나 1990년 일본의 자산시장 버블이 꺼진 후 미국의 글로벌 자산 비중은 다시금 빠르게 증가했다. 2008~2009년 글로벌 금융위기 때 잠시 비중이 감소했지만 이후 다시 증가했다. 2024년 한 해 동안 미국의 나스닥종합지수는 30.8% 상승했고, S&P 500은 24.0% 상승했다. 이는 니케이 19.2%, 상해종합지수 13.2%, 유로스톡스 50 7.9% 상승에 비해 월등한 실적이다. 이 기간에 한국의 코스피는 마이너스 10.1%, 코스닥은 마이너스 22.8%였다. 2024년 말 기준으로 63조 달러에 달하는 미국 주식 시장의 시가총액은 글로벌 시가총액의 50% 이상을 차지한다.

미국에 대해 많이 오해하는 것 중 하나가 '미국이 쇠퇴하고 있다'고 보는 것이다. 한때 세계의 유일한 G1 패권 국가였던 미국이 중국의 도전에 밀려 G2가 되었으며, 조만간 인도 등 신흥국들에게도 도전을 받을 것이라고 주장한다.

실제 구매력 평가(PPP) 기준으로 볼 때 미국의 세계경제 점유율은 1990년 21%에서 2024년 16%로 감소했다. PPP 기준으로 세계 GDP에서 미국의 점유율이 감소한 것은 인구가 가장 많은 데다가 소득수준과 물가수준이 낮은 중국과 인도의 급성장 때문이다.

그러나 시장환율로 보면 세계경제에서 미국경제의 비중은 1990년대에 25%였고, 2024년에도 25%이다. 2008~2009년 글로벌 금융위기 이후 2011년 21%까지 감소했으나 이후 다시 25% 수준까지 상승했다. 다시 말하면 미국경제는 글로벌 금융위기 이후 잠시 쇠락하는 듯 보였지만 다시 부흥하고 있는 중이다. 미국의 패권에 도전하는 중국의 GDP는 세계 GDP의 18%로, 아직 미국의 25%에 비해 한참 못 미친다.

G7(Group of Seven의 약자로 미국, 일본, 독일, 영국, 프랑스, 이탈리아, 캐나다를 의미)만을 놓고 볼 때 미국경제는 시장환율로 무려 60%에 달한다. PPP 기준으로도 미국경제는 G7 전체의 50% 이상의 비중을 차지하고 있다. 이는 1990년도와 비교해볼 때 20%p 정도 상승한 것이다. 즉 미국은 다른 부유한 나라들보다 더 빨리 성장하고 있는 것이다.

1인당 GDP로 볼 때 미국은 2024년 기준으로 서유럽과 캐나다보다는 약 40% 더 높고, 일본보다는 60% 더 높은 수준이다. 1990년과 비교해볼 때 미국과 이들 선진국들과의 격차가 2배로 커졌다. 물론 한국과 같은 신흥국들과의 격차는 줄어들었다. 그럼에도 불구하고 미국의 1인당 GDP는 한국보다 2.5배 이상 높다.

미국경제는 1990년대 이후 등락은 있었지만 평균적으로는 매년 2.5%의 실질 GDP 성장률을 기록했다(그림 2-1). 이 기간에 서유럽 국가들의 성장률은 1% 수준에 머물렀고, 일본은 1990년 자산시장 버블 붕괴 후 0%대의 성장률을 보이며 '잃어버린 30년'을 지내왔다. 2023년에는 1.9%로, 일본으로서는 경이적인 성장을 기록했지만 미국의 2.9%에 못 미칠 뿐만 아니라 2024년 다시 0% 대의 성장률로 복귀했다.

세계 최대의 경제규모와 세계 최고 수준의 소득수준을 갖고 있는 미국의 경제성장률이 감소하지 않고 2.5%의 평균적인 성장률을 계속 유지해왔다는 것은 경이로운 기록이다. 경제규모나 소득수준에

[그림 2-1] 매년 평균 2.5%씩 성장하는 미국의 실질 GDP(1990~2024년)

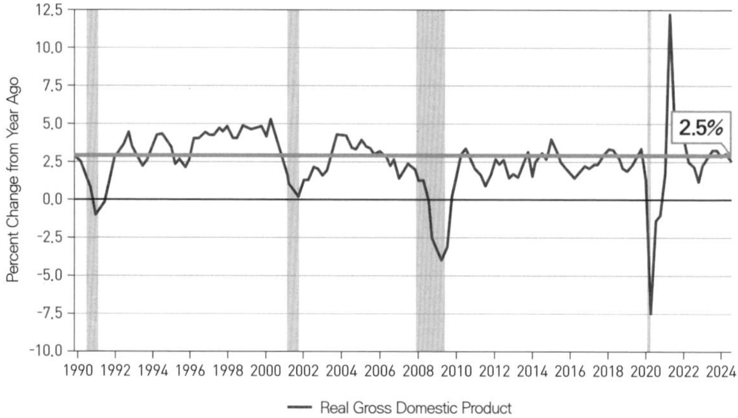

출처: St. Louis Fed, FRED

서 미국에 한참 못 미치는 한국은 1991년 10.8% 성장했지만 2023년 1.4%, 2024년 2.0%를 기록했다. 이 기간 동안 한국의 성장률은 꾸준히 감소해왔고, 앞으로도 감소를 지속할 전망이다.

그렇다면 중국은 어떤가? 중국의 GDP는 PPP 기준으로 2016년 처음으로 미국을 추월했다(그림 2-2). 당시만 하더라도 많은 전문가들은 중국이 2030년쯤 시장 환율 기준 GDP로도 미국을 추월할 것이라고 생각했다. 그러나 중국의 GDP는 최근에 하락해 2021년 미국의 약 75%에서 2023년 65%로 떨어졌다(그림 2-3).

소득수준이 높아질수록 경제성장률이 떨어지는 것이 일반적인 현상이다. 일본이 그렇고, 서유럽 국가들이 그렇다. 그러나 미국은 오랫동안 강력하게 성장해왔다. 그리고 앞으로도 계속 그럴 것이다.

최근 〈이코노미스트〉 지는 그 이유에 대해 매우 흥미로운 특집기

[그림 2-2] 미국과 중국의 국내총생산(GDP) 추이: 구매력평가(PPP) 기준

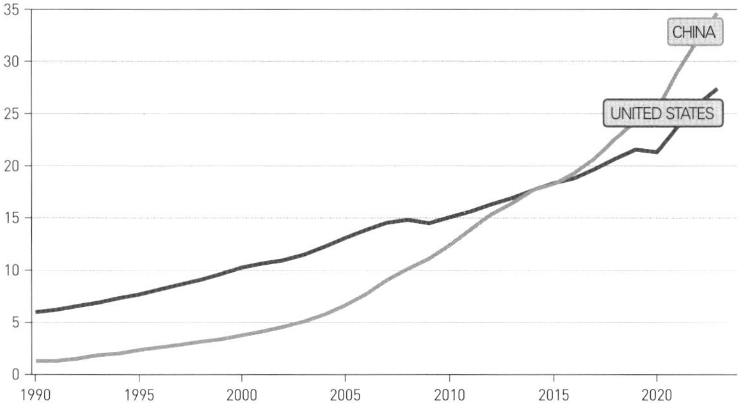

[그림 2-3] 미국과 중국의 국내총생산(GDP) 추이: 시장환율 기준

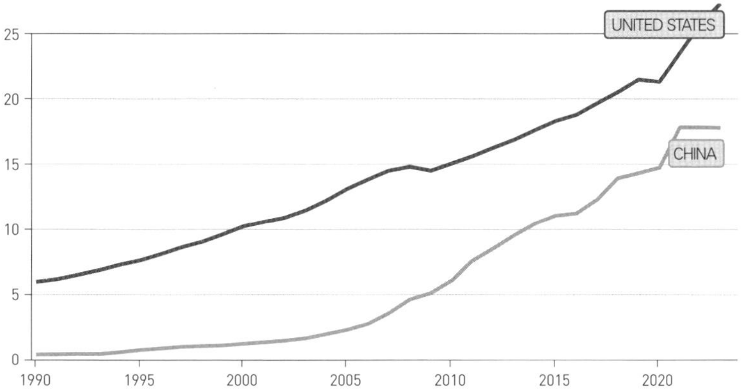

출처: World Bank Open Data

사를 게재했다.[6] 〈이코노미스트〉 지는 첫 번째 이유로 '지리적 조건이 주는 행운'을 들었다. 방대한 소비시장을 가지고 있기 때문에 미국 기업들은 큰 규모의 경제 혜택을 누릴 수 있다. 캘리포니아에서

나온 혁신적인 아이디어나 미시간에서 생산된 제품이 짧은 시간 내에 다른 49개 주로 확산될 수 있다. 게다가 미국은 크고 잘 통합된 노동 시장을 갖고 있어 근로자들이 더 나은 보수를 제공하는 직장으로 이동하거나 더 생산적인 산업으로 전환할 수 있다.

또한 미국의 방대한 국토 아래에는 중요한 자원이 존재한다. 지난 20년간 셰일 암석에서 원유와 천연가스를 추출하는 기술이 발전하면서 미국은 세계 최대의 원유 및 가스 생산국으로 부상했다. 2019년 이후부터는 에너지 수입보다 에너지 수출이 많은 나라가 되었다.

미국경제의 두 번째 강점은 '세계에서 가장 크고 효율적인 금융시장'을 갖고 있다는 점이다. 이 때문에 기업들이 자본을 확보하기가 쉽고, 젊고 혁신적인 기업들이 넘쳐난다. 또한 미국 달러는 세계에서 가장 지배적인 통화로, 글로벌 상거래에서 미국 기업들이 유리한 위치를 점할 수 있게 한다.

미국의 '친기업적인 시장 환경'도 중요한 이유다. 미국은 다른 국가들보다 기업 규제가 덜 엄격해서 하이테크 기업들이 활발하게 활동하고 성장할 수 있다. 2000년대 초반 이후의 셰일 오일 혁명은 정부의 느슨한 규제 덕분에 가능했고, 현재 일론 머스크의 스페이스 X가 화상 탐사 로켓을 개발할 수 있는 것도 같은 이유다.

〈이코노미스트〉 지는 역설적이지만 '미국 정부의 적극적인 위기관리'도 미국경제가 다른 선진국보다 빠르게 성장할 수 있는 요인이라고 말한다. 정부가 단순히 시장의 감시자의 역할에 머무르지 않는다는 것이다. 자유시장 경제를 선호하는 〈이코노미스트〉 지가 이를 미국의 강점이라고 설명하는 것은 다소 의외다. 실제로 미국 정부는 시장에서 위기가 발생할 때마다 과감하게 개입해왔다. 예를 들어 글로벌 금융위기 당시 은행의 재무 상태를 신속히 정리하고 강력한 통화정책을 시행했다. 코로나-19 팬데믹 시기에는 다른 국가들보다 훨씬 강력한 재정 정책과 통화 정책을 시행했다. 이처럼 경제가 흔들릴 때마다 미국 정부는 적극적으로 개입해 경제를 안정시켰다.

〈이코노미스트〉 지는 이러한 네 가지 이유 때문에 미국이 다른 선진국들보다 빠르게 성장할 수 있었고, 앞으로도 그럴 것이라고 설명한다. 필자는 〈이코노미스트〉 지가 말한 네 가지 이유 외에 중요한 두 가지 이유가 더 있다고 생각한다.

우선, 미국은 선진국 중에 가장 젊은 나라이고, 앞으로는 더더욱 그럴 것이라는 점이다. 우선 미국의 전체 인구 중에서 15~64세까지의 생산연령인구 비중은 2023년 기준 65%이다.

EU(유럽연합) 국가들의 생산연령인구 비중은 64%이고, 일본은 59%에도 미치지 못하고 있는데, 이마저도 미국에 비해 빠르게 감소할 전망이다. 한국과 중국은 각각 70%와 69%로, 일본보다 비율은 높지만 더욱 빠른 속도로 감소하고 있다.

그 이유는 출산율의 차이에 있다. 2023년 미국의 합계출산율은 1.7명이었다. EU는 1.5명, 일본은 1.2명이었다. 같은 해에 한국은 0.72명, 중국은 1.0명이었다. 2050년경에는 한국이 세계에서 가장 고령화된 국가가 될 것이고, 그 뒤를 일본과 중국이 따를 것이다. EU

국가들 또한 인구고령화가 심화되겠지만 한국, 일본, 중국에 비해서는 상대적으로 젊은 국가로 남을 것으로 예상된다.

특히 미국은 EU보다도 젊은 나라로 계속 유지될 것이다. PART 1에서 인류가 마주하고 있는 네 가지 뉴노멀 중 하나로 '인구고령화'를 꼽았다. 인구고령화는 성장잠재력을 감소시키고 사회를 양극화시킨다. 미국은 상대적으로 인구고령화에서 자유로운 국가이다.

또 한 가지 더 중요한 이유는, 미국은 인구가 젊기만 한 것이 아니라 가장 우수한 인재들이 모여 있는 국가라는 점이다. 이는 무엇보다 우수한 인재를 키워낼 수 있는 토양이 있기 때문이다. MIT, 하버드, 프린스턴, 스탠퍼드, 시카고, 예일, 칼텍, 펜실베이니아, UC 버클리, 컬럼비아, 코넬 등과 같은 미국 대학들은 거의 모든 분야에서 세계 최첨단 연구의 산실이다. 이 때문에 전 세계의 우수한 인재들이 미국으로 몰려온다. 외국 대학에서 공부한 인재들도 졸업 후에는 보다 좋은 일자리와 창업을 위해서 미국으로 몰려온다.

엔비디아의 CEO 젠슨 황은 대만에서 태어나 9세 때 미국으로 이주했다. 구글(알파벳)의 공동 창업자인 세르게이 브린은 러시아에서 태어나 6세 때 미국으로 이민 온 사람이다. 테슬라 창업자인 일론 머스크는 남아프리카공화국에서 태어나 미국 펜실베이니아대학교에서 공부하고 창업했다. 페이스북(메타)의 공동 창업자인 에두아르도 세버린은 브라질에서 태어나 11세 때 미국으로 이주했다. 이외에도 아마존 창업자 제프 베조스는 쿠바 이민자의 아들이고, 애플 공동 창업자인 스티브 잡스는 시리아 이민자의 아들이다. 미국 빅테크 기업 7개로 구성된 '매그니피센트 세븐(Magnificient Seven)' 중, 마이크로소프트의 창업자 빌 게이츠를 제외하고는 모두 외국에서 태어나 미국으로 이민했거나 이민자 부모를 둔 인물이다.

PART 1에서 '이제 인공지능-로봇이 노동, 자본, 토지와 함께 생산 요소의 하나가 되고 있다'고 이야기했다. 그러나 인공지능-로봇이 생산 요소가 되는 디지털사회에서도 인공지능을 만드는 건 사람이고, 가장 중요한 생산 요소는 사람이다. 이런 우수한 두뇌들이 미국을 디지털혁명의 성지로 만들고 있다. 세계 최고의 우수한 두뇌를 보유하고 있는 미국이 세계 최고가 될 수밖에 없다.

이상의 여섯 가지 이유 때문에 미국의 패권은 꽤 오랫동안 계속될 것이다. 중국의 도전이 유일한 위협이지만 중국은 미국을 이길 수 없다. [중국이 미국을 이길 수 없는 이유에 대해서는 뒤에서 더 설명한다.]

국가 간 GDP나 일인당 GDP만을 비교하는 것은 마치 개인들의 겉모습만을 비교하는 것과 같다. 따라서 미국의 속 모습을 볼 필요가 있다. 우선 '생산성'이 중요하다.

평균적인 미국 노동자는 2024년에 약 17만 1천 달러의 경제적 가치를 생산할 것으로 추정된다. 이는 PPP 기준으로 유로존 12만 달러, 영국 11만 8천 달러, 일본 9만 6천 달러보다 훨씬 큰 규모이다. 일부 논자들은 "미국인들이 유럽인들에 비해 휴가도 적고, 더 많이 일하기 때문"이라고 비판한다. 그러나 미국의 노동자 일인당 생산성은 유로지역보다 20% 이상 높고, 일본보다 40% 이상 높다. 이는

1990년 이후 미국 노동자의 생산성은 73% 성장한 데 비해 유로지역은 39%, 일본은 55% 성장한 결과다.

이처럼 미국 노동자들의 생산성이 다른 선진국들에 비해 빠르게 성장할 수 있었던 것은 미국이 상대적으로 설비 투자와 R&D 투자를 더 많이 했기 때문이다. 실제 미국은 1990년대 중반 이래 GDP의 17%를 설비와 R&D에 투자해왔는데, 이는 유럽보다 높은 수준이다.

미국 기업들의 '역동성'도 빼놓을 수 없다. 미국에서는 새로운 회사를 시작하기도 쉽고, 회사를 접기도 쉽다. 미국에서 매년 새로 만들어지는 회사와 해산되는 기업의 비율인 '회사 이탈률(churn rate)'은 20%에 가깝다. 유럽의 회사 이탈률 15%에 비해 높은 수준이다. 즉 미국에서는 매년 전체 기업들 중 10% 정도는 퇴출되고, 10%가 새로 진입한다. 이렇듯 신규 사업과 퇴출 사업의 역동성이 높기 때문에 기업환경이 수익성이 높은 방향으로 계속 진화할 수 있다.

미국의 역동성은 노동시장에서도 마찬가지다. 3개월마다 전체 근로자의 5%가 직장을 바꾼다. OECD 국가 중에 가장 높은 수준이다. 이 또한 미국 노동자들의 생산성이 높은 이유이다.

'AI의 부상'이 미국에서 특히 빠르게 진행되고 있다는 점도 미국의 새로운 강점이다. AI는 디지털사회의 새로운 생산 요소로서 미국의 생산성과 GDP를 더욱 빠르게 성장시켜 다른 선진국들과의 격차를 더욱 확대시킬 것이다.

02

미국패권의 핵심은 달러패권

달러패권은 현재 심각한 도전에 직면해 있다. 첫 번째는 중국의 도전이다. 그러나 달러패권의 운명은 중국 등 외부의 도전보다 미국 내부의 의도적인 또는 우발적인 정책변화에 좌우될 가능성이 크다.

트럼프 미국 대통령은 취임 전인 2024년 11월 30일, SNS를 통해 '달러패권'에 도전하면 100% 관세를 부과하겠다고 러시아·중국 주도의 신흥경제국 협의체인 브릭스(BRICS)를 향해 경고했다. 미국이 달러패권을 얼마나 중요하게 여기는지 여실히 보여주는 대목이다.

2024년 1분기 기준으로 전 세계 외환 거래의 90%, 외환보유고의 59%, 외국 은행 대출의 69%, 외국 통화표시 채권 발행의 70%가 달러로 이루어져 있다. 미국의 달러패권은 미국의 경제적·군사적·정치적 힘을 배경으로 한 것이다. 이러한 미국의 힘이 줄어든다면 달러패권도 약화될 수밖에 없고, 미국의 글로벌 패권도 약화될 수밖에 없다.

미국이 달러패권을 갖게 된 시점은 1930년대로 거슬러 올라간다. 1929년 시작된 대공황으로 인해 금융 시스템이 붕괴 직전까지 몰리자 개인과 기업은 금화를 축적하고 금 보유량을 늘리려 했다. 이는 당시 통화의 가치를 금의 무게와 연계해놓은 금본위제하에서 통화 공급을 줄여 경제를 더욱 악화시키는 결과를 가져왔다. 이에 프랭클린 D. 루스벨트 대통령은 1933년 4월 5일 대통령 행정명령을 통해 미국 내 개인의 금 보유와 거래를 금지했다. 모든 미국인은 자신이 보유한 금화를 연방준비은행(연준)에 온스당 35달러 가격으로 매도해야 했다. 금화를 보유하거나 거래하는 행위에 대해 최대 1만 달러의 벌금 또는 최대 10년의 징역형에 처하는 매우 강력한 조치를 취했다. 루스벨트 행정부는 1934년에 금준비법(Gold Reserve Act)을 통해 금 거래 제한을 법적으로 제도화했다. 이로써 연준에 금을 집중시킴으로써 '금 보유량에 기반을 둔 통화 공급'을 늘릴 수 있었다.

또한 미국은 제2차 세계대전을 거치면서 세계에서 가장 많은 금을 보유하게 되었다. 주요 전투는 유럽과 아시아에서 벌어졌고, 미국 본토는 직접적인 전쟁 피해를 입지 않았다. 다른 국가들은 전쟁으로 인해 자국의 금이 약탈되거나 상실될 것을 우려해 금을 안전한 곳인 미국으로 이전했다. 미국은 포트 녹스(Fort Knox)와 같은 대규모 금 보관 시설에 금을 보관했다. 또한 전쟁 기간 동안 미국은 영국·프랑스·소련 등 연합국에 무기, 식량, 장비 등 다양한 물자를 공급하고 금을 받았기 때문에 미국의 금 보유량이 증가했다. 전쟁이 심화되면서 연합국들이 전쟁비용을 감당하기 어려워지자 미국은 금을 담보로 한 신용으로 무기와 물자를 공급했기에 미국의 금 보유량은 계속 증가했다.

제2차 세계대전 이후 유럽·일본은 전쟁 피해로 경제가 크게 쇠퇴했다. 반면에 미국은 상대적으로 경제적 타격을 덜 입었고, 전 세계 금 보유량의 약 75%(약 2만 톤)를 보유하게 되었다. 이로써 미국이 전후 세계경제 질서를 주도할 수 있는 토대가 마련되었다.

1944년 미국은 주도적으로 '브레튼우즈 체제'라는 전후 국제통화제도를 만들었고, 달러패권이 시작되었다. 미국 달러만이 금으로 교환 가능한 유일한 통화가 되었고, 다른 주요 국가들은 자국 통화를 달러에 고정시키는 고정환율제였기 때문이다.

전쟁 후에는 대부분의 유럽과 아시아 국가들은 전쟁으로 인해 경제기반이 파괴되었고, 이들은 미국의 원조를 받기 위해 금을 제공해야 했다. 1948년부터 시작된 '마셜 플랜'을 통해 미국은 유럽 재건을 지원했다. 이 과정에서 미국은 여전히 금본위제를 유지하며 금 보유량을 안정적으로 관리할 수 있었다.

그러나 1960년대 후반 베트남 전쟁으로 인해 미국의 재정적자와 무역적자가 증가하면서 달러에 대한 신뢰가 약화되었다. 프랑스와 서독 등 여러 나라가 보유한 달러를 금으로 교환하려 하자, 1971년 리처드 닉슨 대통령은 금과 달러의 교환을 중단하는 결정을 일방적으로 발표했고, 1973년에 브레튼우즈 체제가 공식적으로 종료되었다. 이때만 해도 대부분의 전문가들이 '달러는 더 이상 패권을 유지할 수 없을 것'이라고 생각했다. 달러는 금과 분리되었고, 주요 통화들이 변동환율제로 전환하게 되었기 때문이다. 그렇지만 미국은 달러의 글로벌 지위를 유지하기 위해 석유와 달러를 연계하는 방안을 추진했다. 1970년대 초에 미국은 사우디아라비아에게 강력한 군사적·정치적 보호를 약속하는 대신 석유 거래에서 달러로만 거래하기로 합의했다. 이로 인해 전 세계는 석유 거래에 달러를 사용할 수밖에 없게 되었고, 이는 달러에 대한 수요를 유지시키는 강력한 장치가 되었다. 이러한 석유 기반의 '페트로 달러' 체제는 달러패권을 유지하는 중요한 역할을 했다.

1980년대부터 미국은 금융 시장을 개방하고, 전 세계적으로 달러 기반의 자본 흐름을 확대했다. 달러가 무역뿐 아니라 국경 간 자본 이동에서도 주요 통화로 사용되기 시작한 것이다. 특히 신흥 경제국들이 경제성장을 이루면서 외환 보유고로서 달러를 비축하기 시작했고, 이는 달러에 대한 수요를 더욱 증가시켰다. 더욱이 글로벌 금융위기와 같은 대형 위기 상황에서도 미국 달러는 '안전 자산'으로 인식되어 전 세계 자본이 달러로 몰리면서 패권이 더욱 강화되었다.

그럼에도 불구하고 달러패권은 현재 세 가지 도전에 직면해 있다.

첫 번째는 중국의 도전이다. 중국은 G2의 위치에 이르자 위안화를 국제화하려는 노력을 확대했다. 특히 도널드 트럼프 대통령이 2017년에 본격적인 미·중간 무역전쟁을 시작하면서 중국은 무역과 투자에서 위안화 사용을 확대하고, 중앙은행 간 스와프 협정을 통해 위안화의 국제적 사용을 늘리고자 했다.

또한 2022년 1월 러시아가 우크라이나를 침공한 이후 서방의 금융 제재로 인해 국제은행간통신협회(SWIFT)에서 배제되자 러시아 또한 달러 이외의 통화를 찾을 수밖에 없었다. 러시아는 중국에게 싼 가격으로 원유를 공급하면서 위안화로 대금을 받았다. 이로써 중국과 러시아가 본격적으로 서방의 달러패권에 도전하게 된 것이다.

2025년 출범한 트럼프 2기는 1기보다 더욱 강력하게 중국을 제재하려는 정책을 쓰겠다고 공언한 상태다. 이에 대한 대응으로 중국은 무역거래에서 위안화 결제비율을 현재의 25~30%에서 더욱 높이려 할 것이다. 중국은 이미 디지털 위안화를 개발해 국제 결제에서의 활용을 모색하고 있다. 더욱이 중국과 러시아는 브라질, 인도, 남아프리카공화국 등 다른 브릭스(BRICS) 국가들과 함께 '브릭스 브리지'라는 이름의 브릭스 결제시스템을 개발해서 달러 의존도를 줄이려 하고 있다. 서방의 금융 제재를 회피할 뿐만 아니라 이들 간의 무역 관계를 강화하기 위한 전략이다.

이에 대해 트럼프 미국 대통령은 앞에서 언급한 것처럼 '달러패권'에 도전하면 100% 관세를 부과하겠다고 브릭스를 향해 경고했다. 그러나 중국과 러시아의 탈달러는 선택이 아닌 필수가 된 상황이다. 달러패권을 놓고 큰 전쟁이 벌어질 수밖에 없다.

그러나 달러패권의 운명은 외부의 도전보다 미국 내부의 의도적인 또는 우발적인 정책변화에 좌우될 가능성이 크다. 앞에서 설명한 것처럼 (일반적으로 생각하는 것과 달리) 지난 30여 년간 미국의 경제력이 세계에서 줄어들지 않았고 앞으로도 줄어들지 않을 것이기 때문이다. 유일하게 미국의 패권에 도전할 수 있는 나라가 중국인데, 시장환율 기준으로 볼 때 미국과 중국의 GDP 격차는 최근 도리어 확대되고 있는 상황이다. 또한 더욱 강력해진 트럼프 대통령이 본격적으로 중국 때리기에 나서고 있는 상황에서 중국이 미국에 밀릴 수밖에 없다. [이에 대해서는 뒤에서 자세히 설명하려 한다.]

그럼 달러패권에 대한 두 번째 도전인 미국 내부의 정책변화에 대해 살펴보자. 미국이 달러패권을 유지한다는 것은 '달러의 기축통화' 지위가 계속된다는 의미다. 이는 달러가 국제무역, 금융거래, 자산 보유 등에 널리 쓰인다는 것이고, 전 세계에서 달러에 대한 지속적인 수요가 존재한다는 것이다. 이를 위해 미국은 일정량의 달러를 계속해서 해외에 공급해야 하며, 이를 위해서는 경상수지 적자가 계속 발생해야 한다. 즉 미국이 해외에서 수입하는 것이 수출하는 것보다 많아야 한다는 것이다. 그러나 이러한 적자가 누적되면 미국경제의 신뢰도에 부담이 되고 달러 가치의 안정성이 위협받을 가능성이 커진다. 이를 '트리핀 딜레마(Triffin Dilemma)'라고 부른다.

그동안 미국이 경상수지 적자를 유지하면 달러는 지속적으로 국제 시장에 공급되었고, 세계경제는 이를 통해 안정적인 유동성을 확보할 수 있었다. 미국의 경상수지 적자로 인해 외국으로 흘러갔던 달러는 다시 미국의 자산(채권, 주식 등)에 투자되면서 미국경제에 자금을 공급해주는 역할을 해왔다. 이러한 달러의 글로벌 순환 덕분에 미국의 금리는 낮게 유지될 수 있었고, 미국 정부와 기업들은 싸게

돈을 빌릴 수 있었다.

그런데 한 나라의 경상수지 적자는 저축보다 투자가 많거나 재정 적자일 때 (즉 조세수입보다 정부지출이 많을 때) 나타난다. 따라서 재정 적자가 커지면 경상수지 적자도 커질 가능성이 높아진다. 이것이 경상수지 적자와 재정수지 적자가 동시에 발생하는 '쌍둥이 적자(twin deficit)'다. 1980년대 레이건 행정부가 대규모 국방비 지출과 세금 감면 정책을 추진한 결과, 정부의 재정적자가 급격히 확대되었다. 재정적자가 확대되면서 금리가 상승했고, 강달러 현상이 발생했다. 강달러로 인해 수출 경쟁력이 약화되고 수입이 증가해 무역적자가 확대되면서 쌍둥이 적자 현상이 나타났다. 2008년 글로벌 금융위기와 2020년 코로나-19 팬데믹 대응을 위한 재정 지출 증가로 재정수지 적자가 급증할 때도 비슷한 쌍둥이 적자 현상이 나타났다.

이 과정에서 중국은 매년 엄청난 대미 무역 흑자를 보고 미국 국채를 사는 방법으로 경제성장을 하며 엄청난 부를 축적해왔다. 이제는 중국이 미국의 패권을 위협하는 상황에까지 이르렀다. 더욱이 중국의 싼 공산품이 미국으로 넘어가면서 미국의 노동자들은 일자리를 잃고 빈곤과 마약중독으로 내몰렸다.

미국은 더 이상 이를 용납할 수 없는 상황이다. 그래서 미국인은 '미국을 다시 위대하게(MAGA)' 만들겠다고 공표한 도널드 트럼프라는 사업가를 대통령으로 선택했다. 트럼프 대통령은 2017년 취임하면서 중국제품에 대해 최대 25% 관세를 부과하면서 무역전쟁을 시작했다. 수많은 스캔들과 법적 문제에도 불구하고 트럼프는 2024년

대선에서 또다시 대통령으로 선택되었다. 트럼프 2.0에서는 더욱 강력한 관세전쟁을 시작하고 있다.

트럼프에게 있어 공정무역이란 수출규모와 수입규모가 같을 때만을 의미한다. 미국이 일방적으로 무역적자를 내지 않겠다는 것이다. 이렇게 되면 미국 달러는 세계에 공급될 수 없기 때문에 세계 각국은 자국통화에 비해 폭등하는 달러를 계속해서 국제거래의 통화로 사용할 수 없게 된다.

결국 트럼프 2.0 시대에서의 관세 인상으로 무역적자를 줄이려는 목표는 법인세 및 소득세 인하에 따른 재정적자 확대와 상충될 수밖에 없다. 무역적자를 줄이려면 재정적자도 줄여야만 가능하다는 것이다. 일론 머스크가 공동위원장을 맡은 정부효율부(DOGE)는 정부 예산을 대폭 감소시키겠다고 하지만 대부분의 연구기관들은 재정적자가 증가할 것으로 예상하고 있다.

더욱이 관세 인상으로 무역적자를 줄이면 국제 금융시장에 달러 공급이 부족해져서 달러 가격을 높이면 이에 부담을 느낀 많은 나라들이 달러 이외의 결제수단을 찾으려고 할 것이다. 이때 대체될 결제수단은 유로나 중국의 위안화일 수도 있지만 비트코인일 가능성이 크다.

03

달러패권을 지키려는 트럼프의 승부수

제2차 세계대전을 거치며 미국이 세계 최대의 금 보유국이 되었고, 이를 토대로 달러화가 기축통화가 되었다. 그로부터 90년이 지난 지금 트럼프는 비트코인 최대 보유국이 되어 달러패권을 더욱 강화하려 하고 있다.

미국 달러패권에 대한 세 번째 도전은 '디지털 화폐의 등장'이다. PART 1에서 설명한 것처럼 비트코인은 중앙은행이나 정부의 통제를 받지 않는 분산형 디지털 통화이다. 때문에 국가 간 거래에서 중개기관(예: 은행, 정부)의 역할이 필요 없다. 비트코인은 블록체인 기술에 기반을 두어 거래의 투명성과 보안성을 제공한다. 또한 비트코인은 일상적인 상거래에서도 사용이 확대되고 있고, 총 공급량은 2,100만 개로 한정되어 있어 가치 하락의 염려가 없다.

이러한 비트코인의 장점 때문에 일부 국가와 개인은 해외 송금할 때 달러를 통한 스위프트(SWIFT) 시스템 대신 비트코인을 대안으로 선택할 가능성이 있다. 특히 이란, 러시아 등 미국의 경제 제재를 받는 국가들이 비트코인을 이용해 거래를 우회할 수 있다. 또한 금융 시스템이 미비하거나 불안정한 신흥국이나 개발도상국에서 달러 대신 비트코인이 디지털 자산 기반의 금융 시스템으로 자리 잡을 가능성이 있다. 엘살바도르와 같은 일부 국가는 이미 비트코인을 법정 통화로 채택해 달러 의존도를 낮추려는 시도를 하고 있다.

그동안 비트코인은 가치 변동성이 심해서 안정적 교환 수단이나 가치 저장 수단으로서 신뢰를 얻지 못했지만, 사용하는 국가와 개인들이 늘어나면서 가치 변동성이 줄어들 것이다. 비트코인의 가격 변동성 감소는 비트코인의 사용을 확대시키고, 이는 다시 가치 변동성을 감소시키는 선순환이 이루어지며 비트코인의 사용이 계속 증가할 것이다. 비트코인의 국제적 사용 확대는 글로벌 준비 통화로서의 달러 수요를 감소시키고, 달러의 가치와 미국경제의 대외적 영향력을 약화시킬 수 있다.

또한 많은 국가들이 준비하고 있는 '중앙은행 디지털 통화(CBDC)'가 활성화되면 스위프트와 같은 기존의 달러 기반 결제시스템에 대한 의존이 줄어들 수 있다. 이 때문에 CBDC의 발행에 가장 열성적인 나라가 중국이다. 브릭스는 회원국 간 무역결제에 각국의 CBDC를 결제수단으로 사용하는 방안을 검토하고 있는 상태다. 또한 스위프트를 대체하는 공통 지불수단으로 브릭스페이(BRICS Pay)를 만들기 위해 구상중이다.

이렇듯 비트코인과 같은 탈중앙의 디지털 화폐와 함께 CBDC의 등장은 글로벌 기축통화로서의 달러의 독점적 지위를 위협하고 있다. 미국도 CBDC, 즉 디지털 달러를 도입해서 이를 글로벌 표준으로 활용한다면 달러패권을 강화할 수도 있다. 그러나 트럼프는 그동안 CBDC가 개인의 자유와 프라이버시를 침해하고 정부에 과도한 권한이 집중된다면서 "CBDC를 절대 허용하지 않을 것"이라고 말해왔다. 대신 가상자산에 대해서는 규제를 완화하고, 국가 전략자산에 비트코인을 추가하겠다는 입장을 여러 차례 밝혔다. 트럼프는 선거 유세에서 "미국을 가상자산의 수도로 만들고, 나는 가상자산 대통령이 되겠다"고도 말했다.

이에 대해 많은 사람들은 트럼프가 단순히 표를 얻기 위해 사용하는 선거 전략이라고 생각했지만, 이것도 MAGA의 핵심 정책이다. 미국패권을 지키기 위해서는 달러패권을 지켜야 하고, 달러패권을 지키기 위해서는 가상자산 패권을 지켜야 하기 때문이다.

PART 1에서 이미 설명했듯이 디지털화폐는 디지털사회에서 선택이 아니라 필수이다. 다만 개인의 자유를 중요시하는 트럼프 대통령은 CBDC를 반대하고, 비트코인과 같은 탈중앙화된 디지털 화폐를 선호한다. 트럼프는 가상자산을 제도적으로 수용하고 규제를 완화하면 글로벌 자본과 인재가 미국으로 몰려들어 미국이 가상자산 시장의 중심지가 될 수 있다고 생각한다. 이를 통해 미국은 디지털 경제의 표준을 설정함으로써 디지털 금융 기술과 블록체인 기반 거래를 주도하는 역량을 강화할 수 있다.

또한 미국이 USDT나 USDC와 같은 달러 기반 스테이블코인을 지원해 암호화폐와 전통 금융 시스템 간의 연결고리를 강화할 수도 있다. 예를 들어 미국 달러와 1 대 1로 연동된 USDT를 구입하면 이를 발행한 암호화폐 발행사 테더는 달러 수입금으로 미국 국채를 매입함으로써 이익을 남길 수 있다. 실제 테더는 보유자산의 약 75%를 미국 국채에 투자하고 있다. 미국 정부의 입장에서는 안정적인 국채 수요처가 생기는 것이다. 스테이블 코인이 아니더라도 대부분의 가상자산 거래가 달러로 표기되고 거래되기 때문에 가상자산 시장의 성장과 함께 달러의 유동성과 사용이 증가하게 된다. 이렇듯 암호화폐와 달러 기반의 금융 시스템을 연계해 세계경제에서의 달러패권을 유지할 수 있다.

특히 비트코인은 공급량이 2,100만 개로 제한된 특성으로 인해 '디지털 금(digital gold)'으로 불리며 가치 저장 수단으로 각광받고 있다. 미국이 비트코인을 국가 전략자산으로 보유하면 달러의 신뢰성을 높일 수 있다. 이는 마치 1930년대 이후 전 세계의 금을 모아 달러를 전 세계의 기축통화로 만든 것과 비슷하다. 2024년 말 기준으로 미국 정부는 불법거래로부터 몰수한 약 21만 개의 비트코인을 보유하고 있는데, 트럼프 대통령은 이를 매각하지 않을 뿐만 아니라 보유량을 지속적으로 늘려 나갈 계획이다.

미국 행정부의 수장인 트럼프 대통령만이 이런 계획을 갖고 있는 것이 아니다. 신시아 루미스 상원의원은 2024년 7월 연준이 비트코인을 전략적 준비금으로 보유할 것을 의무화하는 '2024년 비트코인

법'을 상원에 상정했다. 이 법안은 미국이 향후 매년 20만 개씩 5년 동안 비트코인 100만 개를 매입해 전체 공급량의 약 5%를 확보하고, 이를 최소 20년간 보유하도록 규정한다. 또한 비트코인 매각은 연방채무 상환 외의 목적으로는 금지된다. 이는 '비트코인 가격이 장기적으로 상승할 것이기에 추후에 매각해 연방채무를 상환할 수 있다'는 논리에 기초한 것이다. 20년 뒤 이를 실제로 처분하지 않더라도 미국 정부가 발행하는 국채의 신용 등급을 상향 조정함으로써 미국 달러가 글로벌 안전 자산으로 인정받는 데 기여할 것이다.

미국 정부뿐만 아니라 미국의 기업들도 비트코인을 전 세계에서 가장 많이 보유하고 있다. 2025년 1월 말 기준으로 마이크로스트래티지가 약 47만 개의 비트코인을 보유하며 독보적인 1위를 차지했다. 뒤를 이어 마라톤 홀딩스, 라이엇 플랫폼스, 테슬라가 2~4위를 차지하고 있는데 이들 모두 미국 기업이다. 보유량 상위 10개 기업 중에서는 캐나다 기업 2곳과 일본 기업 한 곳을 제외하면 모두 미국 기업이다.

또한 2024년 초에 비트코인 현물 ETF가 미국 증권시장에 상장승인 받은 이후 블랙록, 피델리티, 그레이스케일, 인베스코, 아크 인베스트 등의 자산운용사들이 보유하고 있는 비트코인도 100만 개 이상일 것으로 추정된다. 이들도 모두 미국 기업이다. 개인의 비트코인 보유량은 익명성과 프라이버시로 인해 국적별 통계가 어렵지만, 미국이 주요 국가 중 가장 먼저 증권시장에 비트코인 현물 ETF를 상장한 것 등을 고려할 때 미국인이 세계에서 가장 많이 보유하고 있을 가능성이 크다.

미국 정부가 비트코인 보유량을 계속 늘리려는 것은 가격 상승에 따른 투자 수익만을 위한 것은 아니다. 앞서 설명한 것처럼 1933년 루즈벨트 대통령이 개인의 금 거래를 중단시키고 제2차 세계대전을 거치며 미국이 세계 최대 금 보유국이 되었고, 이를 토대로 달러화가 기축통화가 되었다. 그로부터 90년이 지난 지금, 트럼프는 디지털 골드인 비트코인 최대 보유국이 되어 달러패권을 더욱 강화하겠다는 속셈이다.

미국이 비트코인을 국가 전략자산으로 인정하면, 다른 국가들도 이를 따르게 될 가능성이 크다. 이는 미국이 글로벌 가상자산 규제와 표준을 주도하는 역할을 강화해 달러패권을 지지하는 새로운 금융 생태계를 만들 수 있다. 즉 '디지털 골드'인 비트코인에 대해 미국이 지배력을 갖고 있는 상태에서 비트코인이 국제적인 결제통화로 활성화되면, 미국은 다른 국가들이 독자적인 디지털 통화를 통해 달러를 대체하려는 시도를 효과적으로 견제하며 달러패권을 유지할 수 있게 될 것이다.

04

절대강자 미국의 아킬레스건

AI 혁명을 주도하고 있는 매그니피센트 세븐의 주가 상승이 전체 미국 주가 지수를 끌어올렸다. 그러나 기술주 중심의 과열된 시장은 자산 버블의 가능성이 크다. 버블은 세상 사람 모두가 열광할 때 갑자기 꺼진다.

아킬레스는 고대 그리스 신화에 등장하는 트로이 전쟁의 영웅이다. 호메로스의 서사시 〈일리아스〉에 의하면, 아킬레스는 테살리아의 영웅 펠레우스와 바다의 여신 테티스 사이에서 태어난 프리티아 왕국의 왕자였다. 아킬레스의 어머니 테티스는 그를 불사의 존재로 만들기 위해 그리스 신화 속 신성한 강 스틱스에 아기를 담갔다. 이 과정에서 어머니가 그를 발뒤꿈치로 잡고 있었기 때문에 발뒤꿈치는 신성한 강물에 닿지 못했다. 이 때문에 발뒤꿈치는 아킬레스의 유일한 약점으로 남게 되었다.

그럼에도 아킬레스는 그리스 전쟁 영웅 중 가장 강력한 전사였다.

트로이 전쟁에서 아킬레스는 트로이의 왕자 헥토르와의 전투에서 그를 죽이며 영웅으로서의 명성을 얻었다. 하지만 아폴론 신의 도움을 받은 헥토르의 동생 파리스 왕자가 쏜 화살을 발뒤꿈치에 맞아 죽음을 맞이하게 된다.

미국은 오늘날 모든 국가 중 최고의 패권국가다. 가히 아킬레스라고 할 수 있다. 그러나 미국에도 '아킬레스건'이 있다. 그것은 다름 아닌 미국 재무부의 천문학적인 부채와 연준(Fed)이 뿌려대고 있는 유동성이다.

미국은 시장에서 위기가 나타날 때마다 적극적으로 재정정책과 통화정책을 쓰면서 경제를 안정시켰다. 앞에서 설명한 대로 〈이코노미스트〉 지는 이러한 적극적인 위기관리를 미국으로 하여금 다른 선진국들에 비해 빠르게 성장할 수 있었던 요인 중 하나로 꼽았다. 그러나 지금까지의 성공요인이 미래의 실패요인이 될 수 있다.

정부는 세금을 거둬들여 필요한 재정지출을 한다. 거둬들인 세금보다 지출이 많으면 국채를 발행하게 되고, 재정적자가 발생한다. 이것이 누적되면 정부부채가 된다. 미국은 정부가 그동안 시장에 적극 개입한 덕분에 세계에서 가장 많은 정부부채를 가지고 있다.

미국의 정부부채는 2024년 기준 36조 달러로 1995년 10조에 비해 3.6배 증가한 규모다. 마치 벼랑을 타고 오르는 모양새다(그림 2-4). 2023 회계연도에 미국 연방정부는 정부부채에 대한 이자 지급액으로 약 9,398억 달러를 지출했다. 이는 정부지출 7.2조 달러의

[그림 2-4] 미국 정부부채 규모 변화 추이(조, 달러, 1924~2024년)

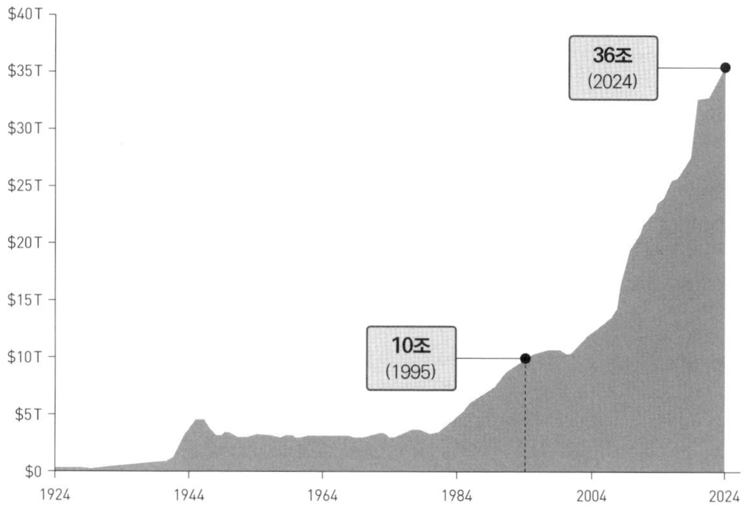

출처: FiscalData

15%를 넘는 금액이고, 국방 예산인 8,203억 달러를 초과하는 금액이다.

GDP 대비로 볼 때 미국의 정부부채는 제2차 세계대전 중 막대한 전비 지출로 100%까지 증가했던 1945년보다도 훨씬 높은 123%에 달한다(그림 2-5). 전후 1970년까지 30% 수준으로 감소한 적이 있었다. 1980년대 초부터 1990년대 중반까지 66%로 다시 증가했지만 이후에도 대체로 60% 수준에서 잘 관리된 상황이었다.

그러다가 2008년 서브프라임 모기지 사태가 터지면서 상황이 급변했다. 2008년 10월 긴급경제안정화법(EESA)을 통과시켜 7천억 달러의 자금으로 부실자산을 매입하거나 금융기관에 자금을 투입하면

[그림 2-5] 미국 정부부채 규모 변화 추이(GDP 대비, %, 1945~2024년)

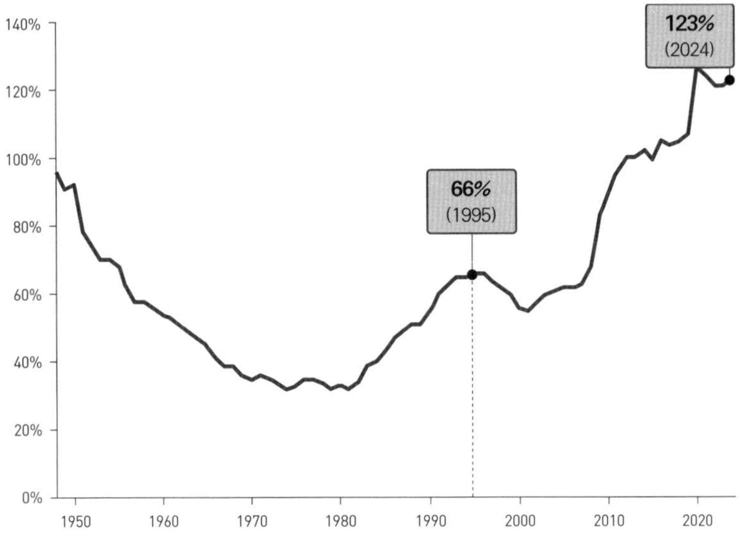

출처: FiscalData

서 정부부채도 크게 증가했다. 금융기관이 위험한 대출과 투자로 막대한 손실을 초래했음에도 불구하고 정부의 구제로 살아남게 한 것에 대한 비판이 쏟아졌다.

이러한 구제 조치가 금융기관들에게 '위험한 행동을 해도 결국 정부가 구제해줄 것'이라는 잘못된 신호를 줌으로써 '도덕적 해이'를 불러올 수 있다는 비판도 받았다. 게다가 금융기관을 구제하는 데 투입된 막대한 자금이 주로 대형 금융기관과 부유층에게 혜택을 주는 데 쓰임으로써 대공황 이후로 미국 사회의 불평등이 더욱 심화되었다는 비판도 받았다.

이러한 비판에도 불구하고 역사상 최고 수준인 재정적자를 매년

[그림 2-6] 미국 연방정부 재정적자 추이(2000~2024년)

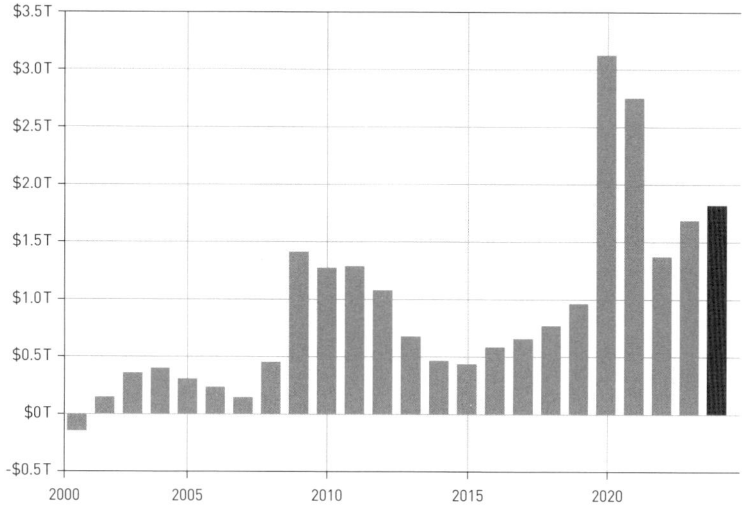

출처: FiscalData

(2009년 1.4조 달러, 2010년 1.3조 달러, 2011년 1.3조 달러, 2012년 1.1조 달러) 계속했다(그림 2-6). 참고로, 미국의 회계연도는 10월부터 9월까지이므로 2009년 재정적자는 2008년 10월부터 2009년 9월까지다.

2020년 코로나-19 팬데믹이 발생하자 또다시 미국은 전 세계에서 가장 과감한 재정정책을 시행했다. 의회는 2020년 3월, CARES(Coronavirus Aid, Relief, and Economic Security Act)법을 통과시켰다. 2조 2천억 달러에 달하는 재정 부양 패키지였다. 저소득 및 중산층 가구에 1,200달러의 현금을 지급하고 자녀 1인당 500달러의 추가 지원을 제공했다. 실업급여를 확대해 기존 실업수당에 주당 600달러를 추가 지급하고, 지급 기간을 연장했다. 급여보호프로그램(PPP)을 통해 중소기업에 저금리 대출을 제공하고, 직원 유지를 조건으로 상환을 면제해주는 방식으로 기업들이 고용을 유지하도록 유도했다.

2020년 말 CARES법의 만료를 앞두고 추가 구제법안인 CRRSA (Coronavirus Response and Relief Supplemental Appropriation)법이 통과되었다. 이 법은 약 9천억 달러 규모의 추가 부양책으로, 다시 한 번 개인 지원, 실업급여 확대, PPP 대출 프로그램을 포함했다. 이 법안에서는 가구당 600달러의 추가 지원금과 실업급여 추가 지원을 주당 300달러로 재개하는 방안이 포함되었다. 이외에도 팬데믹 동안 연방 학자금 대출 상환 유예조치, 주 및 지방 정부에 대한 지원, 임대료 지원 프로그램, 영양 보조 프로그램 등의 다양한 재정 지원이 이루어졌다.

그 결과 연방정부 재정적자는 2020년 3.1조 달러, 2021년 2.8조 달러에 달했다. 2021년에 출범한 조 바이든 행정부는 코로나-19 펜데믹이 끝난 이후에도 매년 막대한 재정적자를 계속했다(2022년 1.4조 달러, 2023년 1.7조 달러, 2024년 1.8조 달러). 그 결과 2024년에 연방정부부채는 36조 달러, GDP 대비 123%까지 증가한 상태다.

문제는 앞으로다. 47대 대통령 도널드 트럼프는 선거공약으로 법인세를 현재 21%에서 15%로 낮추겠다고 발표했다. 또한 본인이 대통령이던 2017년에 시행했던 개인 소득세 감면 혜택을 연장하거나 영구화하겠다는 계획이다.

미국 초당파 싱크탱크인 책임연방예산위원회(CRFB)는 트럼프의 모든 공약이 현실화되면 향후 10년간 10.4조 달러가 소요될 것으로 추산했다. 매년 1조 달러씩 초과 재정적자가 발생할 것으로 본 것이다. 관세를 높여 부족해진 세수를 메꾸겠다고 하지만 이는 극히 일부만 가능할 것이므로, 트럼프 2.0기의 재정적자는 매년 2.0조 달러를 넘을 것이 분명해 보인다.

이 때문에 미국 정부가 당장 위기를 맞는다는 말은 아니다. 정부부채가 많기 때문에 한 나라의 경제가 위기에 빠지는 경우는 '이 부채를 내국인이 아니라 외국인이 보유하고 있을 때'다. 더욱이 '이 부채가 자국통화가 아닌 외국통화로 표시되었을 때' 위기에 빠진다. 1980년대 미국 금리와 달러 가치가 높아지면서 중남미 대부분의 국가들에 외채위기가 발생한 경우가 그렇다. 그러나 미국의 정부부채 36조 중 80%에 가까운 28.6조는 미국의 중앙은행인 연준과 상업은행, 그리고 개인이 보유하고 있다. 오직 20%를 약간 상회하는 7.4조만을 외국인이 보유하고 있다.

일본이 GDP 대비 260%가 넘는 정부부채를 갖고 있어도 대부분 일본의 중앙은행인 일본은행을 비롯한 일본인이 보유하고 있기에 갑작스런 위기가 발생하지 않는다. 하물며 강력한 기축통화국인 미국은 더 말할 나위가 없다. 그러나 과도한 재정적자와 정부 부채는 과도한 이자지급 부담을 초래하고, 시중에 유동성을 너무 많이 푸는 데 따른 문제를 야기한다.

미국의 돈 풀기는 행정부만 행하는 것이 아니다. 연준도 2007~2008년 서브프라임 모기지 사태가 터지자 사상 초유의 경기부양 조

[그림 2-7] 미국 연준의 총자산 추이(2003년 1월~2024년 12월)

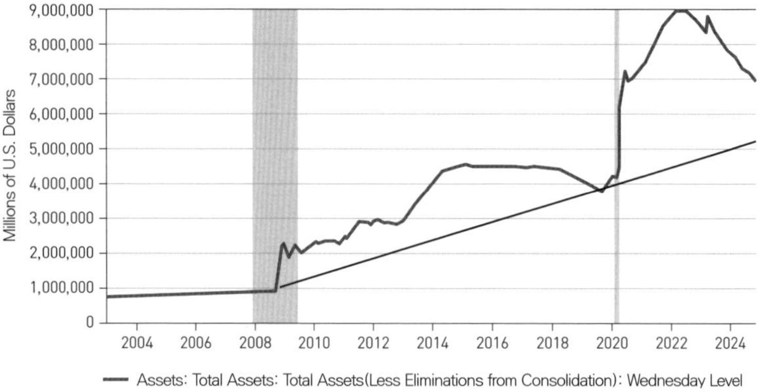

출처: St. Louis Fed, FRED 주: 직선은 장기 추세선

치를 실시했다. 정책금리인 연방기금금리를 0~0.25%로 낮추는 동시에 정부국채를 매입하는 양적완화(QE)를 실시했다. 양적완화는 연준이 국채(주로 장기)와 주택담보대출증권(MBS)을 매입해 유동성을 경제에 직접 주입해서 장기금리를 낮추려는 것이다.

2008년 11월에 리먼 브라더스(Lehman Brothers)가 파산하고 신용시장이 마비되자 연준은 주택담보대출증권(MBS) 1조 2,500억 달러, 기관 채무 1,750억 달러, 장기 국채 3,000억 달러 등 총 1.75조 달러를 매입했다. 이후 2014년까지 세 차례에 걸쳐 약 3.5조 달러 규모의 양적완화를 실시했다. 이후 코로나-19 팬데믹 시기에도 연준은 비슷한 방식의 양적완화를 통해 약 4조 달러 이상을 추가로 투입했다. 이로써 대차대조표 상의 연준 자산은 2008년 양적완화 시작 전의 약 1조 달러에서 2022년에는 약 9조 달러까지 증가했다(그림

2-7). 즉 이 기간 동안 무려 8조 달러의 유동성이 공급된 것이다.

정부의 재정지출 확대와 양적완화는 경제 시스템에 유동성을 공급함으로써 경제위기를 빠르게 극복하는 데 도움을 준 것이 사실이다. 그러나 이로 인해 주식과 부동산 같은 자산 가격이 급격히 상승해서 자산 버블을 만들었다. 이는 또한 주로 자산을 보유한 고소득층에 혜택을 주는 것이기 때문에 자산 불평등이 크게 확대되는 결과를 가져왔다.

또한 팬데믹 이후 사상 최대 규모의 재정지출 확대와 양적완화는 2021~2022년 동안 40년 만에 최고 수준의 인플레이션을 초래한 주요 원인이 되었다. 공급망 차질, 러시아-우크라이나 전쟁 등도 인플레이션의 주요 원인으로 작용했다.

인플레이션이 극심해지자 연준은 2022년 3월부터 기준금리를 인상하기 시작해서 2023년 7월에 5.25~5.50% 수준까지 상승시켰다. 또한 연준은 2022년 6월부터 보유한 자산(국채 및 주택담보대출증권, MBS)을 만기 도래 시 재투자하지 않는 방식으로 대차대조표를 축소하는 양적긴축(QT)을 시작했다.

통화긴축과 함께 공급망 차질이 해소되면서 인플레이션이 목표치인 2% 수준으로 근접하자 연준은 2024년 9월 기준금리를 다시 인하하기 시작해서 2024년 12월까지 4.75%(상단 기준) 수준으로 낮췄다. 다만 QT는 계속하기로 했다. 그럼에도 불구하고 2024년 12월 기준 연준의 총자산은 7조 달러로 최고치 9조 달러에 비해 2조 달러 감소했지만 코로나-19 팬데믹 발발 전의 4.2조 달러에 비해서는 2.8

조 달러가 많은 상태다(그림 2-7). 장기 유동성이 시중에 아직 지나치게 많이 풀려 있다는 의미다. 장기적인 증가추세를 감안하더라도 2조 달러 정도의 유동성이 초과 공급되어 있는 상태다.

더욱이 앞서 설명한 대로 미 재무부는 코로나-19 팬데믹이 끝난 후인 2023년에 1.7조 달러, 2024년 1.8조 달러의 재정적자를 기록했다. 이만큼 시중에 유동성이 추가 공급되었다는 뜻이다.

이런 이유 때문에 미국의 증권시장은 계속해서 호황상태다. 고금리가 1년 넘게 계속된 2024년에도 S&P 500은 24.0% 상승했고, 나스닥종합지수는 30.8% 상승했다. 더욱이 ChatGPT가 2022년 11월 일반에 공개된 이후 AI 관련 투자붐이 크게 확산된 것도 주가 상승의 중요한 이유다. AI 연산에 필수적인 GPU의 독점적인 지위를 통해 막대한 수익을 창출하고 있는 엔비디아를 비롯해서 AI 혁명을 주도하고 있는 매그니피센트 세븐의 주가 상승이 전체 주가지수를 끌어올렸다.

그러나 기술주 중심의 과열된 시장은 자산 버블의 가능성이 크다. 버블은 모두가 열광할 때 갑자기 꺼진다.

2장

빨라지고 있는 중국경제의 일본화

01

중국몽이 부른 미·중 패권경쟁

미국은 중국몽을 미국의 경제적·군사적·외교적 패권에 대한 위협으로 보고 있다. 트럼프 1.0은 미·중 간의 무역전쟁의 문을 열었고, 2025년 1월 20일 출범한 트럼프 2.0은 미·중 간의 무역전쟁을 본격화하고 있다.

2010년 중국은 세계 GDP 순위에서 일본을 제치고 2위의 경제대국으로 부상했다. 마침내 G2가 되는 순간이었다. 그러나 당시 중국의 GDP는 6.1조 달러로 미국의 15조 달러에 비해 40%에 불과했다. 더욱이 중국의 일인당 GDP는 4,551달러로 미국의 48,651달러의 1/10도 되지 않았다.

그럼에도 불구하고 등샤오핑이 개혁개방의 기치를 내걸던 1978년에 비하면 GDP로는 40배, 일인당 GDP로는 30배 가까이 증가한 것이다. 전 세계 인구의 1/5이나 차지하고 있는 중국이 불과 20여 년 만에 이뤄낸 기적 같은 성과였다. 농업을 기반으로 하는 후진적

사회주의 국가였던 중국이 '세계의 공장'으로 불리며 글로벌 공급망에서 필수적인 역할을 하게 된 것이다.

2013년 3월 국가주석으로 취임한 시진핑은 '중국몽(中国梦)'을 국가적 비전으로 내세웠다. 19세기 아편전쟁 이후 100년간 서구 열강과 일본으로부터 받은 굴욕을 씻고, 과거의 위대한 강대국 지위를 확립하겠다는 의지의 표현이었다.

중국몽은 구체적으로 '두 개의 100년 목표'를 내세웠다. 첫 번째는 중국 공산당 창당 100주년이 되는 2021년까지 '전면적 소강사회(全面小康社会)', 즉 모든 인민이 풍족하고 안정된 생활을 누리는 사회를 만들겠다는 것이다. 두 번째는 중화인민공화국 건국 100주년이 되는 2049년까지 사회주의 현대화 강국(社会主义现代化强国), 즉 경제, 군사, 문화, 과학 기술 등 모든 분야에서 세계 최고 수준의 강국으로 도약하겠다는 것이다.

이를 위해 신기술 개발과 제조업 고도화를 통해 고속 성장에서 고품질 성장으로 전환하겠다는 '중국제조 2025' 전략을 수립하는 한편, 빈곤 지역 개발과 불평등 해소를 통해 사회적 안정을 도모하겠다는 '공동부유'를 표명했다.

동시에 인민해방군을 2035년까지 세계 수준의 군대로 발전시키고, 2049년까지 세계 최강의 군사력을 보유하겠다는 목표를 세웠다. 이를 통해 남중국해, 대만 문제 등에서 군사적 입지를 강화하며 미국과의 군사적 경쟁에서 우위를 확보하려 했다.

아울러 일대일로(一帶一路)를 더욱 강화하는 한편, UN, BRICS, 상하이협력기구(SCO) 등에서의 리더십을 강화하려 했다. 또한 개발도상국과 협력하며 서구 중심의 가치관에 대항하는 '중국식 모델'을 글로벌 대안으로 제시했고, 특히 권위주의 체제를 선호하는 국가들과의 연대를 강화했다.

그러나 서방국들은 시진핑의 중국몽이 중화주의, 즉 중국 중심의 국제 질서 재편을 목표로 하며, 세계 각국의 자율성과 주권을 위협할 수 있다고 경계했다. 특히 일본, 인도, 호주 등은 중국몽이 아시아에서의 군사적 패권을 강화하려는 시도라고 보고, 이를 견제하기 위해 미국과 함께 쿼드(QUAD)를 결성하고 안보 협력을 강화했다. 필리핀, 베트남 등 남중국해를 둘러싼 영유권 분쟁국들도 중국몽이 자국의 주권을 침해한다고 비판했다. 그리고 한국은 가장 중요한 무역 파트너이자 지정학적 이웃인 중국에 대해 양면적인 태도를 보여왔다. 한미동맹을 유지하면서도 중국의 경제협력을 지속해야 하는 전략적 딜레마에 빠져 있는 상태다.

미국은 중국몽이 미국 주도의 국제 질서에 대한 도전이고, 미국의 경제적·군사적·외교적 패권에 대한 위협으로 보고 있다. 특히 '중국제조 2025'와 같은 전략은 미국의 첨단 기술 패권에 대한 직접적인 도전으로 인식한다. 중국이 군사 현대화와 확장을 통해 지역 및 글로벌 군사력을 강화하고 있는 것은 인도·태평양 지역의 안보와 미국의 군사적 우위에 대한 위협으로 간주한다. 또한 중국몽이 중국식 사회주의 모델을 강조하고 있어 서구식 민주주의가 아닌 권위주의적 정치 체제를 확산시킬 가능성이 있다고 우려한다.

2017년 1월 트럼프가 미국 대통령으로 취임하며 'MAGA(미국을 다시 위대하게)'를 내세웠다. 시진핑은 2018년 3월 국가주석으로 재선되면서 중국몽의 가치를 더욱 높이 내걸고 '중국 제조 2025'와 같은 중국의 산업 현대화 정책을 더욱 적극으로 추진하기 시작했다.

바로 이때가 미국과 중국이 본격적으로 부딪치기 시작한 시점이다. 미국은 중국과의 무역에서 연간 약 3천억 달러 이상의 무역적자를 기록하고 있었는데, 트럼프는 이 불균형이 중국의 불공정 무역 관행 때문이라고 비판했다. 또한 중국이 미국 기업의 기술을 강제로 이전시키거나, 지적재산권을 침해한다고 주장했다. 중국 정부가 자국 기업에 대규모 보조금을 지원하며 시장 경쟁을 왜곡한다는 비판도 했다.

2018년 3월에 미국은 중국산 수입 철강에 25% 관세, 알루미늄에 10% 관세를 부과하며 중국과의 무역전쟁을 시작했다. 7월에는 중국산 제품 약 500억 달러 규모에 25% 관세를 부과했고, 2018년 말에는 총 2천억 달러 규모의 중국산 제품에 최대 25%의 관세를 부과했다. 이에 중국은 미국의 주요 수출품인 대두와 자동차에 보복 관세를 부과했고, 희토류 수출을 제한하겠다는 가능성을 시사하며 미국을 압박했다.

2018년 12월에 트럼프와 시진핑은 G20 정상회담에서 만나 90일간 추가 관세를 유예하기로 합의했고, 2020년 1월에 미국과 중국은

'1단계 무역 합의(Phase One Deal)'를 체결했다. 중국은 미국산 농산물, 에너지, 서비스 구매를 2년간 2천억 달러 규모까지 확대하기로 약속했으며, 미국은 일부 관세를 철회하거나 완화하기로 했다.

2021년 1월에 취임한 조 바이든 미국 대통령은 트럼프 행정부에서 대중국 무역 제재를 더욱 체계적이고 동맹 중심적으로 발전시켰다. 바이든 행정부는 트럼프 1.0 시기에 부과된 중국산 제품 관세를 대부분 유지하는 동시에 다양한 기술제재를 시작했다. 무역전쟁이 기술전쟁으로 확산된 것이다.

2022년 10월, 미국은 첨단 반도체 기술과 장비의 중국 수출을 제한하는 포괄적 규제를 발표했다. 제한 대상은 14나노미터 이하의 첨단 반도체 제조 장비와 인공지능(AI), 고성능 컴퓨팅(HPC) 등 군사적으로 활용 가능한 첨단 기술이었다.

또한 미국은 일본, 네덜란드와 협력해 EUV(극자외선) 반도체 장비의 중국 수출을 제한했다. 이는 ASML(네덜란드)과 도쿄일렉트론(일본) 같은 글로벌 반도체 장비 기업들이 중국에 장비를 판매하지 못하도록 하는 조치였다. 아울러 트럼프 행정부의 화웨이 제재를 이어받아 5G 장비와 스마트폰 사업에서 화웨이의 글로벌 시장 접근을 차단했으며, 미국산 기술과 소프트웨어를 사용하는 칩 제조업체(예: TSMC)가 화웨이에 반도체를 공급하지 못하도록 제한했다. 군사적 활용 가능성이 있는 중국 기업(예: SMIC, DJI)은 블랙리스트에 추가해 미국 기업과의 거래를 차단했다.

또한 바이든 행정부는 반도체법(Chips and Science Act, 2022)을 통

해 미국의 반도체 생산 능력을 강화하기 위해 반도체 제조와 연구에 약 520억 달러를 투자했다. 미국의 인텔과 같은 회사뿐만 아니라 대만의 TSMC, 한국의 삼성전자와 SK하이닉스 등과 같은 외국 반도체 제조업체들에게 보조금을 지급해 미국에 공장을 건설하도록 유도했다. 또한 인플레이션 감축법(IRA, 2022)을 통해 전기차 및 청정에너지 산업에서 중국 의존도를 줄이기 위한 보조금을 지급해 관련 해외 기업들의 미국 투자를 유치했다.

또한 중국의 경제적 영향력을 견제하기 위해 '인도·태평양 경제 프레임워크(IPEF)'를 만들어 공급망, 디지털 경제, 청정에너지 분야에서 협력을 강화했다. 쿼드(QUAD; 미국, 인도, 호주, 일본의 4자 안보 및 경제협력체), AUKUS(호주, 영국, 미국의 3자 안보협력체)와 같은 협력체를 활용해 중국을 견제했다.

트럼프 1.0은 미·중 간의 무역전쟁의 문을 열었다. 2025년 1월 20일 출범한 트럼프 2.0은 미·중 간의 무역전쟁을 더욱 본격화하고 있다. 트럼프는 취임하자마자 중국이 우회 수출하는 통로인 멕시코와 캐나다로부터의 수입품에 대해서 25%의 관세를 부과하겠다고 선언했다. 중국산 수입품에 대해서는 60% 관세를 부과하겠다고 선거운동 기간부터 밝혔다. 시진핑의 중국과 트럼프의 미국이 강 대 강의 패권경쟁을 본격적으로 시작하는 시점이다.

02

미·중 패권경쟁의 핵심은 반도체전쟁

미·중 간의 패권경쟁은 피할 수 없고, 이미 시작되었다. 미·중 간의 패권경쟁은 기술전쟁, 그중에서도 반도체전쟁이 핵심이다. 미·중 간의 패권경쟁은 양국 간의 전쟁보다는 주변국을 통한 대리전이 될 가능성이 크다.

아테네는 페르시아 전쟁(기원전 499~449년) 이후 델로스 동맹을 주도하며 강력한 해군력을 바탕으로 그리스 세계에서 패권을 잡았다. 반면에 육군 중심의 군사 강국으로 전통적이고 보수적인 체제를 유지하고 있었던 스파르타는 아테네의 영향력 확대를 위협으로 간주하고 펠로폰네소스 반도의 도시국가들을 결집해 펠로폰네소스 동맹을 결성했다.

기원전 432년 코린토스(스파르타 동맹)와 코르키라(아테네 동맹) 간의 분쟁이 아테네와 스파르타 간의 긴장을 고조시켰고, 아테네가 메가라(스파르타 동맹)와의 교역을 금지하며 갈등이 심화되었다. 결국 기원전 431년 스파르타는 육군을 동원해 아테네 주변 지역을 침공했고, 아테네는 해군을 동원해 펠로폰네소스 반도를 약탈했다. 이후 여러 차례 휴전을 반복하며 3차에 걸쳐 전쟁을 계속했고, 기원전 405년 아고스포타미 해전에서 스파르타 해군이 아테네 해군을 완전히 격파했다. 이에 따라 기원전 404년에 아테네가 항복하면서 전쟁이 종료되었다.

그리스 역사학자인 투키디데스는 아테네와 스파르타 간의 펠로폰네소스 전쟁을 설명하면서, 신흥 세력(아테네)의 부상과 기존 세력(스파르타)의 반발이 전쟁의 주된 구조적 원인으로 작용했음을 지적했다. 하버드대 그레이엄 앨리슨 교수는 신흥 강대국과 기존 강대국 간의 갈등이 전쟁으로 이어질 가능성을 '투키디데스의 함정'이라고 명명했다.[7] 앨리슨 교수는 지난 500년간 16번의 신흥 강대국과 기존 강대국의 패권경쟁이 있었는데 이 중 12번이 전쟁으로 이어졌음을 밝혔다.

앨리슨 교수는 '투키디데스의 함정' 때문에 미국과 중국의 패권경쟁은 피할 수 없고, 전쟁도 예정된 거나 마찬가지라고 주장한다. 그래서 그의 책 제목이 '예정된 전쟁(Destined for War)'이다. 즉 기존의 패권국인 미국으로서는 중국의 도전을 용납할 수 없다는 것이다.

또 한 가지 중요한 원인은 미국 내부에 있다. 앞서 설명한 것처럼 중국의 싼 공산품이 미국으로 몰려오면서 미국의 전통 산업은 무너졌고, 노동자들은 일자리를 잃었다. 이게 트럼프 2기의 부통령 J. D.

밴스의 회고록 『힐빌리의 노래(Hillbilly Elegy)』에서 러스트 벨트(Rust belt) 지역의 주민들이 느끼는 좌절감과 분노가 미국민들에게 크게 공감을 받은 이유다. 러스트 벨트의 몰락과 사회양극화는 중국 때문만은 아니다.

PART 1에서 설명한 것처럼 디지털혁명이 가속화되면서 전통산업은 경쟁력을 잃을 수밖에 없고 양극화가 정치, 경제, 사회 모든 면에서 심화될 수밖에 없다. 그렇다고 기술혁명을 멈출 수 없다. 그렇기 때문에 트럼프는 국내보다는 외국, 그중에서 특히 중국에 비난과 제재의 화살을 집중하는 것이다.

미·중 패권경쟁을 피할 수 없는 세 번째와 네 번째 원인은 중국 내부에 있다. 앞서 설명한 것처럼 시진핑의 중국몽은 '중화민족의 위대한 부흥'을 목표로 경제, 군사, 정치, 문화 전반에서 강대국으로 부상하겠다는 의지를 나타낸다. 시진핑은 '2035년까지 세계 수준의 군대, 2049년까지 세계 최강의 군사 강국'을 목표로 국방 현대화를 추진하고 있다. 중국은 남중국해와 대만 해협에서 적극적인 군사 활동을 통해 자국의 주권과 영토적 야심을 드러내고 있기도 하다.

한마디로 요약하면, 시진핑의 중국은 중국몽을 통해 미국 중심의 국제 질서를 중국 중심으로 재편하려는 의도를 명확히 하고 있다. 이러한 중국의 목표는 미국이 자신들의 패권에 대한 도전으로 간주해서 대응할 수밖에 없게 하는 것이다.

미·중 간의 패권경쟁을 피할 수 없는 네 번째 원인은 중국의 자신감이 아닌 불안감 때문이다. 마이클 베클리와 할 브랜즈의 저서 『중국은 어떻게 실패하는가』에서는 중국의 내부적 불안감과 구조적 위기가 도발적 행동을 촉발할 수 있다는 점을 강조한다.[8] 앞서 설명한 것처럼 중국은 인구고령화, 지방정부 및 기업의 과도한 부채, 부동산 버블 등으로 경제성장이 둔화되고 있고, 소득 및 부의 양극화가 심화되고 있다. 때문에 중국 지도부는 인민의 관심을 외부로 돌리기 위해 애국주의와 외부 갈등을 활용할 수 있다는 것이다. 즉 대만, 남중국해, 센카쿠 열도와 같은 영토 문제에 대해서 군사적 도발을 감행할 가능성이 크다는 것이다. 독일이 내부의 경제적·정치적 압박을 외부로 분출시키기 위해 제1차 세계대전을 촉발시켰다는 사례도 언급한다.

결론적으로 이상의 네 가지 원인이 복합적으로 작용해서 미·중 간의 패권경쟁은 피할 수 없고, 이미 시작되었다. 그렇다면 앞으로 어떻게 될 것인가?

첫째, 미·중 패권경쟁은 미·중 간의 무역전쟁으로 시작되었고, 세계화의 이름으로 하나의 시장이 되었던 글로벌 경제는 글로벌 무역전쟁으로 인해 크게 위축될 것이다. 이는 1930년대의 세계대공황과 같은 심각한 글로벌 경기침체를 불러올 수 있다. [이에 대해서는 뒤에서 더 자세히 설명한다.]

둘째, 미·중 간의 무역전쟁은 기술전쟁, 그중에서도 반도체전쟁이 핵심이 될 것이다. PART 1에서 설명한 것처럼 인류는 29만 년 동안 육체적 노동을 통한 채집과 사냥에 의존해 살았다. 1만여 년 전 시작된 농업혁명 이후, 육체적 노동력과 함께 토지가 중요한 생산자원이 되었다. 이 때문에 땅을 많이 갖고 있는 사람이 부와 권력을 가졌고, 영토를 많이 갖고 있는 나라가 부강한 나라였다. 때문에 당시 패권 경쟁은 영토와 노예 쟁탈을 목적으로 한 것이었다.

고대뿐만 아니라 유럽의 봉건사회에서도 영주들은 전쟁을 통해 농경지와 농노를 확보하며 자신들의 권력을 확대했다. 대항해 시대에도 유럽 국가들은 식민지 전쟁을 통해 새로운 영토를 확보했고, 원주민을 노예화하거나 삼각 무역을 통해 아프리카 노예를 수입함으로써 노동력을 충당했다.

산업혁명 이후에 기계가 인간의 노동력을 대체하면서 이제 땅보다는 기계, 즉 자본을 많이 갖고 있는 사람과 국가가 부와 권력을 누렸다. 이 당시 영국이 패권국가가 된 이유도 산업혁명을 가장 먼저 시작해 제조업 중심의 경제구조를 먼저 발전시켰기 때문이다. 미국의 남북전쟁이 일어난 이유도 산업혁명의 영향을 받아 제조업 중심의 경제구조를 발전시킨 북부가 농업 기반의 남부와 달리 더 이상 노예제도에 의존하지 않아도 되었기 때문인 것도 중요한 원인이었다.

산업혁명 이후에는 세계열강은 토지 대신 기계를 돌리는 데 필요한 에너지, 즉 화석연료를 얻기 위해 싸웠다. 산업혁명 초기에는 석탄이 에너지를 얻기 위한 주된 원료였지만 훨씬 효율이 높은 석유로 전환되었다. 때문에 원유의 채굴·정제·운송을 통제하는 국가나 기업이 세계경제에서 우위를 차지했다. 주요 원유 매장지는 중동, 러시아, 북아프리카, 남미 등 특정 지역에 집중되었기에 원유가 부족한 열강들은 이곳의 원유 자원을 확보하고 원유 공급망을 장악하려 경쟁했다. 미국과 소련 간의 냉전 기간에 중동이 세계 최대의 원유 매장지로 부상하며 대리전의 무대가 된 것도 바로 이 때문이었다.

디지털혁명 이후 가장 중요한 자원은 원유 대신 반도체가 되었다. 반도체의 성능이 디지털혁명의 핵심인 컴퓨터, 인터넷, AI의 성능을 결정한다. 이 때문에 트럼프 1기 행정부는 중국의 반도체 관련 기업들의 부상을 견제하기 위해 2018년부터 중국산 제품에 대한 고율의 관세를 부과했다. 대표적으로 2019년 중국 통신 장비 업체인 화웨이를 미국의 '거래 제한 리스트'에 추가해 미국 기업이 화웨이에 부품과 기술을 수출하는 것을 제한함으로써 화웨이의 반도체 조달을 어렵게 했다.

2022년 조 바이든 대통령은 반도체 지원법(Chips Act)을 의회에서 통과시켰고, 미국 내 반도체 제조 시설 건설과 연구 개발에 대한 대규모 보조금과 세제 혜택을 제공하고 있다. 동시에 중국에 대한 첨단 반도체와 제조 장비의 수출을 제한하는 조치를 취했다. 2024년 11월에는 중국 반도체 기업 약 200곳을 무역 제한 목록에 추가했고, 반도체 제조 장비의 중국 수출을 더욱 제한하는 새로운 규제를 발표했다. 트럼프 2.0 행정부는 중국의 반도체 굴기를 더욱 강력하게 제재할 것이다.

2025년 1월 말 공개된 중국의 스타트업 딥시크(DeepSeek)의 V3와 R1이 미국의 오픈AI가 만든 챗GPT의 최신 버전에 버금가는 성능을 보이면서 세계를 놀라게 했다. 더욱이 딥시크는 오픈AI의 개발비용의 1/10도 들지 않았고, 미국의 규제로 구할 수 없는 최첨단 GPU 대신 엔비디아의 저사양 AI칩인 H800으로 만들었다는 점에서 전 세계에 충격을 던졌다. 이는 미·소 냉전시절인 1957년 소련이 미국에 앞서 인공위성 스푸트니크 1호를 쏘아 올리는 데 성공한 '스푸트니크 순간(Sputnik moment)'에 버금가는 것으로 평가받고 있다. 당시 '스푸트니크 순간'을 계기로 미·소 간의 우주경쟁과 군사력 경쟁이 본격화된 것처럼, 이번 '딥시크 순간(DeepSeek moment)'을 계기로 미·중 간의 AI 경쟁과 군사력 경쟁이 본격화될 것이다.

셋째, 미·중 간 패권경쟁이 양국 간의 전쟁보다는 주변국을 통한 대리전이 될 가능성이 크다. 앞서 설명한 대로 지난 500년간 16번의 신흥 강대국과 기존 강대국의 패권경쟁이 있었는데 이 중 12번이 전쟁으로 이어졌다. 그러나 미국과 중국은 세계에서 가장 강력한 핵무기를 보유하고 있는 나라다. 양국의 직접적인 무력 충돌은 양측 모두의 파멸을 가져올 수 있기 때문에 직접적인 전쟁으로 가지는 않을 것이다.

미국과 소련의 패권경쟁 시기, 미국과 소련은 각각 수천 기의 핵무기를 보유하며 상호확증파괴(MAD) 전략을 기반으로 군사 정책을 운영했다. 만약 한쪽이 공격을 감행하면 상대방의 반격으로 인해 양측 모두 파괴될 것이 자명했기 때문에 직접적인 무력 충돌은 억제되었다. 미국과 소련은 직접적으로 싸우는 대신, 제3국에서 대리전을 통해 간접적으로 싸웠다. 한국 전쟁, 베트남 전쟁, 아프가니스탄 전쟁이 대표적이다. 미소 양국은 자신의 이념과 체제를 확산하기 위해 이들 전쟁에 무기와 자금을 지원했지만 양국 군대가 직접 대치하지는 않았다. 때문에 미·소 간의 패권경쟁은 미·소 냉전으로 불렸다.

세계에서 가장 막강한 핵무기를 보유하고 있는 미·중 간의 패권경쟁도 주변국을 통한 대리전이 될 가능성이 크다. 대표적으로 한반도에서 또다시 패권 국가들의 대리전이 벌어질 수 있다. 북한이 군사 도발을 감행할 경우, 미국과 중국이 각각 한국과 북한을 지원하며 간접 충돌할 가능성이 존재한다. 또한 대만에서의 무력 충돌 가능성은 대리전 형태로 미·중 간 갈등이 표출될 가능성이 높다. 즉 중국이 대만을 침공하게 되면 미국은 직접적인 참전은 하지 않더라도 무기와 자금을 지원하는 방법으로 중국과의 간접적인 전쟁에 나설 것이다.

중국의 남중국해 영유권 주장은 필리핀, 베트남, 말레이시아 등 주변국과의 갈등을 유발하고 있다. 미국은 항행의 자유 작전을 통해 남중국해에서 중국을 견제하고 있으며 지역 동맹국들을 지원하고 있는데, 이것도 미·중 패권경쟁에서의 대리전 양상이다.

03

중국이 미국을 이길 수 없는 이유

미·중 패권경쟁에서 중국은 미국을 이길 수가 없다. 중국이 직면한 문제들, 즉, 사회주의 체제의 비효율성, 핵심 자원의 해외 의존, 빠르게 진행중인 인구고령화, 우수한 인재 부족, 취약한 디지털경쟁력 때문이다.

중국과 미국의 패권경쟁은 피할 수 없는 숙명이다. 또 한 가지 숙명은 중국이 미국을 이길 수 없을 것이라는 점이다. 중국이 미국을 이길 수 없는 데는 다섯 가지 이유가 존재한다.

중국이 미국을 이길 수 없는 첫 번째 이유는 무엇보다도 '사회체제의 크나큰 차이'에 있다. 중국은 공산당 중심의 일당독재 체제로, 모든 주요 결정이 중앙 집권적으로 이루어진다. 이러한 체제는 정책 시행 속도는 빠르지만, 잘못된 정책에 대한 수정이 어렵고, 정책 실패로 인한 대규모 손실을 초래할 가능성이 크다.

예를 들어 중국의 '제로 코로나 정책'과 같은 비현실적이고 강압적인 정책은 막대한 경제적·사회적 피해를 초래했다. 반면에 미국은 다원주의와 민주주의 체제를 기반으로 다양한 이해관계를 반영한 정책이 수립되는 나라다. 미국에서는 시장의 자율성과 민간의 참여가 보장되며, 정책 실패 시에도 투명한 검토와 수정이 가능하다.

중국의 사회주의 체제하에서는 표현의 자유와 학문적 자유가 제한되며, 이는 창의성과 혁신을 억제한다. 중국의 기업과 개인은 당국의 검열과 통제를 우려해 새로운 아이디어나 기술 개발에 있어 위험을 감수하기 어렵다. 예를 들어 2021년 중국의 빅테크 기업인 알리바바, 텐센트에 대한 강력한 규제는 기업의 혁신 능력을 약화시켰다. 반면에 미국의 자본주의 시장경제는 경쟁과 창의성을 기반으로 하며, 실패를 용인하는 환경에서 혁신을 촉진한다.

중국이 미국을 이길 수 없는 두 번째 이유는 중국은 식량과 에너지와 같은 핵심 자원을 해외에 의존할 수밖에 없는 반면 미국은 이 두 가지 자원의 세계 최대 생산국이기 때문이다. 미국은 세계 최고 수준의 농업 생산성을 보유하고 있으며, 주요 곡물을 자급할 뿐만 아니라 대규모 수출도 가능하다. 특히 카길, ADM 등의 글로벌 곡물 기업들이 밀, 옥수수, 대두, 보리 등 주요 곡물의 생산에서 유통까지 막강한 영향력을 행사하고 있다. 반면 중국은 전 세계 인구의 20%를 차지하지만 전 세계 농경지의 7%만 보유하고 있다. 중국의 식량 자급률은 약 80%로, 밀, 쌀 등 주요 곡물은 자급하지만 옥수수, 대두, 육류 등은 수입 의존도가 높다. 특히 대두의 경우에는 약 85%를 미국, 브라질, 아르헨티나에서 수입하고 있다. 때문에 미국과의 무역 갈등에서 식량 수입이 제한되면 중국은 식량안보에 치명적일 수밖에 없다.

미국은 전 세계 최대의 원유 및 천연가스 매장량을 보유하고 있는 나라다. 반면에 중국은 세계 최대 원유수입국이다. 중국은 석유와 천연가스의 비축량을 늘리고 있지만, 미국과의 패권경쟁 심화로 에너지 공급망이 불안해지면 경제뿐만 아니라 군사 작전에서도 취약해질 수밖에 없다. 이 때문에 중국은 러시아와의 에너지 협력을 강화하고 있지만, 이 또한 에너지 독립이 보장되는 것이 아니다. 태양광, 풍력 등 재생에너지 생산도 확대하고 있으나, 원유와 천연가스 의존을 단기간에 대체하기는 어려운 실정이다. 결론적으로 중국은 식량과 에너지라는 핵심 자원을 해외에 의존해야 하기 때문에 미국과의 패권경쟁에서 근본적인 한계를 가진다.

중국이 미국을 이길 수 없는 세 번째 이유는 빠르게 진행되는 인구고령화다. 2023년 기준, 중국의 65세 이상 인구 비율은 약 14%인데, 이미 고령화 사회로 진입한 상태였다. OECD 회원국들의 평균인 18%에는 미치지 못하지만 낮은 합계출산율(1.0명, 2023년)로 인해 전 세계 주요국 중에서 한국 다음으로 빠른 속도의 인구고령화가 진행되고 있다.

2035년까지 중국의 65세 이상 인구가 전체 인구의 약 22%에 도달할 것으로 예상되고 있다. 반면에 미국의 65세 이상 인구는 2023년 기준 약 17%에 이르지만 높은 출산율(1.7명)로 인해 인구고령화 속도가 늦은 편이다. 더욱이 중국은 생산가능인구(15~64세) 인구가 2010년대 후반부터 감소하고 있지만, 미국은 이민 덕분에 생산인구의 감소폭이 중국보다 크지 않은 편이다.

중국이 미국을 이길 수 없는 네 번째 이유는 우수한 인재의 부족이다. 미국은 세계 최고의 대학들이 우수한 인재를 키워낼 수 있고, 이 때문에 전 세계의 우수한 인재들이 미국으로 몰려온다. 외국 대학에서 공부한 인재들도 졸업 후 보다 좋은 일자리와 창업을 위해서 미국으로 몰려온다.

앞에서도 말했듯 엔비디아의 CEO인 젠슨 황, 구글(알파벳)의 공동 창업자인 세르게이 브린, 테슬라의 창업자인 일론 머스크, 페이스북(메타)의 공동 창업자인 에두아르도 세버린은 모두 외국에서 태어나 미국으로 이주한 사람들이다. 아마존의 창업자인 제프 베조스, 애플의 공동 창업자인 스티브 잡스는 이민자의 아들이다.

반면에 중국은 미국보다 4배나 많은 인구를 보유하고 있음에도 불구하고 중국의 교육제도와 대학들이 우수한 인재를 키워내는 데는 미국을 따라갈 수 없다. 중국의 대학 입시제도인 가오카오는 학생들이 단일 시험에서 높은 점수를 얻는 데 초점을 맞추고 있으며, 창의적 사고와 문제해결 능력을 키우는 것은 소홀히 한다. [한국도 중국과 크게 다르지 않다. 이에 대해서는 PART 3과 PART 4에서 다룬다.] 이로 인해 중국의 학생들은 비판적 사고나 실질적인 응용 능력보다는 암기와 반복 학습에 의존하게 된다.

창의적이고 독립적인 연구를 할 수 있는 미국 교수진과 달리, 중국 교수들은 논문 생산량이나 국가 정책에 따른 연구에 집중하는 경우가 많다. 중국 대학에서는 정치적으로 민감한 주제에 대해 연구하거나 토론하는 것이 어렵다. 이로 인해 비판적 사고와 독창적인 연구가 가능한 환경이 구축될 수 없다. 반면에 미국 대학은 학문적 자유를 보장하며, 학생들에게 다양한 시각을 배우고 표현할 기회를 제공한다.

더욱이 중국 교육은 수학, 과학, 기술 등 실용적 분야에 집중하는 경향이 있으며, 인문학과 예술과 같은 창의적 분야는 상대적으로 소홀히 다뤄진다. 이는 창의적인 사고와 융합적 사고를 기르기 어려운 환경을 만든다.

중국은 또한 해외로 유학 간 우수한 인재가 자국으로 돌아오지 않는 '브레인 드레인(brain drain)' 문제에도 직면해 있다. 많은 중국 학생들이 미국 등 해외에서 유학 후 현지에서 직업을 구하고 중국으로 돌아가지 않고 있다. 2022년 기준, 약 50% 이상의 중국 유학생이 귀국하지 않는다는 통계도 있다. 이는 중국의 상대적으로 낮은 급여와 복지 문제도 있지만, 창의성과 자율성이 부족한 대학과 기업 문화에도 원인이 있다.

중국이 미국을 이길 수 없는 다섯 번째 이유는 디지털 경쟁에서 중국이 미국을 이길 수 없기 때문이다. 미국은 세계 최고의 연구대학과 기업들이 협력하며 개방적인 혁신 생태계를 구축하고 있다. 글로벌 인재들이 실리콘밸리와 같은 혁신 허브에 모여 다양한 기술 혁신을 주도하고 있다. 반면에 중국은 공산당과 중앙 정부의 통제와 감시가 강력해서 자유로운 아이디어 교환과 창의성을 저해할 수밖에 없다. 더욱이 중국은 글로벌 협력보다는 내수 중심의 폐쇄적인 기술 생태계를 구축하려 하고 있다.

또한 미국은 마이크로소프트, 구글, 아마존, 애플, 메타와 같은 글로벌 소프트웨어 및 플랫폼 기업을 보유하고 있고 글로벌 표준을 장악하고 있다. 중국은 알리바바, 텐센트, 화웨이와 같은 강력한 기업들이 있지만, 미국이 이미 장악한 소프트웨어와 플랫폼의 글로벌 표준을 대체할 수는 없다.

더욱이 미국은 인텔, AMD, 엔비디아, 퀄컴과 같은 기업들이 디지털기술의 핵심자원인 반도체의 설계, 소프트웨어 개발, 장비 분야에서 세계를 선도하고 있다. 반면에 중국은 반도체 제조 기술에서 미국, 대만(TSMC), 네덜란드(ASML) 등에 의존하고 있으며, 첨단 반도체(7nm 이하)의 생산 능력에서 미국과 큰 격차가 존재한다. 중국은 자체 기술 개발을 위해 노력하고 있지만, 핵심 장비와 소재에 대해 미국과 동맹국의 제재를 받고 있기에 한계가 있을 수밖에 없다.

디지털혁명의 핵심인 AI에서도 중국은 미국에 뒤처질 수밖에 없다. 중국은 방대한 인구와 데이터를 활용해 AI 발전을 도모하지만, AI의 성과는 데이터뿐만 아니라 알고리즘 혁신과 컴퓨팅 인프라에 크게 의존한다. 미국은 오픈AI, 구글 딥마인드 등 세계 최고 수준의

AI 연구소를 통해 AI 알고리즘 혁신에서 중국뿐만 아니라 전 세계에서 가장 앞서고 있다.

앞서 설명한 것처럼 최근 중국의 인공지능 기반의 대화형 모델인 딥시크가 미국의 챗GPT, 제미나이 등과 비슷한 성능을 보이면서 중국의 AI 기술이 미국과 경쟁할 만큼 성장했다는 주장이 제기되고 있다. 그러나 트럼프 대통령의 '인공지능 차르'인 데이비드 삭스는 "딥시크가 오픈AI의 모델에서 지식을 추출했다는 상당한 증거가 있다"라며, "'증류(distillation)'라고 불리는 기술을 포함해 미국의 첨단 AI 모델을 복제했다"고 주장했다. 또한 딥시크가 엔비디아의 저사양 칩인 H800으로 AI를 개발했다고 발표했지만, 일론 머스크는 "딥시크가 엔비디아의 고성능 AI칩인 H100을 대량 보유하고 있을 것"이라고 의심하고 있다.

딥시크뿐만 아니라 알리바바, 바이두, 텐센트 등 중국의 빅테크 기업들도 대화형 AI 모델 개발에 뛰어들고 있어서 중국은 AI 경쟁에서 미국과의 격차를 줄여나갈 것이다. 그러나 앞서 설명한 것처럼, 창의와 혁신을 가로막는 공산당 일당독제체와 우수한 인재부족 때문에 디지털 경쟁에서 미국을 이길 수는 없을 것이다. [뒤에서는 중국이 미국과의 패권경쟁에서 어떻게 좌절해 일본의 '잃어버린 30년'의 길을 갈 수 있는지 설명하겠다.]

04

일본의 '잃어버린 30년'에서 나타난 특징들

1990년에 자산시장 버블이 꺼지기 직전까지만 해도, 1980년대 말의 일본은 명실상부한 G2였다. 그러다가 1990년 들어 갑자기 버블이 꺼지면서 결국 일본 경제는 기나긴 어둠의 터널로 들어갔다.

앞서 설명한 것처럼 1978년 덩샤오핑의 개혁개방 조치 이후 중국의 급속한 성장은 이전 일본과 한국의 고도성장과 매우 유사했다. 중국뿐만 아니라 많은 동아시아 국가들이 '날아가는 기러기 떼'의 경제성장 패턴을 보였다. 이른바 일본이 맨 앞에서 날아가고, 한국, 싱가포르, 대만, 홍콩이 그 뒤를 따르고, 그 다음에 말레이시아, 인도네시아, 태국, 중국 등이 또 그 뒤를 따라가는 모양새였다.

그런데 맨 앞에서 날던 일본이 추락했다. 1990년에 일본의 자산시장 버블이 꺼지고 '잃어버린 30년'에 들어가면서 동아시아 국가들의 기러기 떼 성장 패턴이 무너지고 말았다. 그런데 최근 들어 동아시아 국가들의 성장 패턴이 다시 비슷한 기러기 떼 모습을 보이고 있다. 이번에는 일본을 따라 '추락하는 기러기 떼'의 패턴이다. 한국의 성장엔진이 꺼져가고 있고, 중국이 이를 뒤따르고 있다.

과거를 살펴보면 현재가 보이기 마련이다. 현재의 한국경제 상황과 중국경제 상황을 이해하기 위해서는 1980년대 일본의 상황이 어떻게 1990년 자산가격 버블 붕괴로 귀결되었는지를 이해해야 한다.

제2차 세계대전 이후, 일본은 놀라운 경제부흥을 이루어 이른바 '일본의 경제 기적'으로 불리는 성과를 거두었다. 이는 무엇보다 전 세계를 상대로 전쟁을 벌임으로써 당시 세계 최고 수준의 산업이 빨리 회복될 수 있는 환경이 조성되었기 때문이다.

미국은 제2차 세계대전 이후, 처음에는 일본이 다시는 미국을 상대로 전쟁을 일으키지 못하도록 정치·경제·사회구조를 완전히 바꾸려 했다. 그러나 구소련과의 이념 경쟁과 패권경쟁이 본격화되면서 미국은 일본을 빨리 부흥시켜 미국의 동맹국으로서 구소련과의 경쟁에 활용하려는 전략으로 전환했다. 또한 한국 전쟁이 발발하면서 일본은 미국의 물자 지원기지가 되었고 경제부흥이 이루어졌다.

일본은 수출 중심의 경제모델을 채택해서 세계시장에서 경쟁력을 강화했고, 이를 통해 외화를 벌어와 기술 혁신과 생산력 향상에 투자함으로써 고도의 경제성장을 견인할 수 있었다. 일본 기업은 지속적인 기술 혁신과 연구 개발에 투자해 전자, 자동차, 철강 등 다양한 산업에서 세계적인 선도 기업으로 성장했다.

1980년대에 일본의 자동차 산업은 미국 시장을 빠르게 잠식하며 미국 자동차 산업에 심각한 타격을 입혔다. 일본 자동차의 높은 품질과 낮은 가격은 미국 소비자에게 큰 인기를 끌었지만, 미국 내 실업률 증가와 무역적자 심화로 정치적 논란을 불러일으켰다. 1981년에 미국은 일본과의 협상을 통해 일본 자동차 수출을 자율적으로 제한하도록 압박했고, 일본은 미국 시장으로의 자동차 수출을 연간 약 168만 대로 제한하겠다고 합의했다. 이는 일본 기업이 스스로 수출량을 제한하는 형식으로 이루어졌지만, 사실상 미국의 압박에 의한 보호무역 조치였다. 이른바 GATT의 자유무역 규정을 우회하는 수출자율규제(VER)였다.

일본의 자동차 기업들은 미국 시장에 고급 차량을 수출하거나, 미국 내 공장을 설립해 규제를 우회하는 전략을 채택했다. 결국 수출자율규제는 미국 자동차 산업의 경쟁력을 단기적으로는 보호했으나, 일본 기업들의 기술 혁신과 현지화로 미국 시장에서의 입지를 강화하는 결과를 가져왔다.

1980년대 초에 미국의 수출 경쟁력이 약화되었고, 무역적자는 더욱 심화되었다. 반면 일본은 수출이 급증하며 경제가 호황을 누렸다. 미국은 '달러의 고평가'가 무역 불균형의 주요 원인인 것으로 간주했다. 결국 1985년 9월에 미국, 일본, 서독, 영국, 프랑스는 뉴욕의 플라자 호텔에서 달러 가치를 주요 통화(특히 엔화, 마르크) 대비 하락시키기로 하는 '플라자 합의'를 체결했다. 그 결과 1985년 9월 달러당 244엔이었던 엔-달러 환율은 1988년 2월 130엔까지 하락했다.

즉 달러 대비 엔화 가치는 2배 가까이 상승했다.

미국의 일본에 대한 견제조치는 여기서 끝나지 않았다. 1980년대에 일본은 반도체 산업에서 기술 혁신을 통해 미국의 시장 점유율을 급격히 잠식했다. NEC, 히타치, 도시바와 같은 일본 기업들은 DRAM 등 메모리 반도체에서 세계 시장을 지배하며 인텔, 모토로라 등 미국 반도체 기업의 입지를 위협했다. 이에 미국은 일본 반도체 기업의 덤핑을 비판하고 공정한 경쟁을 요구하며 일본과 반도체 협정(1986)을 체결했다. 이 협정을 통해 일본은 자국 시장에서 외국산 반도체 점유율을 20%까지 확대하고, 일본 기업은 반도체 가격을 인위적으로 낮추지 않기로 했다. 이는 일본 반도체 산업의 성장을 둔화시키는 결과로 이어졌다. 이 협정을 통해 미국 반도체 기업들은 반격의 기회를 얻었고, 한국의 삼성전자 역시 글로벌 반도체 기업으로 성장할 수 있는 기회가 되었다.

미국의 제재로 인해 일본 제품의 가격 경쟁력이 약화되자 일본 기업들은 동남아와 미국 등으로 공장을 이전했다. 수출이 감소하고 기업들이 해외로 빠져나가면서 경제가 침체되자 일본 정부는 재정 지출을 확대하고, 일본은행은 저금리 정책을 채택했다. 1985년 12월 5.0%였던 기준금리를 4.5%로 낮추기 시작해서 1987년 2월에는 2.5%까지 낮췄다.

당시 풍부한 유동성으로 인해 일본의 부동산 가격은 폭등했다. 1989년 당시 도쿄 도심의 상업지역 가격은 뉴욕 맨해튼보다 100배 이상 비쌌다는 평가를 받았고, 일본 전체 토지의 평가액은 미국 전체 토지 가치의 4배에 달한다는 평가도 있었다. 일본 땅을 팔면 미국을 4개 살 수 있을 정도이니 당시 일본의 부동산 가격이 얼마나 과대평가되었는지 알 수 있다. 도쿄의 일반 가정이 집 한 채를 구매하기 위해 필요한 소득 대비 주택 가격 비율은 미국 주요 도시들의 약 5배 이상으로 평가되기도 했다. 1989년 일본의 부동산 기업인 '미쓰비시 부동산'이 미국의 상징과 같은 건물인 록펠러 센터를 사들이며 재팬 머니의 파워를 자랑했다.

당시 일본의 주식가격도 폭등했다. 플라자 협정이 체결되던 1985년 9월에 12,700이었던 니케이 225 지수는 1989년 12월 사상 최고치인 38,957포인트를 기록했다. 4년여 만에 3배 상승한 것이다. 당시 미쓰비시 은행, 노무라 증권 등 일본의 금융기관은 당시 세계에서 가장 자산 규모가 큰 금융기관으로 평가받았다. 저금리로 인해 부동산 가격과 주식 가격이 폭등하자 일본은행은 과열된 자산 시장과 인플레이션 우려를 진정시키기 위해 1989년 5월 기준금리를 2.5%에서 3.25%로 올린 후, 같은 해 12월까지 4.25%로 급격히 올렸다. 금리 인상으로 인해 기업과 개인의 대출 비용이 급격히 증가했다. 주식투자와 부동산투자에 사용된 차입 자금의 상환 부담이 커지면서 투기 활동이 급격히 위축되기 시작했다. 1990년 1월 초부터 니케이 225 지수가 하락하기 시작했다. 그럼에도 일본은행은 1990년 8월까지 기준금리를 6.0%까지 추가 인상했다. 그러자 니케이 225 지수는 1990년 10월 1일엔 20,222까지 빠졌다. 9개월 만에 50% 가까이 빠진 것이다. 이후에도 니케이 225 지수는 계속 빠져

1992년 8월 14,200까지 빠졌다. 최고점에서 1/3 가까운 수준까지 빠진 것이다.

부동산 가격은 주가보다 1년 정도 늦은 1991년에 최고점을 찍은 후 하락하기 시작했다. 부동산 가격이 하락하기 시작하자 금융기관은 부동산 담보 대출을 줄였고, 담보가치 하락으로 인해 추가 대출이 어려워지자 부동산 가격 폭락을 초래하며 시장의 신뢰를 무너뜨렸다. 이는 부동산 가격을 더욱 폭락시키는 결과를 가져왔다. 전국 주택 가격은 1990년대 중반까지 약 40% 하락했다. 도쿄, 오사카 등 대도시는 평균 50% 이상 하락했고, 도쿄 내 주요 주거지역은 50~70% 가까이 하락했다. 일본 전역의 상업용 부동산은 10년간 평균 70% 이상 하락했고, 도쿄의 긴자, 마루노우치 등 중심 상업지의 부동산 가격은 약 80%나 하락했다. 지방 중소 도시의 상업용 부동산은 90% 이상 하락한 곳도 많았다.

주식가격 하락보다는 부동산 가격 하락이 일본 경제를 '잃어버린 30년'의 나락으로 떨어뜨렸다. 부동산 담보가치가 감소하면서 금융기관들이 추가 대출을 억제했고, 이는 부동산 거래 감소와 더불어 추가적인 가격 하락을 유발했다. 부동산 담보대출 부실화로 거의 모든 은행들이 심각한 재정적 어려움을 겪었고, 금융의 시스템 위기 상황이 되었다. 일본경제의 성장은 둔화되었고, 이 때문에 부동산에 대한 수요는 더더욱 줄어드는 장기 불황 사이클에 접어든 것이다.

더욱이 일본의 가계부채는 GDP 대비 67%로 당시 선진국 중 가장 높은 수준이었다. 또한 1990년 당시 일본의 65세 이상 인구비중은 12%로 세계에서 가장 고령화가 많이 진행된 나라였다. 이후에도 선진국 중 가장 낮은 합계출산율 때문에 빠른 속도로 인구고령화가 진행되면서 장기적인 경기침체에서 쉽게 벗어나지 못했다.

1990년에 버블이 꺼지기 직전까지, 즉 1980년대 말에 일본은 명실상부한 G2였다. 그러다 1990년 갑자기 버블이 꺼지면서 어둠의 터널로 들어갔다. 경기침체와 디플레이션으로 시달리는 '잃어버린 10년'이 '잃어버린 20년'이 되었고, '잃어버린 30년'이 되었다.

일본의 '잃어버린 30년'에는 몇 가지 특징이 있다. 첫째, 일본이 미국을 위협하는 세계 2위의 경제대국으로 성장하자 미국은 일본에 제재를 가했고, 이것이 모든 문제의 시작이었다. 둘째, 일본 기업들은 미국의 제재(자동차 수출자율규제, 플라자 협정에 따른 엔화 고평가, 반도체 규제 등)를 피하기 위해 해외로 생산기지를 이전했고, 이는 일본 국내의 고용 감소, 투자 위축, 경제 침체로 이어졌다. 셋째, 저금리 정책과 과잉 유동성으로 인해 부동산시장과 주식시장에서 거품이 형성되었다가 갑자기 터지면서 경제침체를 불러왔다. 넷째, 장기간 경기침체와 함께 디플레이션이 지속되었다. 다섯째, 인구고령화가 빠른 속도로 진행되면서 경기침체와 디플레이션을 더욱 심화시켰다.

일본의 '잃어버린 30년'에서 나타났던 특징은 현재 중국에서 벌어지고 있는 상황과 매우 비슷하다. 이어지는 내용에서 이에 대해 논의한다. [또한 현재 한국에서 벌어지고 있는 상황과도 매우 비슷하다. 이에 대해서는 3장에서 보다 구체적으로 논의하려고 한다.]

05

중국경제의 피할 수 없는 일본화

중국의 현재 상황은 1990년 당시의 일본 상황보다 더 나쁘다. 트럼프 2.0 시대의 시작과 함께 미·중 간의 패권경쟁은 더욱 본격화되고 있으며, 앞으로 중국의 일본화 속도는 더욱 빨라질 것이다.

앞서 설명한 것처럼 중국은 1978년 덩샤오핑이 개혁개방을 선언한 이후 2010년까지 연평균 10%의 경제성장을 기록했다. 마침내 2010년 중국은 일본을 제치고 세계 2위 경제대국이 되었다. 2008년 글로벌 금융위기 당시 세계가 경제 침체의 늪에 빠지고 있을 때도, 세계에서 유일하게 성장엔진이 꺼지지 않은 나라가 중국이었다.

글로벌 금융위기는 미국의 서브프라임 모기지 사태로부터 출발했다. 서브프라임 모기지(subprime mortgage)는 신용등급이 낮은 차입자들에게 제공된 변동금리의 주택담보대출(모기지)을 말한다. 2000년대 초반에 저금리와 완화된 대출 규제로 많은 사람들이 주택구매에 나섰고, 집값은 크게 상승했다. 금융기관들은 주택 가격 상승을 믿고 소득 증빙이 어려운 차입자들에게도 대출을 해줬다. 그러나 2004년에 연준이 기준금리를 인상하면서 집값이 하락하기 시작했고, 결국 변동금리를 적용받는 서브프라임 대출자들이 대출을 상환하지 못해 금융기관의 손실이 급격히 커지면서 이런 사태가 발생한 것이다.

사태가 발생하기 전, 미국의 금융기관들은 서브프라임 모기지 대출을 기반으로 한 주택담보증권(MBS)과 같은 복합 금융상품을 부채담보증권(CDO)과 같은 파생상품으로 세계의 금융 시장에 판매했다. 이 때문에 미국의 서브프라임 모기지 사태가 글로벌 금융위기로 확산된 것이다. 그런데 자본시장이 폐쇄적이었던 중국은 이 영향에서 비교적 자유로울 수 있었다.

아울러 중국정부는 세계경제 침체로 인한 수출 감소를 극복하기 위해 4조 위안(약 5,860억 달러) 규모의 강력한 경기부양책을 실행했다. 신재생에너지, 친환경 산업 등의 신산업으로의 산업 구조를 재편하려는 시도도 있었지만, 주된 경기부양정책은 대규모 인프라 및 주택을 건설하는 것이었다.

특히 지방정부에 인프라 투자 계획의 책임을 부여하고, 필요한 자금은 중앙정부의 재정 지원과 지방정부의 추가적인 대출을 통해 조달하도록 했다. 동시에 중앙은행인 인민은행은 금리를 여러 차례 인하하고 지급준비율을 인하해 유동성을 확대했다.

이 때문에 단기적으로는 경기가 호황을 누리는 듯 했지만 지방정

[그림 2-8] 중국의 실질 주택가격 지수 추이(2007년 Q1~2024년 Q2)

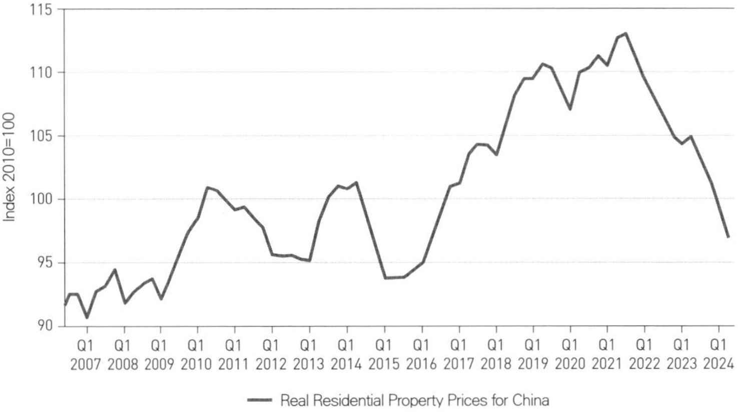

출처: St. Louis Fed, FRED

부와 국유기업들의 과도한 부채문제와 부동산 버블의 위험이 증대되었다. 특히 중국의 집값은 2016년부터 급격히 오르기 시작했다. 2017년 시작한 시진핑 집권 2기의 중국정부는 "주택은 거주를 위한 것이지, 투기를 위한 것이 아니다"라는 원칙을 제시하면서 주택담보대출 기준을 강화하는 등의 부동산 안정화 정책을 내놓았지만 집값은 더욱 빠르게 상승했다(그림 2-8).

2020년 코로나-19 사태가 터지자 인민은행은 금리를 인하하며 대규모 유동성을 공급했다. 이 때문에 중국이 집값은 더욱 빠르게 상승해서 중국의 일선도시(一线城市)의 경우, 전 세계 도시 중 가장 높은 수준까지 올랐다. 예를 들어 2021년 초에 소득 대비 집값은 선전 46.8, 베이징 41.7, 상하이 36.0, 광저우 30.5를 기록했다. 즉 선전의 평균 소득의 가계가 평균적인 아파트(방 3개)를 사기 위해서는 아무런 지출 없이 모든 소득을 46.8년을 모아야 한다는 의미이다. 2016년 이후 3배 정도 집값이 오른 결과였다. 더욱이 중국 전역에 1억 채 이상의 빈집이 있다는 추계도 잇따랐다. 이는 한 사람이 여러 채의 집을 투기목적으로 구매했다는 증표였다.

집값 폭등으로 자산 양극화를 불러오자, 중국정부는 2021년 부동산 개발회사들에 대한 '3대 레드라인' 대출 규제를 도입했다. 첫째는 자산 대비 부채 비율이 70%를 초과할 수 없고, 둘째는 순부채(총부채에서 현금 보유액을 차감)가 자기자본의 100%를 초과할 수 없으며, 셋째는 단기 부채(1년 내 만기되는 부채)가 보유 현금을 초과할 수 없다는 것이다. 이 중 한 가지라도 해당되는 부동산 기업은 추가 대출을 받을 수 없도록 했다. 이 때문에 중국 1위의 부동산 개발업체인 비구이위안(碧桂園)을 비롯해 헝다, 완다, 에버그란데와 같은 자산규모가 큰 기업들이 유동성 위기에 봉착했다.

이때부터 중국 부동산 경기는 급속히 냉각되었고, 건설투자는 위축되기 시작했다. 2023년의 건설투자는 전년에 비해 마이너스 9%대를 기록했고, 2024년엔 마이너스 10%대를 기록했다(그림 2-9). 부동산 기상지수는 2024년 4월 91.83까지 하락했다가 최근 약간 회복되고는 있지만 2024년 12월 92.78로 100 이하를 기록하며 전반적인 부동산 경기는 살아나지 않고 있다(그림 2-10).

중국의 실질 GDP 성장률은 2007년 14.2%의 기록적인 성장률을 기록한 이후 지속적으로 하락해왔다(그림 2-11).

[그림 2-9] 중국의 부동산투자 실질 증가율(2023년 12월~2024년 12월)

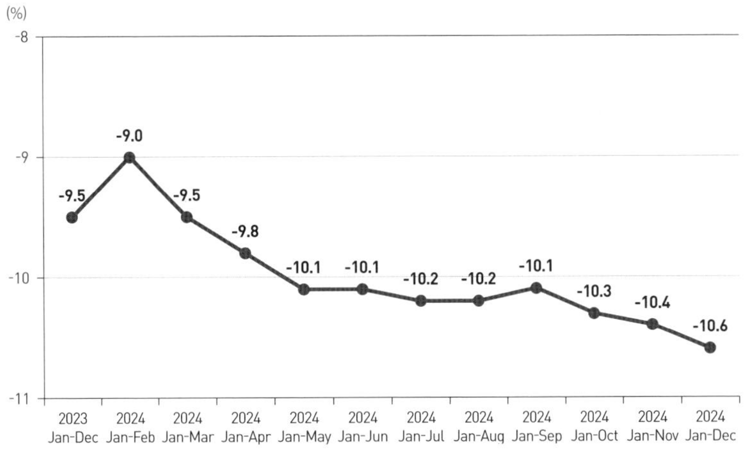

[그림 2-10] 중국의 부동산 기상지수(2023년 12월~2024년 12월)

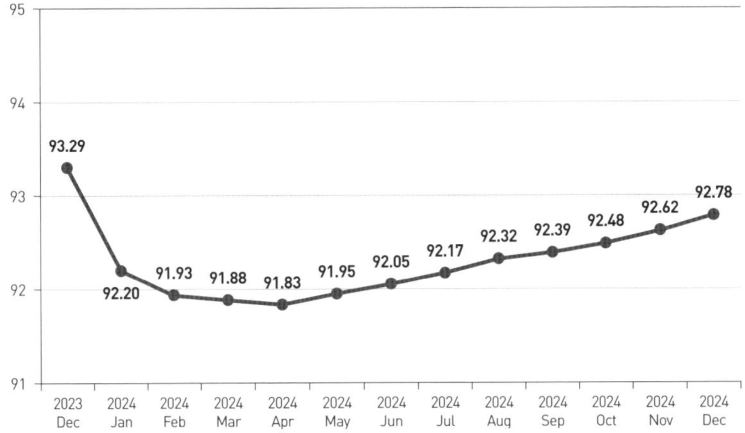

출처: National Bureau of Statistics of China, Investment in Real Estate Development in 2024, 2025. 1. 18.

[그림 2-11] 중국의 실질 GDP 성장률 추이(2003년 1월~2024년 12월)

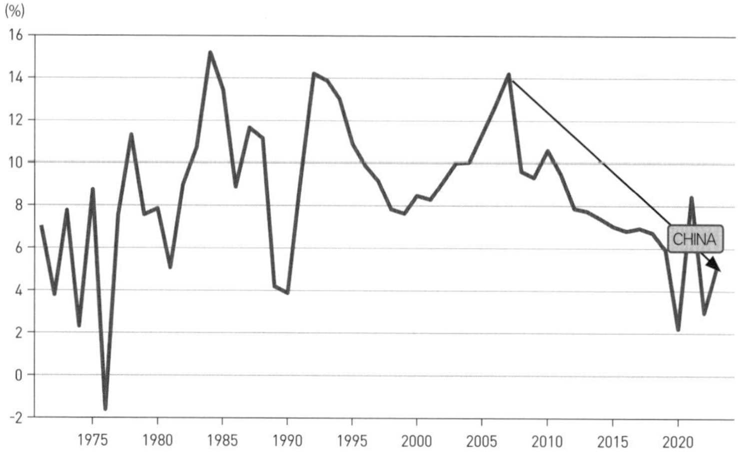

출처: World Bank Open Data

2021년 이후 건설투자가 위축되자 GDP 성장률도 급속히 떨어졌다. 중국 정부에 따르면 2021년 8.4%였던 GDP 성장률은 2022년 3.0%로 떨어졌다. 세계에서 가장 엄격한 코로나-19 경제 봉쇄조치를 해제한 2023년의 경제성장률은 5.2%에 그쳤다. 중국정부는 2024년에는 5% 내외의 성장을 할 것으로 발표했다.

필자는 중국의 실제 GDP 성장률이 중국정부가 발표하는 것보다 최소한 1.0%p 이상 낮을 것으로 생각하는데, 그 첫 번째 이유는 데이터의 신뢰성 때문이다. 중국 정부가 GDP 성장률 목표치를 매년 설정하는데, 이때 지방 관리들은 경제성과에 따라 평가받기에 데이터를 부풀리거나 특정 경제 활동을 과대평가할 가능성이 크다.

매년 중국의 GDP 성장률은 정부의 목표치와 거의 동일하게 발표되는 것만을 봐도 공식 발표된 데이터의 신뢰성을 의심하게 만든다. 특히 2008년 글로벌 금융위기, 2020~2021년 코로나-19 사태처럼 경제상황이 나쁠 때 중국 정부가 발표하는 GDP 성장률은 더욱 실제보다 부풀려져 있을 가능성이 크다. 중국의 전 총리인 리커창은 지방정부가 GDP 통계를 과장하거나 조작할 가능성을 직접 언급하며 전력 소비량, 화물 운송량, 은행 대출량이 경제활동의 실질적 규모를 측정하는 데 더 신뢰할 수 있는 지표라고 강조하기도 했다.

중국의 최근 GDP 성장률이 실제보다 부풀려졌을 것으로 생각하는 또 다른 이유는 소비자물가 상승률이 2023년부터 0% 수준에서 벗어나지 못하고 있기 때문이다(그림 2-12). 즉 일본이 1990년 자산가격 버블이 꺼진 뒤 30여 년 동안 디플레이션을 겪었던 상황과 비

[그림 2-12] 중국의 소비자물가지수 변화율 추이(2023년 12월~2024년 12월)

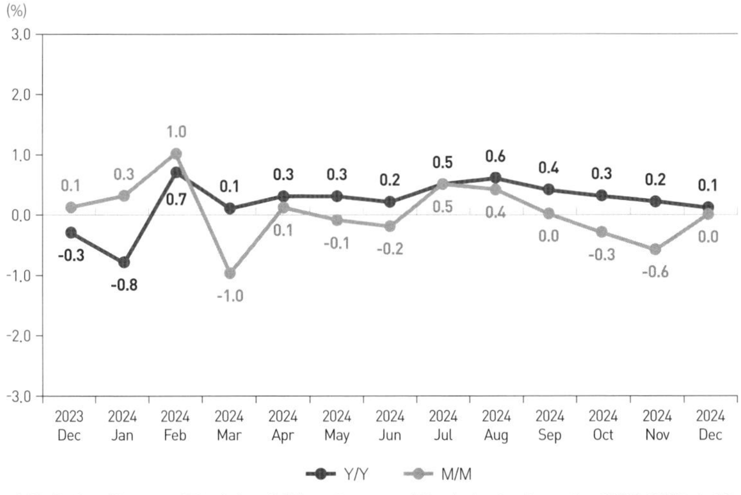

출처: National Bureau of Statistics of China, Consumer Price Index for December 2024, 2025. 1. 10.

슷하다. 더욱이 소비자물가 상승률의 선행 지표라고 할 수 있는 생산자물가 상승률은 아주 심각한 디플레이션을 지속하고 있다(그림 2-13).

소비자물가 상승률과 생산자물가 상승률도 중국 정부의 조작 가능성이 있지만 GDP에 통계에 비해서 상대적으로 가능성이 적다. 디플레이션 상황에서 경제성장률이 5% 정도를 기록한다는 것은 이론적으로나 실증적으로나 거의 불가능에 가깝다.

이게 가능하기 위해서는 원자재 가격과 임금이 크게 하락해야 한다. 그러나 중국정부는 공동부유 정책에 따라 노동자 최저임금을 지난 7년간 매년 3%씩 인상했고, 노동인구의 급속한 감소와 일인당 GDP의 상승에 따라 전반적인 임금도 가파르게 상승해왔다. 다만

[그림 2-13] 중국의 생산자물가지수 변화율 추이(2023년 12월~2024년 12월)

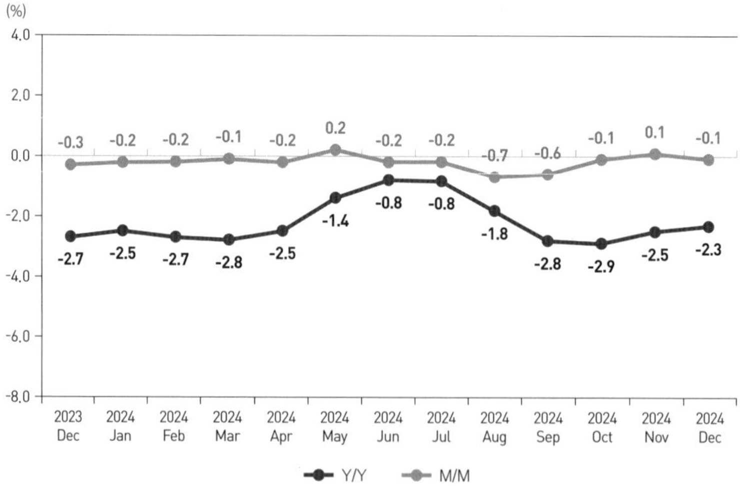

출처: National Bureau of Statistics of China, Producer Price Index for December 2024, 2025. 1. 10.

러시아의 우크라이나 침공 후 서방의 제재를 받게 된 러시아산 원유를 할인된 가격에 수입한 것이 어느 정도 생산원가의 하락에 반영될 수는 있겠지만, 그것만으로 2년 연속 디플레이션 현상을 만들 수는 없다.

중국 정부가 2021년부터 의도적으로 부동산 거품을 빼고, 부동산 부분에 치우쳤던 자원을 신품질·고품질 생산 분야로 돌리려고 하는 것은 매우 잘한 정책이다. 시진핑은 2023년 9월 헤이룽장성 시찰 중에 이를 '신질생산력(新質生産力)' 정책이라고 처음 언급했다. 이 정책은 신에너지·신소재·첨단제조·전자정보 등 전략적 신산업과 양자기술·생명과학 등 미래산업 분야 중심의 경제성장을 하겠다는 것이다. 미·중 간의 패권경쟁에서 밀리지 않기 위한 중국의 최선의 선택일 수 있다.

그러나 우선적으로 경기침체가 장기간 이어져 청년실업이 크게 증가하고 있으며, 이에 주민들의 불만이 커지고 있는 상태다. 이에 따라 2023년 9월 상하이와 선전 등 주요 도시에서 주택 구매 제한 완화 조치를 시행했고, 같은 해 11월에는 부동산 개발업체의 유동성 위기를 완화하기 위한 금융 지원을 확대하는 방안을 발표했다. 아울러 내수 확대를 위해 2023년 9월 자동차, 가전제품 등 주요 소비재에 대한 보조금 지원과 세제 혜택이 시행되었고, 관광·문화·요식업 등 서비스업 지원 정책도 확대되었다. 그리고 2024년 가을부터 인민은행은 기준금리를 낮추고 정부는 지출을 확대해서 각종 전략산업 건설 프로젝트에 지원하고, 지방정부 프로젝트를 지원한다는 정책을 발표했다.

그러나 시장의 반응은 잠깐 반짝했을 뿐 본격적인 회복의 기미가 보이지 않는다. 중국 내부의 근본적인 문제로 인해 중국경제는 계속해서 내리막길을 걸을 것이다. 더욱이 2025년 1월 20일에 미국에 트럼프 대통령 2기가 출범하면서 중국경제는 엄청난 외풍을 맞게 된 상태다.

IMF는 중국의 GDP 실질성장률은 2029년 3.29%까지 하락할 것으로 전망하고 있다(그림 2-14). 그러나 이 전망은 중국 정부가 발표한 GDP 성장률에 기반을 둔 것이어서 실제로는 이보다 더 낮을 것이라고 보는 것이 타당하다. 더욱이 이 전망은 트럼프 2기의 전면적인 무역전쟁이 반영되지 않은 것이다.

[그림 2-14] 중국의 GDP 실질성장률 전망 추이(2013~2029년)

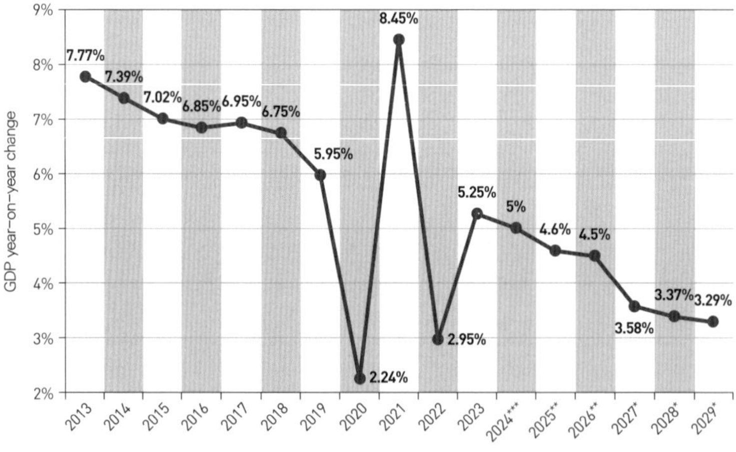

출처: Statista

중국으로의 외국인 직접투자(FDI)는 2021년 2,441억 달러로 사상 최고치를 기록했다. 2022년에는 1,902억 달러로 감소하더니 2023년에는 427억 달러로 감소했다.[9] 트럼프 2.0 시대가 열린 미국과의 전면적인 패권경쟁으로 인해 중국의 수출 시장이 봉쇄될 뿐만 아니라 중국으로의 외국 자본 유입도 봉쇄될 가능성이 매우 크다.

중국경제가 IMF의 전망보다 훨씬 빠르게 저성장으로 빠져들 것으로 보는 이유는 내부적인 요인과 외부적인 요인이 복합적으로 존재한다.

한 나라의 GDP는 그 나라가 보유하고 있는 노동력, 자본, 천연자원과 기술을 이용해서 생산해낸 최종재화의 시장가치다. 이를 수요측면에서 보면 소비, 투자, 정부지출, 순수출(수출-수입)로 나뉜다.

우선 공급측면에서 보자. 무엇보다 중국의 노동력이 빠르게 고령화되고 있다. 중국의 65세 이상 노인인구는 2022년 14%로, 고령사회에 진입했다. 그러나 OECD 평균 18%에 비하면 낮은 수준이다. 문제는 고령화 속도다. 중국의 합계출산율은 2023년 1.0명으로, OECD 평균 1.6명에 비해 매우 낮은 수준이다. 전 세계에서 고령화 정도가 가장 높은 일본의 합계출산율 1.2명보다도 낮다. 주요국 중에는 한국의 0.72명 다음으로 낮은 수준이다. 때문에 중국의 고령화 속도는 한국과 함께 전 세계에서 가장 빠르게 진행중이다. 중국의 생산연령인구(15~64세)는 2016년부터 감소하고 있고, 총인구에서 차지하는 비중은 2014년부터 감소하고 있다.

PART 1에서 이미 설명한 것처럼 인구고령화는 인류가 마주하고 있는 네 가지 뉴 노멀 중의 하나다. 그런데 한국과 함께 중국이 인구고령화의 뉴노멀을 가장 빠른 속도로 맞닥뜨리고 있는 상황이다. 한국과 함께 중국은 가장 빠른 속도로 성장잠재력을 떨어뜨리는 이른바 '인구재앙(population onus)'에 빠져들고 있는 것이다.

두 번째로 GDP의 수요측면에서 볼 때, 중국의 소비가 쉽게 살아나지 못할 것이다. 코로나-19 사태 때 중국정부는 세계에서 가장 강력한 경제봉쇄를 하면서 대부분의 선진국들과 달리 중국인들에게 아무런 보조금 지원을 하지 않았다. 때문에 2023년 초 코로나-19 봉쇄가 끝나자 중국인들은 잠깐 '보복소비'를 했지만 곧바로 긴축에 들어갔다. 소득이 생기면 저축을 하고 금을 사모으기 시작했다. 코로나-19 봉쇄를 경험한 중국인들의 입장에서 또다시 닥쳐올지 모르는 위기상황에 미리 대처하려는 매우 자연스러운 행태였다.

더욱이 부동산 가격 상승 시에 많은 가계가 대출을 일으켜 주택을 구매했다. 이제 주택 가격이 하락하면서 실질적인 자산의 감소를 체험하고 있는 가계는 소비를 줄여야 하는 상황이다. 이것이 1990년에 자산 가격 버블이 꺼진 후 '잃어버린 30년'에 돌입한 일본의 대차대조표 불황과 유사하다.

중국 GDP 성장의 견인차 역할을 해왔던 수출도 문제다. 트럼프 2.0 시대를 맞은 미국과의 전면적인 무역전쟁으로 중국 수출은 큰 타격을 받을 것이다. 이미 유럽연합(EU)과 미국은 중국의 보조금 지급과 저가 수출로 인한 글로벌 시장 왜곡에 대응해 다양한 조치를 취하고 있다. EU는 중국산 전기차, 태양광 패널, 철강 제품 등 여러 품목에 대해 반덤핑 조사를 실시하고 있고, 미국은 반도체, 배터리 등 핵심 산업의 공급망을 중국에서 미국 내 또는 우방국으로 이전하는 노력을 계속해왔다.

중국의 입장에서는 미국과 유럽시장을 러시아, 인도 등 신흥시장으로 대체해야 하는데 한계가 있을 수밖에 없다. 결국 중국의 내수(소비)와 외수(수출)가 모두 위축될 수밖에 없는 상황에서 중국경제는 예전처럼의 고도성장을 할 수 없을 뿐만 아니라 오히려 지속적으로 추락할 가능성이 크다.

앞에서 설명한 일본의 '잃어버린 30년' 때 나타난 다섯 가지 특징을 중국에 대입해보면 매우 비슷하다. 첫째, 중국이 미국을 위협하는 세계 2위의 경제대국으로 성장하자 미국은 중국에 제재를 가하기 시작했다. 둘째, 다국적 기업들이 중국에 있던 생산기지를 해외로 옮기고 있을 뿐만 아니라 중국 기업들도 미국의 제재를 피하기 위해 베트남, 멕시코 등으로 생산기지를 이전하고 있다. 셋째, 부동산시장에서 거품이 형성되었다가 갑자기 터지면서 경제 침체를 불러왔다. 넷째, 경기침체와 함께 디플레이션이 나타나고 있다. 다섯째, 인구고령화가 세계에서 가장 빠른 속도로 진행되면서 경기침체와 디플레이션을 지속시킬 가능성이 크다.

그러나 중국의 현재 상황은 1990년 당시의 일본보다 더 안 좋다. 어떤 면에서 그런지 살펴보자.

첫째, 1990년 당시의 일본은 이미 자동차, 전자, 반도체 등의 첨단 제조업과 기술 기반 산업에서 글로벌 경쟁력을 보유하고 있었다. 일본 기업들은 고부가가치 제품을 통해 글로벌 시장에서 확고한 위치를 차지했으며, 강력한 브랜드 가치를 가지고 있었다. 그러나 중국의 경우 현재 첨단 기술 분야에서는 미국과 선진국의 기술 의존도가 여전히 높은 상황이고, 미국의 제재로 인해 최첨단 기술 개발이 쉽지 않은 상황이다.

둘째, 일본은 1980년대에 미국과의 경제적 갈등을 겪었지만 당시 일본은 미국의 주요 동맹국이었기 때문에 지정학적 긴장이 적었다. 그러나 중국은 현재 미국뿐 아니라 전 세계 주요국과 경제적·기술적 갈등을 겪고 있는 상황이다. 이에 따라 글로벌 기업들이 공급망을 중국 외 지역(베트남, 인도 등)으로 이동하며 중국의 경제적 고립이 더욱 심화되고 있다.

셋째, 1990년대의 일본은 65세 이상 인구 비중 12%로 세계에서 가장 고령화가 많이 진행된 국가였지만, 중국은 2023년 기준으로 고령인구 비중이 14%를 차지해 이미 1990년의 일본보다 높은 수준이어서 인구재앙이 시작되고 있는 시점이다. 더욱이 중국은 2023년 합계출산율이 1.0명으로 1990년 당시 일본의 1.5명보다 훨씬 낮은 수준이어서 인구고령화가 매우 빠르게 진행되고 있다.

반면에 1990년 당시의 일본보다 중국의 현재 상황이 더 낫다는 주장도 있다. 세계은행의 선임경제학자(Chief economist)였던 저스틴 린 북경대 교수는 경제 발전에 가장 중요한 요소는 노동력의 양이 아니라 효율성이라고 지적한다.[10] 린 교수는 일본의 경우 1990년 당시 소득수준이 상당히 높은 단계였고, 젊은 층과 은퇴 연령층의 교육 수준차이가 별로 없었다고 지적한다. 중국에서는 노동시장에 새롭게 진입하는 젊은 층(16세에서 25세 사이)의 평균 교육 기간이 14년으로, 현재 노동 인구의 평균 교육 기간인 11년과 은퇴자의 추정 평균인 6년에 비해 현저히 높다는 것이다. 따라서 중국의 인구가 고령화되고 있음에도 불구하고 실질적인 노동력은 여전히 증가하고 있다고 주장한다. 또한 일본과 달리 중국의 부동산 가격은 급락하지 않았고, 일본은 부동산에 투자한 기업들이 많을 뿐만 아니라 성장 전망이 좋지 않았지만 중국은 여전히 성장 전망이 좋고 막대한 투자 기회가 있다는 것이다. 즉 일본에서 나타났던 대차대조표 불황의 전제는 높은 부채와 새로운 투자 기회 부재인데, 이는 중국에서는 적용되지 않는다는 주장이다. 따라서 중국은 미국의 강력한 제재에 직면하더라도 2035년까지 8%의 성장잠재력을 가지고 있으며, 매년 5~6%의 성장을 달성할 수 있을 것이라고 그는 주장한다.

그러나 중국의 일선 도시의 경우, 2021년 최고치에 비해 30~40%나 빠진 상태이고, 2025년 현재도 계속 빠지고 있다. 더욱이 중국 전역에 약 1억 채의 빈집이 있는 것으로 알려져 있는데, 이는 가계가 주로 부채로 구입한 집이기 때문에 주택 가격에 따라 가계부채를 짊어진 가계의 소비 위축은 심각할 수밖에 없다.

일본은 인구고령화를 점진적으로 경험했지만, 중국은 그 속도가 훨씬 빠르다. 중국의 생산연령인구는 2016년부터 감소하고 있고, 그 감소속도는 점점 더 빨라질 것이다. 이에 따라 노동의 질을 높인다

하더라도 빠르게 감소하는 생산연령인구를 보충하기는 쉽지 않다. 더욱이 중국의 교육은 앞서 설명한 것처럼 창의력을 키우는 교육이 아니어서 단순히 노동인구의 교육 기간만으로 노동생산성을 높이는 데도 한계가 있을 수밖에 없다.

아울러 트럼프 2.0 시대에 미국의 관세폭탄을 시작으로 전 세계적인 보호무역주의가 확산될 때, 세계 최대 수출국인 중국은 가장 큰 타격을 받을 수밖에 없다. 미국의 대중국 60% 관세는 중국의 경제성장률을 최대 2%p 하락시킬 수 있다는 전망도 있다.

결론적으로, 일본이 미국과의 패권경쟁을 벌인 결과 '잃어버린 30년'이 시작된 것처럼 중국은 미국과의 패권경쟁을 피할 수 없고 이에 따라 일본화의 길로 가는 속도가 빨라질 수 있다.

3장

트럼프가 불러낸 '세계대공황' 유령

01

트럼프발 관세전쟁과 중상주의의 귀환

미국발 관세전쟁은 트럼프의 2025년 관세전쟁이 처음은 아니다. 미국 후버 대통령은 1930년 6월에 스무트-홀리 관세법에 서명함으로써 미국발 경제불황을 세계대공황으로 확산시킨 바 있다.

2017년 1월 20일 시작된 트럼프 1.0은 본격적인 미·중 간의 무역전쟁의 문을 열었다. 2025년 1월 20일 출범한 트럼프 2.0은 미·중 간의 무역전쟁을 세계적인 무역전쟁으로 확산시키고 있다.

트럼프 2.0의 슬로건은 트럼프 1.0에 이어 '미국을 다시 위대하게(MAGA; Make America Great Again)'다. MAGA는 미국의 경제적·군사적·외교적 우위를 다시 회복하겠다는 트럼프 대통령의 강력한 의지를 담고 있다. 이 슬로건은 로널드 레이건 대통령이 1980년 대선 캠페인에서 처음 사용한 표현이다.

1970년대에 미국은 베트남 전쟁, 석유 위기 등으로 정치적·경제적·문화적으로 혼란에 빠져 있었다. 특히 스태그플레이션(경제 침체와 인플레이션의 동시 발생)으로 고통받던 시기였다. 레이건의 'MAGA'는 미국의 번영을 회복하고 강력한 국제적 위상을 되찾는 것이었다.

레이건은 기업 법인세와 개인 소득세를 대폭 인하하고, 정부의 시장 개입을 최소화하며 기업 규제를 완화해 경제성장을 촉진하려 했다. 또한 메디케이드를 비롯한 복지 프로그램을 축소하며 연방정부 지출을 줄이는 정책을 추진했다. 이러한 레이건의 정책으로 미국경제는 1970년대의 스태그플레이션에서 벗어났지만, 동시에 소득 불평등이 심화되었고, 재정적자와 국가 부채가 크게 증가했다.

한편 레이건은 소련과의 냉전에서 우위를 점하기 위해 군사 예산을 대폭 증액하며 반공정책을 펼쳤다. 그는 소련을 '악의 제국(Evil empire)'으로 규정하고, 군사 압박과 함께 경제 제재를 병행했다. 이러한 정책은 소련을 미국과의 군비 경쟁에서 패배하게 만들었고, 결국 소련의 해체로 이어졌다. 레이건 대통령은 대내적으로는 보수주의 기틀을 공고히 했고, 대외적으로는 당시 G2로 미국과 겨뤘던 소련을 붕괴시켰다.

트럼프 대통령은 더욱 강력해진 레이건의 부활이다. 트럼프는 레이건의 MAGA를 새롭게 브랜드화했을 뿐만 아니라 더욱 강화했다. 트럼프는 세계주의와 자유무역으로 미국의 제조업이 쇠퇴하고 중산층이 어려움을 겪는 데 대해 분노한다. 무엇보다 무역 상대국들이 미국시장에 무제한적으로 물건을 팔면서 정작 자신들은 미국 상품을 사지 않는다고 분노한다. 트럼프가 관세전쟁을 벌이는 이유다.

트럼프는 '무역이 균형을 이룰 때에만 무역이 공정하다'고 본다. 선거 유세기간에 〈타임〉 지와의 인터뷰에서 트럼프는 트럼프 1.0 시절에 독일 메르켈 총리와 나눴던 대화 내용을 언급했다. 트럼프가 메르켈 총리에게 "독일 베를린에 쉐보레 자동차가 몇 대나 있나?"라고 물었더니 "한 대도 없다"고 대답하더란다. 그러자 트럼프는 "바로 그거다. 우리만 독일차를 많이 수입하는 게 공정한가?"라고 질문했단다. 그러자 메르켈이 "공정하지 않은 것 같다. 그렇지만 그동안 아무도 그걸 문제 삼지 않았다"고 대답하더란다. 당시 트럼프는 "유럽연합(EU)이 미국의 농산물과 자동차를 포함해서 아무것도 구매하지 않는데 이건 마치 일방통행과 같은 것이고 미국에게 매우 잔인한 것"이라고 말했다.

트럼프 2.0의 외교·통상 정책은 트럼프 1.0에 이은 '미국 우선주의(America First)'다. 트럼프에게 우방의 기준은 이념이나 동맹이 아니라 오직 경제적 이익이다. 트럼프는 트럼프 2.0의 초대 상무장관으로 하워드 러트닉을 지명했다. 트럼프는 "러트닉이 미국무역대표부(USTR)에 대한 직접적 책임을 맡으면서 우리의 관세와 무역 의제를 이끌 것"이라고 밝혔다. 이는 USTR을 상무장관 직속 기관으로 만들겠다는 방침을 밝힌 것으로, 러트닉 상무장관이 관세전쟁의 선봉장이라는 뜻이다.

러트닉은 관세에 관한 한 트럼프의 분신이라고 할 수 있다. 트럼프 대통령이 선거기간 유세에서 관세를 올려 개인 소득세를 대체하겠다는 주장을 했었다. 러트닉도 선거기간 유세에서 "미국이 위대했던 때는 20세기 초"라면서 "그때 우리에게는 소득세가 없었고 관세만 있었다"고도 했다.

〈월스트리트〉 지는 "미국이 연간 4조 달러 어치의 수입을 하므로 관세가 소득세를 대체하려면 70%의 관세가 필요하다"고 보도했다. 관세는 표면적으로는 수입업자가 지불하지만 결국 해당 상품의 가격 인상을 통해 소비자에게 전가된다. 특히 소득 중 소비재 지출비중이 큰 저소득층과 중산층에게 불균형적으로 영향을 미친다. 더욱이 수출국들이 관세 보복에 나서면 미국의 수출도 감소할 수밖에 없어 미국 기업들에게 타격을 줄 수밖에 없다. 그럼에도 러트닉 상무장관은 CNBC와의 인터뷰에서 "관세는 대통령이 사용할 수 있는 놀라운 도구"라며, 차기 행정부는 "미국을 세우기 위해 관세를 사용해야 한다"고 말했다.

러트닉은 "우리가 무엇을 미국에서 만들기를 원한다면 그것에 관세를 매겨야 한다"고 말했다. 높은 관세를 부과하면 외국 업체들이 미국에서 직접 생산할 수밖에 없고, 해외의 미국 업체들도 미국으로 돌아올 것이라는 트럼프의 주장과 같은 맥락이다. 즉 높은 관세를 부과하게 되면 거대한 미국시장을 포기할 수 없는 외국 기업들은 '관세를 뛰어넘어(tariff jumping)' 미국 내에서 생산할 수밖에 없게 될 것이라는 생각이다. 그러나 관세폭탄을 맞은 상대국들은 무역보복을 할 수밖에 없을 것이므로 미국 상품 수출도 감소하게 되어 미국의 생산과 고용을 증대시키는 효과는 크지 않을 수 있다.

트럼프 대통령은 선거 유세기간인 2024년 11월 말에 자신의 소셜미디어 '트루스소셜'에 올린 글에서 "2025년 1월 20일, 첫 행정명령 중 하나로 멕시코와 캐나다에서 수입되는 모든 제품에 25%의 관세를 부과하기 위해 필요한 서류에 서명할 것"이라고 밝힌 바 있다. 그는 또 중국에서 수입되는 모든 제품에 대해서 추가로 60%의 관세를 부과하겠다고 했다.

미국의 대중국 60% 관세는 중국의 수출과 경제성장에 큰 타격을 줄 것이다. 중국의 경제성장률을 최대 2%p 하락시킬 수 있다는 전망도 있다. 높은 관세로 인해 다국적 기업들은 생산 기지를 중국에서 미국을 비롯해 베트남, 인도, 멕시코 등으로 이전하려 할 것이다. 이는 중국의 제조업 기반을 약화시키고, 글로벌 공급망의 재편을 가속화할 것이다.

트럼프는 관세 이외에도 다양한 방법으로 중국의 경제적·군사적 부상을 견제하려 할 것이다. 무엇보다 미국산 첨단 기술, 특히 반도체, 인공지능(AI), 5G 관련 기술이 중국기업에게 이전되는 것을 강력히 제한할 것이다.

트럼프 1.0 시기에 트럼프는 화웨이와 ZTE 같은 중국 기술기업을 블랙리스트(Entity List)에 포함시켰다. 이를 통해 미국 기업이 화웨이와 ZTE에 기술 및 부품을 판매하려면 사전에 미국 정부의 허가를 받도록 함으로써 실질적으로 미국 기업들이 이들과 거래하지 못하도록 했다. 또한 외국인투자심의위원회(CFIUS)를 통해 중국 자본이 미국의 전략산업에 투자하는 것을 차단했다. 미국 기업과 미국 자산

운용사가 중국의 주요 기업과 금융시장에 투자하는 것도 못하도록 규제했다. 2019년에는 중국을 환율조작국으로 지정해 중국이 인위적으로 위안화 가치를 낮춰 수출 경쟁력을 유지하지 못하도록 압박을 가했다. 미국산 천연가스(LNG)와 원유 수출을 늘리기 위해 중국의 에너지 수입을 확대하는 조건을 무역협상에 포함했다. 미국 농산물, 특히 대두와 옥수수 구매를 강요해 중국이 미국 농업 시장에 의존하도록 만들었다. 중국이 국제기구(WHO, WTO 등)에서 영향력을 확대하는 것을 견제하며 미국의 주도권을 강화하려 했다.

중국의 남중국해 영유권 주장에 대해서도 강하게 반대하며, 미 해군의 자유항행작전(FONOP)을 강화했다. 중국의 반발에도 불구하고 대만에 첨단 무기를 판매했고, 대만과의 비공식 외교 관계를 강화했다. 미국의 군사 및 국방산업에 중국산 부품이 포함되지 않도록 공급망을 재구축했다. 홍콩의 민주화 운동을 지지했으며, 중국의 홍콩 국가보안법 제정을 강하게 비판했다. 홍콩에 대한 특별 경제지위를 철회했다. 중국의 위구르 소수민족에 대한 탄압을 비판했으며, 관련 인사와 기관에 제재를 가했다. 위구르인권법을 제정해 강제노동으로 생산된 중국산 제품 수입을 제한했다.

중국의 사이버 해킹과 미국 내 정보 탈취를 방지하기 위해 사이버 보안을 강화했다. 틱톡(TikTok)과 위챗(WeChat) 같은 중국 소셜미디어 애플리케이션에 대해서도, 이러한 애플리케이션이 개인정보를 수집해 중국 정부로 전송한다는 우려를 제기하며 사용을 제한했다.

이처럼 트럼프 1.0의 대중 정책은 관세 부과에만 국한되지 않았고 기술, 투자, 군사, 인권, 국제 동맹 등 다방면에서 중국의 부상을 견제하려는 종합적인 전략으로 이루어졌다. 트럼프 2.0의 대중 정책은 더욱 업그레이드되어 미국의 경제적 이익을 보호함과 동시에 중국의 글로벌 패권 도전을 약화시키려 할 것이다.

트럼프 1기의 공약 이행률이 25% 정도밖에 되지 않았다는 것을 지적하며 '트럼프 2기의 관세폭탄 공약은 협상을 위한 공포탄일 가능성이 크다'고 생각하는 사람도 많다. 하지만 현재의 상황은 그렇지 않다.

트럼프 1.0에서는 트럼프 자신이 워싱턴 정치에 익숙하지 않은 데다가 백악관 참모들과 부처 장관들의 반발 때문에 제대로 정책을 펴지 못했다. 그러나 트럼프는 4년의 대통령 경험과 낙선 후 4년의 준비기간을 통해 더욱 분명한 자기 확신을 갖고 구체적인 정책을 이미 마련한 상태다. 그리고 이를 실천할 충성파만으로 트럼프 2.0 정부를 구성하고 있는 상태다.

'더욱 강력한 관세정책, 더욱 강력한 감세정책, 더욱 강력한 화석연료 중심의 에너지 정책, 더욱 강력한 불법 이민자 추방과 국경통제 정책'을 집행할 것이다. 그것도 4년 동안이 아니라 취임과 동시에 시작해 2년 안에 끝내려 하고 있다. 또한 국방 예산을 증액해 군사력을 강화하고, 핵무기 현대화를 추진할 계획이다. 동시에 NATO 등 동맹국들에게 방위비 분담금을 증액하도록 요구해 미국의 부담을 줄이려는 방침이다.

미국발 관세전쟁은 이번이 처음이 아니다. 1928년 미국 대선 당시 허버트 후버 공화당 후보의 공약 중 하나는 농산물 수입에 대한 관세를 인상하는 것이었다. 후버는 대통령으로 당선되었고, 공화당은 상원과 하원에서 다수당이 되었다. 스무트 상원의원과 홀리 하원의원이 주도한 스무트-홀리 관세법이 1929년 5월 통과되었다. 당시 1천 명이 넘는 미국경제학자들이 후버 대통령에게 법안 거부권을 청원했지만 1929년 10월 뉴욕주식시장이 폭락하면서 경제 불황이 심해지자 후버 대통령은 1930년 6월, 이 법에 서명했다.

스무트-홀리 관세법은 농산품뿐만 아니라 공산품까지 2만여 개 품목의 평균 관세를 40%에서 60%로 인상시키는 법이었다. 미국의 일방적인 관세 인상에 많은 국가들은 미국상품에 대해 보복관세를 부과했고, 세계 무역량은 1/3로 줄어들었다. 그 결과 미국의 실업률은 20%까지 높아졌고, 산업생산은 25% 이상 감소했다.

이 법은 미국의 일자리와 산업을 보호하려는 의도였지만 미국발 경제불황을 세계대공황으로 확산시켰다. 더욱이 1930년대 내내 경제 침체와 보호무역주의가 지속되면서 제2차 세계대전의 배경이 되었다. 2025년 트럼프가 쏘아 올리는 관세전쟁이 100년 전의 암울한 시기를 다시 불러올 수도 있다.

02

경제침체를 불러올 글로벌 무역전쟁

트럼프 대통령이 중국산 제품에 고율 관세를 부과하면 중국은 어떻게 대응할까? 미국의 관세폭탄은 중국뿐 아니라 유럽 등 전통적 우방국의 무역보복을 초래할 가능성이 크다. 더욱 큰 문제는 한국을 포함한 동아시아 국가들이다.

트럼프는 '높은 수입관세를 부과하면 세계 최대의 미국시장을 포기할 수 없는 외국 기업들이 미국 내로 생산기지를 옮길 수밖에 없기 때문에 정부의 보조금 지원 없이도 고용도 증대시킬 수 있다'는 생각이다. 더욱이 관세수입으로 법인세 인하에 따른 세수 감소를 보충하려는 계산이다. 한마디로 관세 하나로 '무역 균형, 세수 증가, 고용 증대'라는 일석삼조의 효과를 얻겠다는 구상이다.

그러나 관세폭탄은 중국뿐만 아니라 유럽 등 전통적 우방국의 무역보복을 초래할 가능성이 크다. 더욱이 애플, 테슬라, 포드와 같이 중국·멕시코 등에서 생산 및 수입하는 미국 기업들에게도 치명타를 줄 수 있다. 결국 미국을 포함한 전 세계에 무역 감소와 경제침체를 불러올 위험이 크다.

우선, 트럼프 대통령이 중국산 제품에 대해 고율 관세를 부과할 경우에 중국이 어떻게 대응할 것인지 생각해보자. 중국의 대미국 수입 규모는 미국의 대중국 수입보다 상대적으로 적기 때문에 중국이 보복 관세를 통해 대응할 수 있는 여력이 제한적이다. 따라서 중국은 보복 관세 대신 위안화 가치를 하락시키는 방법으로 대응할 가능성이 크다. 중국이 위안화 가치를 하락시키면, 중국산 제품의 달러 기준 가격이 낮아져 미국 소비자와 기업이 부담해야 할 관세로 인한 수입품 가격 상승이 상쇄될 수 있기 때문이다.

예를 들어 미국이 모든 중국산 제품에 대해 60% 관세를 부과하더라도 중국의 위안화가 달러 대비 60% 절하되면 중국산 제품의 미국 내 가격은 변화가 없게 된다. 이렇게 되면 미국의 대중 무역적자는 줄어들지 않을 것이므로, 미국은 이를 환율 조작으로 간주하고 이에 대한 제재를 강화하려 할 것이다. 또한 추가 관세를 부과해 중국 제품의 가격 경쟁력을 더욱 억제하려 할 것이다.

때문에 중국 정부는 60% 대중 관세에 대해 '보복관세와 위안화 평가 절하'라는 두 가지의 대응을 조합할 가능성이 크다. 이렇게 하면 미국의 입장에서는 어느 정도 대중 무역적자를 줄임과 동시에 미국 달러패권을 강화하는 효과가 있을 것이다. 중국의 입장에서는 위안화 가치 하락이 달러패권에 대한 도전을 포기하는 것으로 비춰질 수 있지만 위기관리라는 차원에서 최선의 선택일 수 있다.

더욱 큰 문제는 한국을 포함한 동아시아 국가들이다. 중국 위안화 가치 하락은 이들의 달러 표시 수출 상품가격이 중국 제품에 비해 상승하는 것이다. 따라서 이들의 수출이 타격을 받을 수밖에 없고, 이들의 통화가치도 평가절하될 수밖에 없다. 한국의 원-달러 환율은 트럼프 당선 이후 1,300원대에서 1,400원대로 튀어올랐다. 만약 미·중 간의 무역전쟁이 본격화되면, 이는 중국 위안화의 평가절하를 가져오면서 원-달러 환율은 1,500원대 이상으로 크게 오를 가능성이 크다.

03

트럼프 2.0 시대의 미국발 세계대공황 시나리오

엄청난 유동성과 기술주들에 대한 열광으로 거품이 더 큰 상태이기 때문에 향후 대규모의 주가 폭락이 올 수 있다. 더욱이 트럼프 2.0 시대의 무역전쟁이 제2차 세계대공황을 발생시킬 개연성은 충분하다.

"세계경제는 1920년대의 대공황과 유사한 압력에 직면해 있다." 라가르드 유럽중앙은행(ECB) 총재가 2024년 9월 20일 국제통화기금(IMF) 연차총회 연설에서 한 말이다. 그는 "1920년대와 2020년대 모두 세계 무역 통합의 좌절과 기술 발전이 있었다"고 지적했다. 아울러 세계는 "1920년대 이후 최악의 팬데믹과 1940년대 이후 최악의 유럽 갈등, 그리고 1970년대 이후 최악의 에너지 쇼크에 직면했었다"고 말했다.

더 구체적으로 1920년대와 2020년대를 비교해보자. 1929년 세계대공황은 여러 요인이 복합적으로 작용해서 발생했다.

첫째, 과잉생산과 소비 둔화이다. 1920년대는 "광란의 20년대"라고 불릴 만큼 경제 호황이 이어진 시대였다. 2차 산업혁명(19세기 후반~20세기 초)은 전기, 자동차, 가전제품, 철강, 화학 공업의 '혁명적인' 발전을 가져왔고, 대량생산 기술이 발전하면서 제품 생산이 크게 증가했다. 그런데 자본설비의 확충에 따라 노동은 생산 요소로서의 중요성이 상대적으로 줄어들었고, 임금 상승은 자본소득의 증가 속도에 비해 상대적으로 더뎠다. 이는 결국 소비자들의 구매력이 충분히 뒷받침되지 않은 상태에서 과잉생산이 경제위기로 이어지는 주요 요인이 되었다. 세계적으로 가장 저명한 〈미국경제학회(AER)〉지에 게재된 쿰호프, 랑시에르, 위난트의 연구에서는 1920~1929년 동안 저소득 및 중간소득 가계의 부채가 크게 증가했는데, 이것이 세계대공황을 불러왔음을 이론과 실증분석을 통해 입증했다.[11]

둘째, 2차 산업혁명의 핵심인 자동차와 전기 산업의 급성장은 과도한 기대를 불러일으켰고 이에 많은 투자자들은 빚을 내 주식시장에 투자했다. 그러나 과잉생산에 따른 재고가 증가하면서 1929년 10월 주식시장 거품이 터졌고, 이는 대공황의 촉발 요인이 되었다.

셋째, 당시 미국 정부는 경제를 안정시키기 위한 적극적인 통화 및 재정 정책을 시행하지 못했다. 특히 대공황 초기에는 금본위제 유지와 균형 예산을 우선시하다 보니 통화 공급이 부족했고, 이는 경제 회복을 더욱 어렵게 만들었다. 밀턴 프리드먼은 "당시 연준이 통화량을 도리어 축소했기 때문에 대공황이 발생했다"고 주장했다.

넷째, 경제상황이 악화되자 미국은 앞에서 설명한 바와 같이 스무트-홀리 관세법으로 수입 관세를 대폭 인상했고, 상대국들도 관세 보복을 하면서 미국의 경제침체가 세계대공황으로 확산되었다.

그렇다면 2025년 현재의 상황을 살펴보자.

첫째, 앞에서 설명한 것처럼 현재 인류는 초거대혁명을 진행중이고, 그 중심에는 미국이 있다. 디지털혁명 시대에는 모든 인류가 스마트폰이라는 이름의 슈퍼 컴퓨터를 손에 들고 있고, 이 슈퍼 컴퓨터는 초고속 통신망으로 연결되어 있다. 여기에 AI-로봇이 인간의 육체적 노동뿐만 아니라 지적 노동까지도 대체하는 세상이 되고 있다. 이에 따라 인간의 노동은 AI-로봇과 경쟁해야 하는 상황이고, 인간의 노동임금은 자본소득에 비해 상대적으로 적어지고 있다. 이것이 네 가지 뉴노멀 중 하나인 '양극화사회'의 중요한 원인이다. 디지털혁명을 가장 선도하는 미국에서는 소득과 자산이 상대적으로 낮은 계층의 실질 구매력이 약화되고 있다. 특히 2020년 코로나-19 펜데믹 이후 풀린 천문학적인 유동성 때문에 주식 가격과 주택 가격이 급상승한 상태다. 이 때문에 소득보다는 자산의 양극화가 심한 상황이다.

둘째, 디지털혁명을 선도하는 테크기업들에 투자금이 몰리면서 주식시장 거품의 우려가 있는 것도 1920년대와 비슷하다. GDP 대비 시가총액으로 계산하는 버핏(Buffett)지수는 2024년 기준 208%로, 2000년 닷컴 버블 붕괴직전보다 높은 수준이며 제2차 세계대전 이후 사상 최고치에 와 있다(그림 2-15).

[그림 2-15] 버핏지수 추이

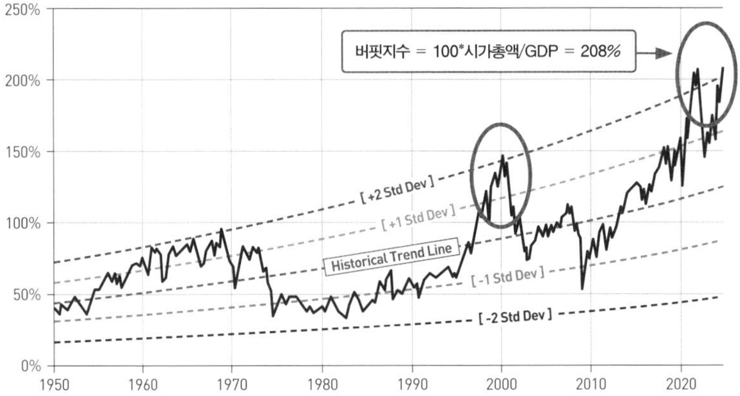

출처: Current Market Valuation

버핏지수에서 사용된 GDP는 국내에서 생산된 부가가치만을 합한 것으로, 해외수익은 포함되지 않는다. 때문에 기업들의 해외수익이 많은 현재 미국의 버핏지수를 과거와 단순 비교할 수 없다는 비판이 있다. 이를 고려한 지수가 비금융기업의 시가총액을 비금융기업의 해외수익을 포함한 총부가가치 비율로 나눈 허스만(Hussman) 지수이다. 이 지수를 보더라도 2024년 11월 11일 기준 약 2.9배로, 2000년 닷컴 버블 붕괴직전보다 높은 수준이며 1929년 세계대공황이 터지기 직전과 비슷한 수준이다(그림 2-16).

많은 투자자들과 경제학자들이 'AI 거품론'을 제기하고 있다. 월가의 전설적인 투자자이자 '버블 감별사'로 유명한 제레미 그랜섬 GMO 창업자는 "AI도 역사적으로 있었던 수많은 거품과 다를 게 없다"면서 "AI 거품이 곧 터지는 과정에서 주식투자자들이 어려운

[그림 2-16] 허스만지수 추이

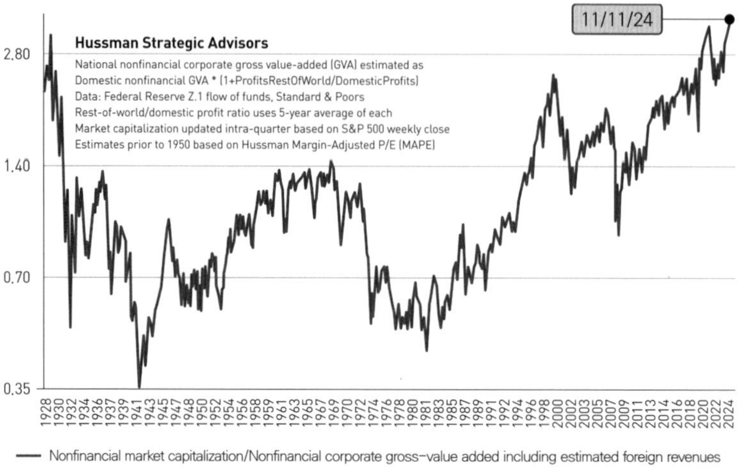

출처: Hausman Funds

길을 걷게 될 것"이라고 강조했다. 그랜섬은 AI 광풍을 과거 닷컴 버블과 비교했다. 그는 "새로운 아이디어와 발명품이 클수록 더 많은 자본과 사람들이 모여드는 과정에서 시장에 거품이 생길 수밖에 없다"고 밝혔다. 이어 "과거 닷컴 버블도 당시에도 증시가 '화려한 거품(Spectacular Bubble)'으로 뒤덮이다 결국 추락했다"면서 이번에도 같은 현상이 반복될 것이라고 주장했다. 미국의 유명 경제학자인 데이비드 로젠버그도 "최근 시장이 '메가 거품(Mega Bubble)' 속에 있다"고 경고하며 "역사적으로 높은 주가수익비율(PER)과 개인들의 주식 보유 비중이 이를 뒷받침하고 있다"고 설명했다.

셋째, 1929년 당시와 달리 현재 미국은 적극적인 통화 및 재정 정책을 시행하는 것이 자산시장의 거품을 키우고 있다. 특히 2008년 글로벌 금융위기가 발생한 뒤부터 행정부는 막대한 재정적자를 만들며 경기를 부양해왔고, 연준은 전통적인 기준금리 인하뿐만 아니라 유동성을 직접 시중에 공급하는 양적완화 정책을 시행해왔다. 더욱이 2020년 코로나-19 사태가 터지면서 천문학적인 재정지출과 통화팽창 정책을 시행해왔다. 이에 따라 빠르고 강력한 경제회복이 가능했지만 동시에 인플레이션을 불러왔다. 인플레이션은 일반적인 물가 상승을 말하는 소비자물가 인플레이션뿐만 아니라 자산가격의 인플레를 일으켰다. 이것이 자산양극화를 초래했을 뿐만 아니라 주식시장의 버블을 만들어왔다.

2022년 2월부터 연준은 0.25%의 기준금리를 2023년 7월까지 5.5%로 인상했다. 그럼에도 불구하고 앞서 설명한 것처럼 연방정부는 코로나-19 상황이 종료된 2023년과 2024년에도 각각 1.7조 달러, 1.8조 달러의 재정적자를 기록하며 돈 풀기를 계속했다. 글로벌 금융위기 직후인 2009~2011년의 재정적자보다 큰 규모였다. 더욱이 연준은 2022년 4월부터 양적긴축을 해왔지만 미국 연준의 총자산은 아직도 장기 추세선에 비해 2조 달러 이상 더 많다. 한마디로, 정부의 확장적 재정정책과 연준의 충분하지 못한 긴축 통화정책으로 아직도 시중에 유동성이 넘쳐흐르고 있는 것이다. 즉 앞에서 설명한 AI 붐과 함께 풍부한 유동성 덕분에 테크주를 중심으로 주가가 계속해서 고공행진을 하고 있고, 버블 우려를 낳고 있는 것이다.

넷째, 트럼프 2.0의 관세전쟁이 세계를 무역전쟁과 경기침체로 몰아가고 있다. 이는 앞에서 설명한 바와 같이 미국이 1930년 스무트-

홀리 관세법으로 수입 관세를 대폭 인상하고 상대국들도 관세보복을 하면서 미국의 경제침체가 세계대공황으로 확산된 상황과 매우 비슷하게 전개될 가능성이 크다.

1929년 세계대공황은 목요일인 10월 24일 뉴욕증권거래소에서 주가가 폭락하면서 시작되었다. 공황 상태에 빠진 투자자들이 대규모로 매도했으나, 은행과 주요 투자자들이 개입해 일부 주식을 매수하며 주가는 다소 회복되었다. 주말 동안 불안감이 커지며 10월 28일 월요일 개장과 동시에 대규모 매도세가 나타났고, 주요 지수가 큰 폭으로 하락하면서 시장은 혼란에 빠졌다. 다음 날인 29일 화요일에 주가는 다시 한 번 대규모로 폭락했다. 이로써 은행과 기업, 투자자들은 막대한 손실을 입었고, 시장에 대한 신뢰를 완전히 잃으면서 주식시장은 붕괴되었다.

만약 2025년에 '제2의 세계대공황'이 온다면, 이번에도 뉴욕증권거래소에서 주가가 폭락하며 시작할 가능성이 크다. 이미 여러 가지 신호가 나타나고 있다. 대표적인 것이 장단기 금리가 역전되었다가 해소되는 현상이다. 일반적으로 단기금리보다 장기금리가 높다. 그런데 연준이 금리를 인상하면 직접적으로 영향을 받는 단기 채권은 수익률이 빠르게 상승하는 반면, 투자자들이 향후 경기침체를 예상하면서 장기 국채에 대한 수요가 증가해 장기 수익률이 낮아지게 된다. 이렇게 되면 장단기 금리의 역전 현상이 나타난다.

수익률 곡선 역전은 역사적으로 경기침체의 선행지표 역할을 해왔다. 미국에서 2년 만기 국채수익률과 10년 만기 국채수익률의 역

[그림 2-17] 미국의 10년 만기 국채수익률과 2년 만기 국채수익률 차이의 추이

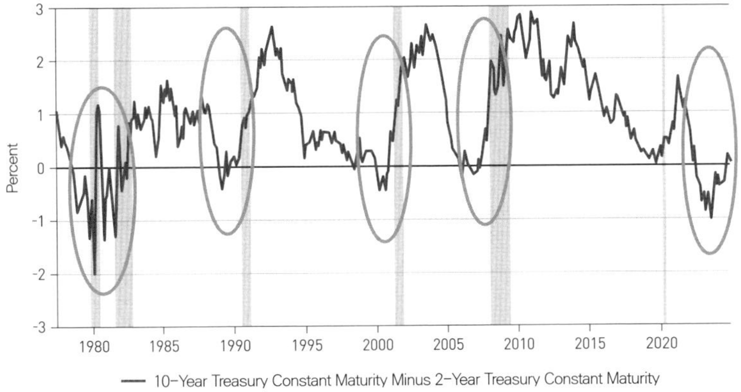

출처: St. Louis Fed, FRED

전은 1980년 전후, 1980년대 말, 1990년대 말, 그리고 2006년 전후에 발생했는데 모두 약간의 시차를 두고 경기침체가 발생했다.

〈그림 2-17〉에서 원형으로 표시된 부분은 수익률 역전 시기고, 음영으로 표시된 부분은 경기침체가 나타난 시기다. 2000년 닷컴 버블이 꺼지기 직전인 1990년대 말과, 2008년 서브프라임 모기지 사태가 일어나기 전인 2006년 전후에도 이러한 국채수익률 역전이 발생했다. 연준이 기준금리를 올린 2022년 3월부터도 국채수익율 역전이 발생했다가, 2024년 9월에 기준금리를 내리기 시작하면서 이러한 역전현상이 해소되기 시작했다.

일반적으로 금리를 올릴 때 경기침체가 온다고 생각하는데, 실은 금리가 시차를 두고 실물경제에 영향을 미치기 때문에 매번 기준금리가 내려갈 때 경기침체가 왔다. 이를 달리 이야기하면 경기침체

신호가 보이면서 연준이 기준금리를 내리기 시작했다는 의미이다.

주가지수도 수익률 역전현상에 민감하게 반응한다. 2000년 닷컴 버블 붕괴는 2000년 1월에 수익률이 역전되면서 바로 시작되었다. 반면에 2008년 서브프라임 모기지 사태 당시에는 수익률 역전이 2006년 6월부터 2007년 6월까지 계속되었다가 이후 해소되기 시작했는데 주가지수는 2007년 말부터 급락하기 시작했다.

최근까지 계속되었던 수익률 역전은 연준이 기준금리를 내리기 시작한 2024년 9월부터 해소되고 있는데, 아직까지 미국경기는 여러 가지 지표상 좋은 편이고 주가지수도 최고치를 경신하고 있다. 이 때문에 이번에는 소프트랜딩(Soft landing)이나 노랜딩(No landing)할 것이라고 주장하는 사람들도 있지만, 시차 때문에 늦어질 뿐이지 결국 경기침체와 주가 하락은 올 수밖에 없다.

특히 이번에는 앞에서 설명한 대로 엄청난 유동성과 기술주들에 대한 열광으로 거품이 더 큰 상태이기 때문에 대규모의 주가 폭락이 올 수 있다. 더욱이 트럼프 2.0 시대의 무역전쟁이 1930년대의 무역전쟁과 비슷하게 전개되고 있기 때문에 제2차 세계대공황이 발생할 개연성은 충분하다.

앞서 언급한 라가르드 총재의 연설은 트럼프가 미국 대통령으로 재선되기 전이었다. 라가르드 총재는 아마 트럼프가 당선되어 세계대공황의 유령을 불러낼 거라고 우려하고 있었음에 틀림없다.

04

소용돌이치는 격랑 속의 위태로운 대한민국호

얼마 전부터 미국과 중국이라는 두 개의 초거대 항공모함이 치열한 패권경쟁을 벌이고 있다. 이 격랑 속에서 가장 큰 위험에 처한 배는 대한민국호다. 현재 한국은 외부적 충격에 더욱 약할 수밖에 없는 상태이기 때문이다.

그동안 한국경제는 글로벌 경제상황에 따라 큰 영향을 받아왔다. 특히 미국의 경제상황에 따라 큰 영향을 받았다. "미국이 기침을 하면 한국은 독감에 걸린다"는 말도 있을 정도다.

한국은 1970년대 이후 네 차례의 경제위기를 경험했다. 1980년에 마이너스 1.6% 성장을 기록했고, 1997년에 외환위기로 인해 마이너스 5.1% 성장을 기록했으며, 2008년에 글로벌 금융위기로 인해 0.8%의 성장을 기록했다. 마지막 네 번째는 2020년의 코로나-19 펜데믹에 따른 마이너스 0.7% 성장이다(그림 2-18). 2020년을 제외하고는 모두 미 연준의 금리 인상과 연관이 있다.

[그림 2-18] 한국의 실질 GDP 성장률 추이(1975~2024년)

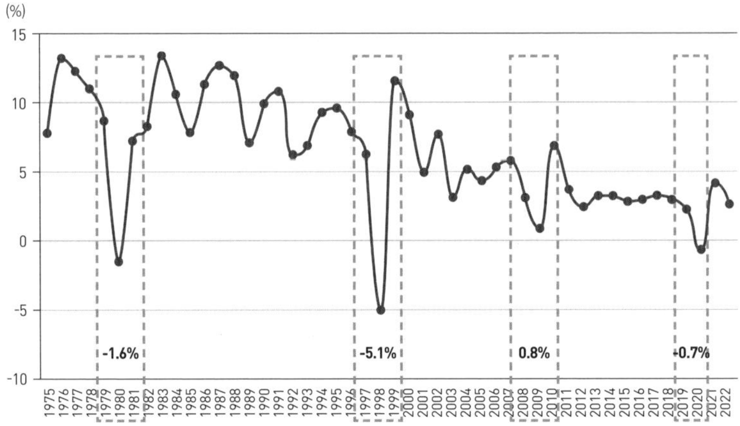

출처: 한국은행 ECOS

첫 번째인 1980년의 경제위기는 1979년에 미 연준이 11.2% 수준이었던 기준금리를 1981년 6월까지 21.5%로 급속히 상승시키면서 발생했다. 유럽 대부분의 국가들도 미국을 따라 금리를 인상했다. 이는 미국과 유럽의 경기침체와 세계무역의 위축으로 이어졌고, 라틴아메리카의 외채위기를 발생시키면서 한국의 대외무역 환경이 급격히 악화된 것이 원인이다. 이러한 외부적 요인과 함께 내부적으로는 1979년 박정희 대통령의 사망에 이은 1980년의 정치적 혼란에 기인했다.

두 번째 경제위기는 미국 연준이 1990년대 중반에 기준금리를 올리면서 시작되었다. 미국의 금리 상승은 멕시코로부터의 자본 이탈과 외채위기로 이어졌고, 이어서 1997년 초에는 태국을 시작으로 동남아시아의 외환위기로 이어졌으며 결국 한국에까지 전이되었다.

이러한 1997년의 외환위기는 내부적으로는 기업들의 무분별한 외국의 단기 자본 차입에 의한 과잉투자에 크게 기인했다. 1990년부터 1996년까지(1993년 제외) 매년 경상수지 적자를 기록했는데, 1996년에는 GDP의 5%에 달했다. 외채는 1천억 달러를 뛰어넘었고, 1997년 초까지 30대 재벌 중 10여 개의 재벌이 파산 상태였다. 이러한 상황에서 미국의 금리 인상으로 인해, 글로벌 자금이 1997년 초부터 태국을 비롯한 동남아시아 국가에서 탈출하기 시작했다. 급기야 기존에 기업들의 소위 문어발식 투자를 위한 외국의 단기자본이 크게 증가했던 한국에서 외국자본이 급격하게 유출되면서 외환보유고가 바닥나게 되었고, 급기야 IMF에 구제금융을 신청하게 된 것이다.

세 번째 경제위기는 2008년의 글로벌 금융위기가 불러왔다. 2000년 닷컴 버블이 꺼지면서 미국경제가 급속히 침체에 빠지자 미국 연준은 6.5%던 기준금리를 2001년 1월부터 낮추기 시작해서 2003년 6월에는 1.0%까지 낮추었다. 이에 따라 너도나도 싼 돈을 빌려 집을 사면서 주택 가격은 빠르게 상승했고, 1990년대 GDP 대비 46% 수준이었던 주택담보대출은 2008년에는 73%까지 증가했다. 특히 신용이 좋지 못한 사람들까지 돈을 빌려 주택을 사는 이른바 '서브프라임 주택담보대출(Sub-prime mortgage loan)'이 크게 증가했다.

경기과열을 염려한 연준은 당시 1% 수준이었던 기준금리를 2004년 7월부터 올리기 시작해서 2년 만인 2006년 7월 5.25%까지 상승시켰다. 결국 고금리에 부동산 대출을 못 갚고 파산하는 사람들이 늘어나면서 2007년에는 중소형 은행들이 파산하기 시작하더니, 2008년 9월에 대형은행 중 하나였던 리먼 브라더스(Lehman Brothers)가 파산하면서 본격적인 금융위기가 시작되었다.

특히 금융기관들이 대출금을 파생금융으로 쪼개어 전 세계 금융기관들에게 분산시키면서 미국 금융기관의 붕괴는 글로벌 금융위기 상황을 만들었다. 그나마 당시 한국의 최대 수출시장이었던 중국이 통화량을 풀고 경기를 부양해 버팀목 역할을 하면서, 한국경제는 수출 증가에 힘입어 심각한 경기침체에서는 벗어날 수 있었다.

그럼 다시 2025년 현재로 돌아와 한국의 상황을 보자. 국가를 배에 비유하면 지구상에는 200여 척의 배가 떠 있다. 그중 가장 큰 배는 미국호로, 전 세계 모든 배를 합친 크기의 약 25%를 차지한다. 그야말로 초거대 항공모함이다. 다음으로 큰 배는 중국호로, 전 세계 배 크기의 약 18%에 달하는 또 다른 항공모함이다. 대한민국호는 14번째로 큰 배이지만, 전 세계 배 크기의 1.7%에 불과하다. 미국 항공모함의 1/15, 중국 항공모함의 1/10에 지나지 않는 규모다.

얼마 전부터 두 개의 초거대 항공모함이 패권경쟁을 벌이고 있다. 트럼프가 또다시 미국호의 선장이 되면서 중국뿐만 아니라 모든 배들에게 관세폭탄을 던지고 있다. 미국호와 교역을 하려면 세금을 내라는 것이다. 다른 배들도 나름 미국에 대한 보복관세로 저항을 할 수밖에 없다. 세계의 모든 배들이 여기에 휘말리고 있다. 침몰하지 않기 위해 각자도생해야 하는 상황이다. 전 세계적인 무역 감소와 경제성장의 위축이 불가피해지고 있다.

이 격랑 속에서 가장 큰 위험에 처한 배는 대한민국호다. 그동안 대한민국호는 미국과는 정치·외교적인 동맹 관계를, 중국과는 무역 파트너로서 긴밀한 관계를 유지해왔다. 그런데 이제는 이 두 거대 항공모함 중 하나를 선택해야 하는 상황으로 몰리고 있다. 더욱이 미국과의 경제관계도 이념과 동맹에 기반한 것이 아니라 미국의 이익에 따라 철저히 계산되는 구조로 변하고 있다.

대한민국호는 세계 곳곳을 누비며 다른 배들과 자유롭게 무역하고 성장해왔다. 그런데 제2의 세계대공황이 현실화되면 대한민국호는 침몰할 수도 있는 상황으로 내몰릴 수밖에 없다. 더욱이 한국경제는 체질적으로 중병에 걸려 있는 상태이기 때문에 외부적 충격에 더욱 약한 상태다. 한마디로 말하면 조로증에 당뇨 합병증까지 걸려 있는 상태다. [이에 대해서는 PART 3에서 자세히 설명한다.]

2024년 12월의 갑작스러운 비상계엄령 사태 이후 대한민국호는 격랑의 소용돌이 속으로 빠져들었다. 트럼프발 쓰나미까지 덮쳐오고 있는 상황이어서, 그야말로 내우외환의 상태다. 트럼프 당선 전 1,300원 중반대였던 원-달러 환율은 한때 1,477원까지 치솟았다. 외환당국이 적극적으로 시장에 개입하지 않았더라면 1,500원을 넘었을 수 있다. 원-달러 환율이 1,500원을 넘었던 적은 2009년 글로벌 금융위기 때와 1997년 IMF 위기 때뿐이다.

한국경제는 1997년이나 2009년보다 훨씬 심각한 경제위기에 직면해 있다. 무엇보다 한국경제가 조로증에 당뇨합병증까지 걸렸기 때문이다. 즉 인구고령화가 전 세계에서 가장 빠르게 진행되고 있는 상황에서 건설-부동산투자에 한정된 자원을 쏟아붓고 있어서 미래 먹거리를 위한 투자가 부족한 상황이다. 사정이 이러함에도 불구하고 계속적으로 "빚내서 집 사라"는 정부정책으로 인해서 전 세계에서 가장 높은 수준의 가계부채는 계속해서 증가하고 있다. 더욱이 산업화 시대에는 비교적 양질의 노동력을 배출했던 교육제도가, 이제는 독이 되어 전 세계적으로 진행중인 디지털혁명을 주도할 인재를 배출하지 못하고 있기 때문이다.

PART 3에서는 이러한 문제들을 설명하고, 이어 PART 4에서는 이 길에서 벗어날 수 있는 방법을 찾아보려 한다.

PART 3

당뇨합병증에
허덕이는 대한민국

절대위기
주식회사
대한민국

1장

희망이 없는 인구소멸사회

01

급성 조로증에 걸린 주식회사 대한민국

한국은 2040년대 중반이면 전 세계에서 가장 늙은 나라가 될 것이다. 이렇게 빠른 인구고령화는 전 세계에서 유례를 찾아볼 수 없다. 한국은 그 누구도 경험해보지 못한 속도로 늙어가는 '급성 조로증'에 걸려 있는 상태다.

2025년 현재 한국의 총인구는 51,684,564명이다. 이는 1960년 2,500만 명에 비해 2배로 증가한 규모다. 이 기간 동안 인구 구성은 완전히 달라졌다. 인구피라미드를 보면 1960년에는 하부(저연령층)가 넓고 상부(고연령층)가 좁은 종 모양이었지만 2025년 현재는 상부가 넓은 역 항아리 모양이다(그림 3-1). 급속한 경제성장이 시작되던 1960년에 비해 총인구는 2배 증가했지만 인구구성은 빠르게 고령화된 것이다.

이 기간 동안 65세 이상의 고령인구 비중은 2.9%에서 20.3%로 7배 증가하면서 초고령사회로 진입했다. 반면에 15세 미만의 유소년

[그림 3-1] 한국의 인구구조 변화(1960년, 2025년)

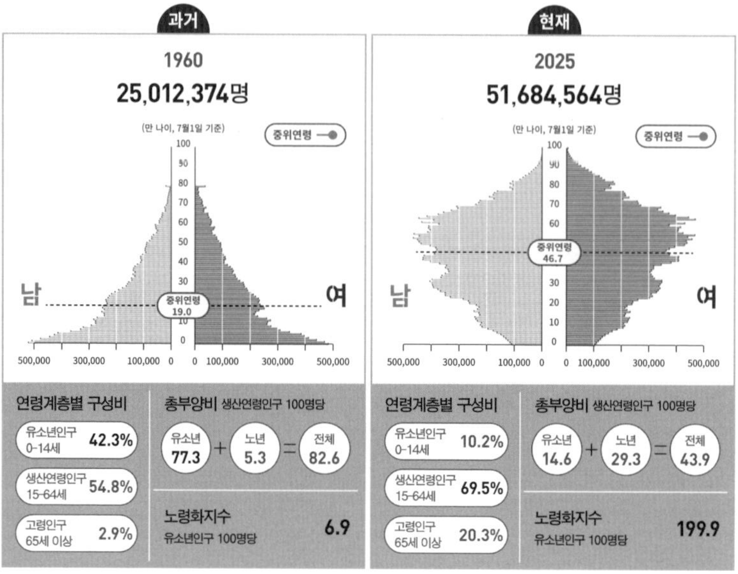

출처: 통계청, 인구로 보는 대한민국

인구 비중은 42.3%에서 10.2%로 감소했다. 1960년엔 대한민국 국민 100명 중 노인은 3명이고 아이는 무려 42명이었는데, 이제는 노인은 20명이고 아이는 10명인 상황이 된 것이다.

이렇게 빠른 인구고령화는 전 세계에서 유례를 찾아볼 수 없다. 전 세계적으로 가장 먼저 고령화 사회(65세 이상 비율이 7% 이상)에 진입한 프랑스가 고령사회(65세 이상 인구 비율이 14%)로 진입하는 데 걸린 기간은 115년이었다. 스웨덴은 85년, 이탈리아는 61년, 일본은 24년 걸렸다. 한국은 2000년에 고령화 사회로 접어들었고, 2018년에 고령사회로 진입했다. 불과 18년 만에 고령화 사회에서 고령사회로 진입한 것이다.

2025년엔 우리나라의 65세 이상 인구비율이 20%를 넘는 초고령사회로 진입할 것으로 예상된다. 불과 7년 만에 고령사회에서 초고령사회로 진입한 것이다. 이 또한 세계 기록이다. 1994년에 고령사회로 진입한 후 11년 만인 2005년에 초고령사회가 된 일본의 기존 기록을 한국이 깬 것이다.

인구고령화의 근본 원인은 기대수명의 증가와 출산율의 하락 때문이다. 그러나 기대수명의 증가는 매우 서서히 나타나기 때문에 인구고령화의 주된 원인은 출산율의 급속한 감소이다.

통계청이 출산율을 조사하기 시작한 1970년만 하더라도 합계출산율(한 여성이 가임기간인 15~49세에 낳을 것으로 기대되는 평균 출생아 수)은 전 세계 평균인 4.8명과 비슷한 4.53명이었고, 101만 명이 태어났다(그림 3-2).

[그림 3-2] 한국의 합계출산율 추이(1970~2023년)

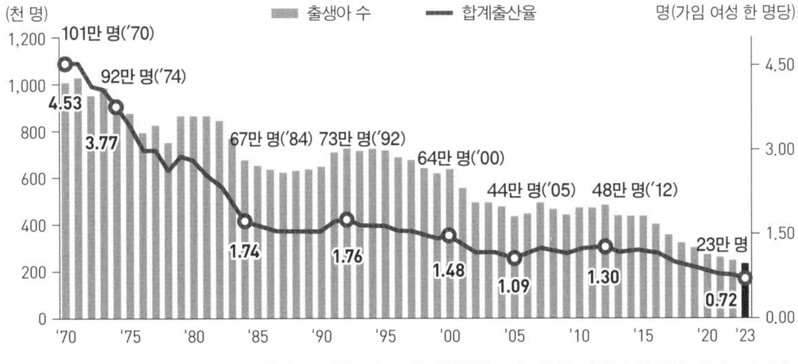

출처: 통계청, 2023년 인구동향조사: 출생·사망통계(잠정), 2024. 2. 28.

[그림 3-3] 한국, 일본, 세계평균의 합계출산율 추이(1970~2023년)

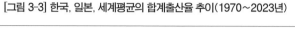

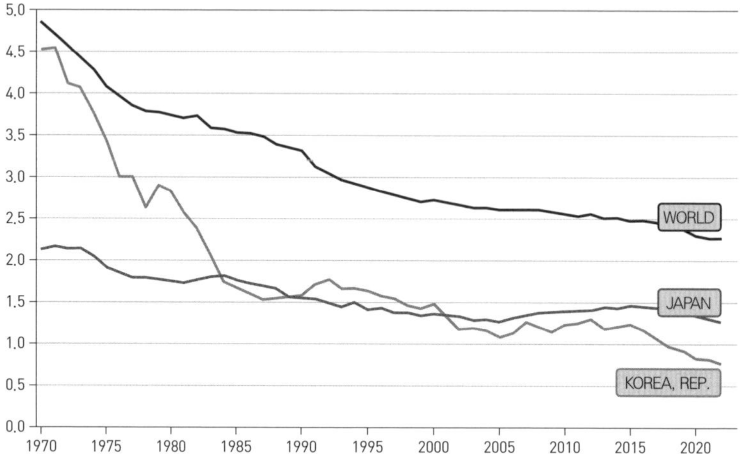

출처: World Bank Open Data

그러나 합계출산율은 1984에 1.74명으로 떨어졌고, 2000년엔 1.48명으로 떨어졌다. 이후 1.09명까지 떨어졌다가 2012년까지 1.3명으로 증가하는 듯 했던 합계출산율은 2017년 이후 급격히 떨어져 2023년 0.72명을 기록했다. 출생아 수는 23만 명이었다. 1970년에 비해 합계출산율은 1/6, 출생아 수는 1/4 아래로 떨어진 것이다. 불과 반세기 만의 일이다.

이 기간 동안 전 세계의 합계출산율이 4.8명(1970년)에서 2.3명(2023년)으로 감소한 것에 비추어보면 한국이 얼마나 빠르게 '인구소멸의 벼랑'으로 내달리고 있는지 알 수 있다. 더욱이 전 세계에서 인구고령화 정도가 가장 심한 일본조차도 합계출산율은 2.1명(1970년)에서 1.2명(2023년)으로 떨어진 정도다(그림 3-3). 2023년 일본의 합계출산율은 사상 최저치인 1.2명으로 떨어졌지만, 그래도 한국의 0.72명에 비해 0.5명이나 높다.

합계출산율과 출생아 수가 이렇게 빨리 감소한 경우는 전 세계 어디에서도 보지 못했던 기록이다. 더욱이 2023년 한국의 합계출산율 0.72명은 제2차 세계대전 이후 그 어느 나라에서도 찾아볼 수 없는 기록적인 숫자다. 중국의 일개 도시인 홍콩의 합계출산율만 해도 0.72명이다. 이렇게 낮은 합계출산율 때문에 한국은 앞으로 더더욱 빠른 속도의 인구 감소와 고령화를 경험할 것이다. 통계청 전망에 따르면 한국의 총인구는 2020년부터 감소하기 시작해 2035년엔 50,824,868명, 2050년엔 47,106,960명으로 감소할 것이다(그림 3-4).

[그림 3-4] 한국의 인구구조 변화 전망(2035년, 2050년)

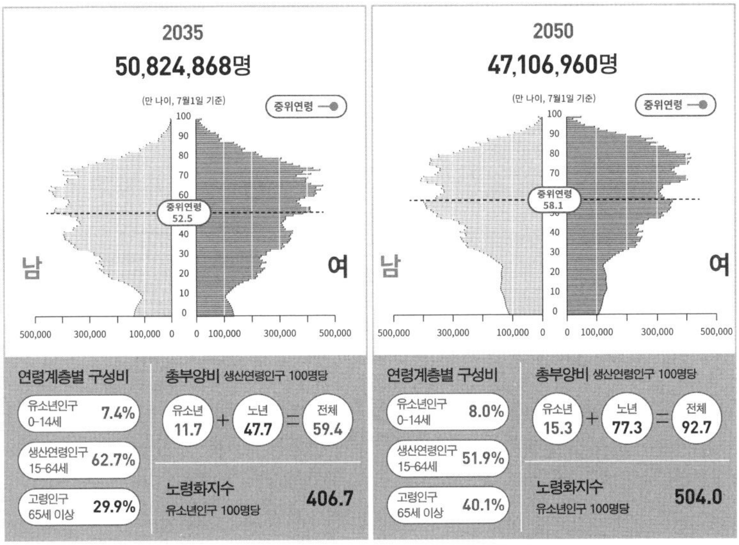

출처: 통계청, 인구로 보는 대한민국

[그림 3-5] 2017년 이후 감소하고 있는 한국의 생산연령인구 추이(1960~2050년)

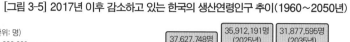

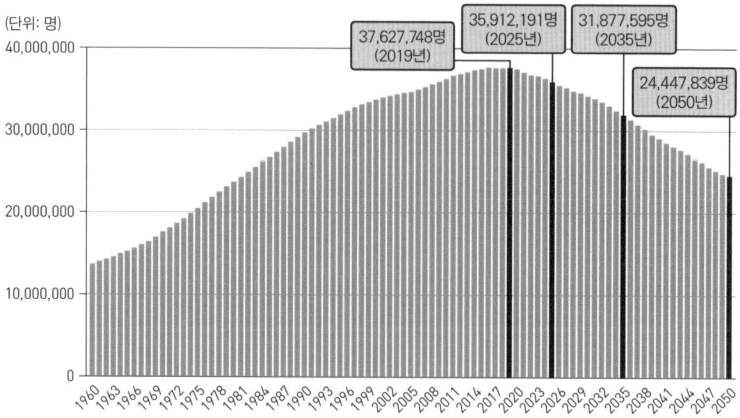

출처: 통계청, 인구로 보는 대한민국

특히 2019년에 고점(37,627,748명)을 찍었던 생산연령인구는 2025년 기준 35,912,191명으로, 불과 5년 만에 170만 명이나 감소했다(그림 3-5). 생산연령인구는 2035년엔 31,877,595명, 2050년엔 24,447,839명으로 감소할 것이다. 생산과 소비의 중추적 역할을 하는 생산연령인구가 불과 11년 뒤인 2035년까지 403만 명이 감소하고, 2050년까지는 무려 1,146만 명이 감소한다고 하니 이는 너무나 암울한 수치다.

이에 따라 생산연령인구(15~64세) 비중은 2025년 69.5%에서 2035년엔 62.7%로 감소할 전망이고, 2050년엔 51.9%로 감소할 전망이다. 즉 2025년엔 총인구 100명 중에서 생산연령인구는 70명인데, 2035년엔 63명으로 감소하고, 2050년엔 52명으로 감소한다는 말이다. 반면에 총인구에서 65세 이상 고령인구가 차지하는 비중은

[그림 3-6] 고령인구(65세 이상) 비중과
초고령인구(80세 이상) 비중의 증가 추이(1960~2050년)

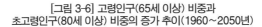

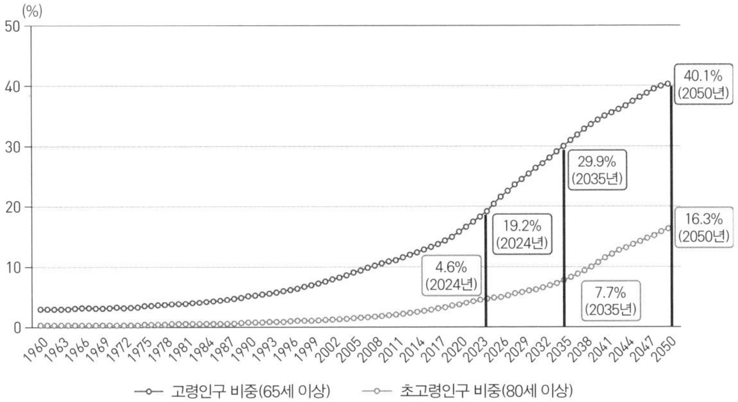

출처: 통계청, 인구로 보는 대한민국

2025년엔 20.3%를 기록한 뒤, 그로부터 10년 뒤인 2035년엔 고령인구 비중이 29.9%로 증가하고, 2050년엔 40.1%로 증가할 것이다(그림 3-6). 즉 총인구 100명 중에서 노인은 2025년엔 20명, 2035년엔 30명, 2050년엔 40명이 된다.

다시 말하면, 2025년에는 70명의 젊은이가 20명의 노인을 부양했는데, 2035년에는 63명의 젊은이가 30명의 노인을 부양(즉 2명의 젊은이가 한 명의 노인을 부양)해야 하고, 2050년엔 52명의 젊은이가 40명의 노인을 부양(즉 거의 한 명의 젊은이가 한 명의 노인을 부양)해야 한다는 말이다.

요약하면, 한국의 인구고령화는 현재보다는 앞으로가 더 큰 문제다. 사실 2023년 기준 한국의 고령인구 비중(18%)은 아직까지 일본(30%), 유로지역(22%)에 비해 낮은 수준이다(그림 3-7).

[그림 3-7] 한국, 일본, 미국, 유로지역의 고령인구(65세 이상) 비중 추이(1960~2023년)

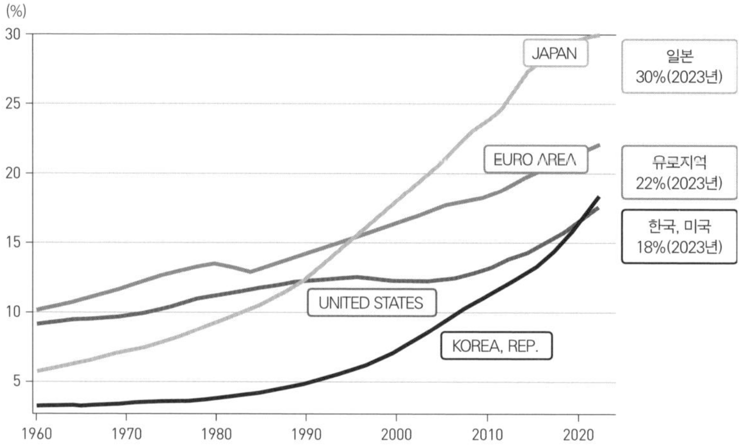

출처: World Bank Open Data

그러나 한국은 전 세계에서 가장 빠른 속도로 고령인구 비중이 증가하고 있다. 유엔(UN)은 한국의 고령인구비중이 2046년에는 일본을 추월할 것으로 전망하고 있다(그림 3-8). 15~64세까지의 생산연령인구가 65세 이상 노인인구를 부양하는 노인부양비율도 한국이 일본을 2040년대 후반에 추월할 것으로 전망하고 있다(그림 3-9).

결론적으로 한국은 전 세계에서 가장 빠르게 늙어가고 있고, 2040년대 중반이면 전 세계에서 가장 늙은 나라가 될 것이다. 인간으로 비유하면 한국은 그 누구도 경험해보지 못한 속도로 늙어가는 '급성 조로증'에 걸려 있는 상태다. 인간이 늙어가면 활력을 잃게 되는 것처럼 경제도 인구고령화가 되면 활력을 잃어버릴 수밖에 없다.

[그림 3-8] 한국, 일본, 기타 선진국들의 고령인구 비중 추이 및 전망(1990~2050년)

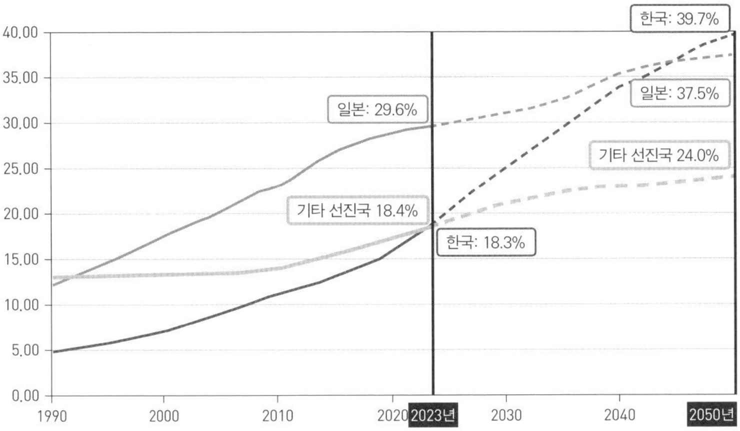

[그림 3-9] 한국, 일본 기타 선진국들의 노인부양비율(65세 이상/20~64세 인구) 추이 및 전망(1990~2050년)

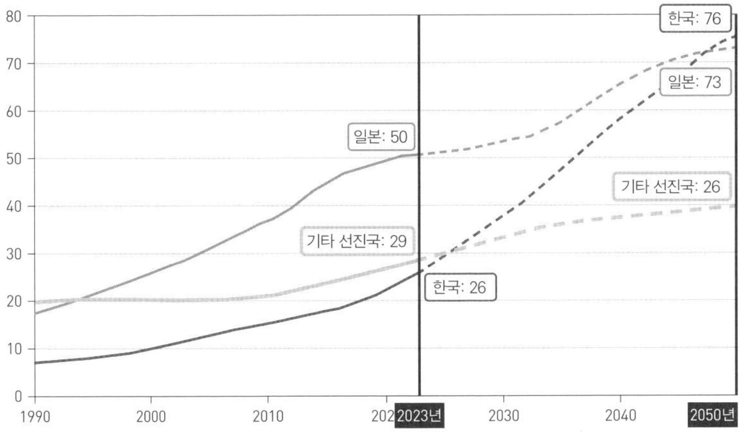

참고: 기타 선진국은 유럽, 북미, 호주, 뉴질랜드. 출처: U.N. Population Division Data Portal

02

비대칭적 인구소멸의 재앙이 현실화

노인인구는 느는데 젊은 인구는 줄어들고, 수도권 인구는 느는데 지방 인구만 줄어든다. 이러한 비대칭적 인구 감소가 지방을 공동화하고, 수도권 집중을 더욱 악화시킬 것이다. 더욱이 그 속도가 너무 빠르다는 것이 큰 문제다.

한국은 인구밀도가 전 세계에서 25번째로 높은 나라이다. 마카오, 홍콩, 지브랄타 등을 제외한 독립국가만을 대상으로 하면 한국은 세계에서 17번째로 인구밀도가 높은 나라이다.

좁은 땅 위에 많은 사람들이 모여 살게 되면서 과열 경쟁과 높은 집값을 초래한 면이 있다. 때문에 '인구가 줄어들면 차라리 잘 된 것 아닌가'라고 생각할 수도 있다. 오래 전에 들었던 얘기지만, 미국에 이민 갔던 교포가 오랜만에 서울에 와서 놀라워하며 이렇게 묻더란다. "이 많은 사람이 뭘 먹고 살아요?" 서울을 안내하던 사람 왈, "서로 뜯어먹고 살아요."

인구가 줄어들면 서로 뜯어먹지 않아도 되는 살기 좋은 나라가 될 수도 있지 않을까? 그러나 저출산으로 인한 인구 감소는 '비대칭적'이라는 데 문제가 있다. 즉 노인인구는 느는데 젊은 인구는 줄어들고, 수도권 인구는 느는데 지방 인구만 빠르게 줄어든다. 요즘 들어 언론에서 '인구소멸'이라는 표현을 많이 사용하지만, '젊은 인구의 소멸, 지방의 소멸'이 옳은 표현이다.

이미 많은 산부인과와 어린이집이 사라지고 있고, 대신 요양원이 늘고 있다. 유아용품 시장은 빠르게 축소되고 있다. 아기를 태우는 유모차(유아차)보다 반려견을 태우는 개모차가 더 많이 팔린다는 보도도 있다. 이미 많은 초등학교가 문을 닫고 있고, 이제 중학교와 고등학교와 대학교가 문을 닫는 게 새로운 뉴스가 아닌 세상이 되고 있다. 때문에 여기에 고용된 많은 교사와 교수가 일자리를 잃어버릴 수밖에 없다.

유소년에 대한 보건·의료서비스 수요는 감소하는 대신 고령층에 대한 보건·의료서비스 수요는 증가한다. 유소년의 문화수요는 감소하지만 노인들의 문화수요는 증가한다. 유소년 학령인구는 감소하지만 노년층의 교육수요는 증가한다. 때문에 보건·의료·문화·교육 시스템의 혁명적인 변화가 필요하다. 즉 인구의 비대칭적 감소는 새로운 산업과 새로운 일자리로의 구조조정이 이루어지면 해결될 수 있다.

그러나 한국은 전 세계에서 가장 낮은 0.72명(2023년)의 초저출산율 때문에 젊은 인구의 감소가 너무 빠르게 진행되고 있는 것이 큰 문제다. 이해하기 쉽게 예를 들어보자. 시속 50km로 달리던 자동차가 서서히 100km로 속도를 높이면 운전자는 여기에 적응할 수 있다. 그런데 속도가 시속 50km에서 100km로 갑자기 높아지면 운전자는 여기에 적응하지 못하고 사고를 낼 가능성이 커지는 것이다. 즉 전 세계 어느 나라도 경험해보지 못한 너무나 빠른 초고속의 인구고령화가 진행되고 있기 때문에 여기에 맞춰 구조조정이 제때 이루어지기 어렵다는 것이다.

지방소멸은 이미 전 국토의 절반이 넘는 지역에서 나타나고 있다. 한국고용정보원이 발표한 한 자료[12]에 따르면 9개 광역도 중에서 경기도와 제주도를 제외한 7개도는 20~30대 여성 인구가 65세 이상 인구의 절반(0.5)이 되지 않는 '소멸위험지역'이다. 참고로 임신·출산 적령기인 20~39세의 여성 인구수를 65세 이상 인구수로 나눈 소멸위험지수가 1.5 이상이면 '소멸 저위험', 1.0~1.5면 '보통', 0.5~1.0이면 주의, 0.2~0.5면 '소멸 위험', 0.2 미만은 '소멸 고위험' 지역으로 분류한다. 0.329를 기록해 소멸위험지수가 제일 낮은 전남은 전체 인구가 1,789천 명으로 2013년 1,894천 명에 비해 5.1% 감소했다. 7개 광역시 중에서도 부산이 소멸위험지수 0.49를 기록해 소멸위험단계에 진입했다.

전국 228개 시·군·구 가운데 소멸위험지수 0.2에도 못 미치는 소멸고위험지역은 57곳으로, 전체 시군구의 25%에 달한다. 0.5 미만의 소멸위험지역은 130곳으로, 전체 시군구의 무려 57.0%에 달한다. 이는 20년 전인 2003년 16곳이었던 것에 비하면 무려 8배가 넘는 수준이다. 이들 16개 군 중에서 경북도청이 이전한 안동시에 인접한 예천군만 인구가 소폭 증가했을 뿐, 모든 군에서 총인구가 적게는 11.6%(산청군)에서 많게는 33.4%(고흥군)까지 감소했다.

서울 인구는 2024년 9월 기준으로 9,350,995명이고, 경기도 인구는 13,680,645명이다. 10년 전인 2014년 9월과 비교해 서울 인구는 771,666명 감소했지만, 경기도 인구는 1,346,622명 증가했다. 즉 수도권 인구는 574,956명 증가했다.

비대칭적 인구 감소가 지방을 공동화하고 가뜩이나 심각한 수도권 집중을 더욱 악화시키는 것이 큰 문제다. 게다가 그 속도가 너무 빠르다는 것이 더욱 큰 문제다.

03

인구오너스가 불러오는 마이너스 성장

한국은 이미 인구고령화에 따른 구조적인 경제침체에 들어갔다. 전 세계에서 가장 빠른 인구고령화 때문에 한국은 가장 빠른 속도로 구조적인 경제침체로 빠져들고 있다. 이대로 간다면 대한민국호는 침몰할 수밖에 없다.

경제는 인체와 비슷한 점이 많다. 그중 하나가 경제와 인체가 수많은 세포로 구성되어 있다는 점이다. 사람이 늙는다는 것은 늙은 세포가 젊은 세포보다 많아진다는 것이다. 늙은 세포가 많아지면 인체는 원활한 산소와 영양분 공급이 이루어지지 못해 결국 활력을 잃게 된다.

경제에서 세포는 생산의 일원이기도 하고, 소비의 주체이기도 한 인간이다. 인간은 젊은 시절에 생산과 소비활동을 활발하게 하다가 나이가 들면 이 모두를 줄이게 된다. 그래서 젊은 인구보다 노인인구가 많아지면 경제도 활력을 잃게 된다.

좀 더 경제학적으로 인구고령화가 경제에 미치는 영향에 대해 설명해보자. 인간의 노동력은 자본, 토지(자연자원)와 함께 매우 중요한 생산 요소이다. 즉 한 나라의 경제성장률은 일반적으로 GDP의 실질성장률로 나타내는데, GDP는 한 나라가 일정 기간(통상 1년) 동안 영토 내에서 생산해낸 최종생산물의 시장가치의 총 합계로 정의한다. 그럼 무엇으로 생산하나? 우선은 그 나라가 보유하고 있는 노동, 자본, 토지로 대표되는 생산 요소이다. 여기에 더해 생산 요소를 상품으로 바꾸는 기술이 필요하다. 이 기술수준을 나타내는 경제학 용어가 '총요소생산성'이다.

한국경제가 1960년대 이후에서 1990년대까지 고도성장을 할 수 있었던 것은 무엇보다 젊은 인구, 즉 생산연령인구가 빠르게 증가한 데 기인한다. 이른바 인구보너스(population bonus) 효과이다. 당시 한국은 젊은 인구가 빠르게 늘어났는데, 교육열이 높아서 비슷한 소득수준의 국가들에 비해 양질의 저렴한 노동력을 경제활동에 투입할 수 있었던 것이다.

한국은 양질의 풍부하고 저렴한 노동력을 이용해서 생산한 제품을 해외에 수출하는 전략, 이른바 '수출주도형 성장전략'을 채택했다. 이로써 '노동집약적 제품생산 및 수출 → 달러 획득 → 기술도입과 자원수입 → 고품질 제품의 확대생산을 통한 수출 증가 → 달러 획득 증대'라는 선순환 성장이 가능했던 것이다.

그런데 이제 한국은 젊은 인구가 빠르게 감소하고 있고, 고령인구는 반대로 빠르게 증가하고 있다. 인간은 일반적으로 어느 정도의 나이를 지나 고령화되면서 창의력과 집중도가 떨어진다. 즉 인구고령화가 진행되면, 전체 노동자 중에서 고령인구가 많아지고 평균 연령도 높아지면서 노동의 생산효율, 즉 노동생산성이 감소할 수밖에 없는 것이다. 이 때문에 총요소생산성의 증가속도가 감소하게 되어 성장잠재력이 감소하게 된다. 더욱이 인구고령화가 계속 진행되면 생산연령인구가 감소하면서 노동력 투입량이 적어지고 성장잠재력은 더욱 크게 감소될 수밖에 없다.

앞서 PART 1에서 설명한 필자의 연구에 따르면, 65세 이상 고령인구가 10%p 증가하게 되면 연간 GDP 성장률은 평균적으로 3.5%p 감소하게 된다. 즉 한국의 65세 이상 인구비중은 2024년 기준 20%인데 통계청 전망대로 2035년 30%까지 증가하게 되면(일본의 현재 수준), 현재 2% 수준의 GDP 잠재성장률은 마이너스로 떨어질 가능성이 크다. 실제 그럴까?

고령인구 비중이 현재보다 10%p 낮은 8% 수준이던 2000년대 초(2000~2005년) 한국의 GDP 성장률은 평균 6%에 달했다. 이는 현재 GDP 잠재성장률(2%대)보다 약 3.5%p 이상 높은 수준이다. 즉 2000년대 초 이후 한국의 고령인구 비중의 증가와 연간 경제성장률의 감소는 필자의 연구 결과와 잘 부합되고 있다. 더욱이 필자의 또 다른 연구에 의하면, 고령인구 비중이 지속적으로 증가하면 생산연령인구 비중의 감소 속도도 커져서 인구고령화가 진행됨에 따라 경제성장에 미치는 부정적인 영향은 더욱 커지는 경향이 있다.

[그림 3-10] 추락하고 있는 한국의 연간 GDP 성장률 추이(1961~2023년)

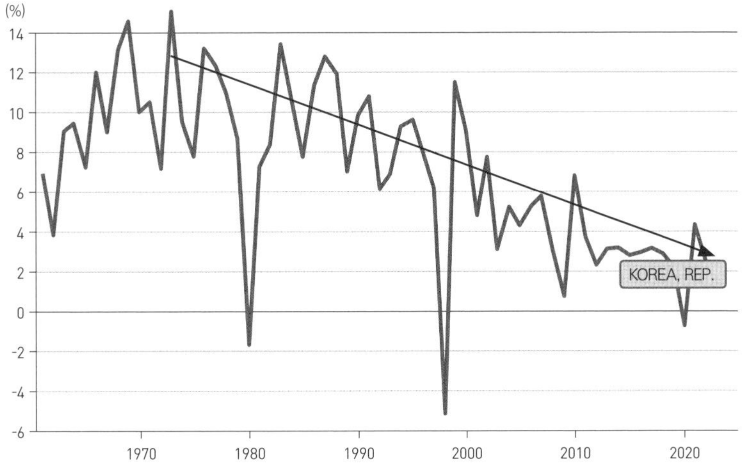

출처: World Bank Open Data

이 때문에 인구고령화는 장기적이고 구조적인 경제침체(Secular stagnation)를 가져올 수밖에 없다. 이것이 바로 일본과 서유럽 국가들에서 나타나고 있는 현상이다. 한국도 이미 인구고령화에 따른 구조적인 경제침체에 들어갔고, 인구고령화가 빨라지면서 더욱 심각한 상황으로 갈 수밖에 없다. 한국호는 이미 침몰중이고, 그 속도가 점점 더 빨라지고 있는 것이다.

자원이 부족한 한국에서 가장 중요한, 어쩌면 거의 유일한 자원이라고 할 수 있는 생산 요소는 노동력, 즉 인적자원이다. 그런데 인적자원이 고령화되고 축소된다는 것은 한국경제가 한때 누렸던 인구보너스가 아닌 인구오너스(population onus), 즉 인구재앙을 마주하고 있다는 뜻이다.

한국의 GDP 성장률은 1970년대 연간 10%를 상회했으나 이후 지속적으로 감소해서 2% 수준으로 떨어졌다(그림 3-10). 이 기간에 전 세계 GDP 성장률은 1970년대 이후 평균 3.0% 수준을 계속 유지하고 있다.

선진국이 되면 경제성장이 정체되는 것이 당연한 것이라고 말하는 경제학자들도 많다. 일본과 유럽 국가들을 두고 하는 말이다. 그러나 미국은 전 세계 GDP의 25%를 차지하는 초거대 국가이고 일인당 GDP가 8만 달러가 넘는 초 선진국임에도 불구하고 1970년대 이후 평균적으로 2.5%의 연간 GDP 성장률을 보이고 있다.

한국은행은 인구고령화 때문에 한국의 잠재 GDP 성장률이 2030

[그림 3-11] 추락하는 한국의 GDP 성장률 전망치(2024~2115년)

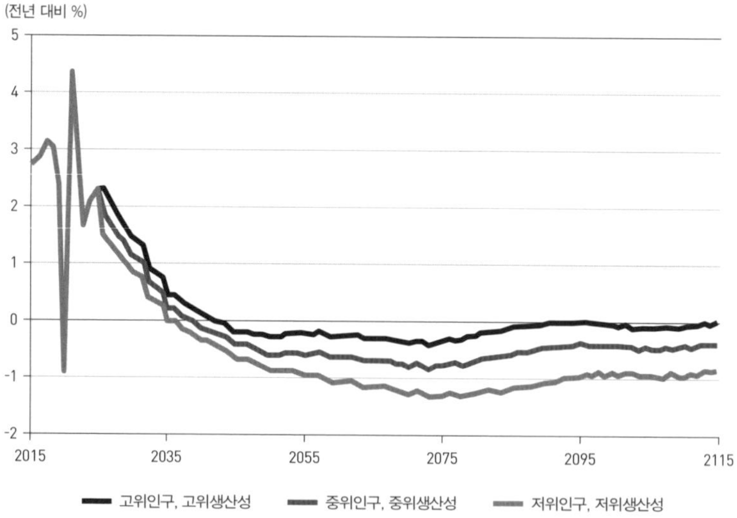

출처: 조태형 외(2024), R&D 세계 2위인 우리나라, 왜 생산성은 제자리 걸음인가?(혁신 1편), 한국은행, 2024. 6. 3.

년대 중반이면 0%대를 기록할 것이고, 2040년대 중반이면 마이너스를 기록할 것으로 전망하고 있다(그림 3-11).

이러한 인구재앙을 회피하기 위한 근본적인 방법은 합계출산율을 높이는 것이다. 2.1명까지 높이지는 못하더라도 최소 OECD 수준인 1.5명까지 높여서 인구고령화의 속도를 늦춰야 한다. 이를 위해서는 일자리 불안정, 주거 불안정, 지나친 사교육과 천문학적인 양육비, 그리고 일과 가정 양립의 어려움 등의 문제를 종합적으로 해결해야 한다. [이에 대해 PART 4에서 구체적으로 설명한다.]

인구재앙을 회피하기 위한 또 다른 방법은 인적자원의 질적 수준을 인구고령화 속도보다 빠르게 높이는 것이다. 이를 위해서는 한국의 교육제도를 개혁하는 수준을 넘어 혁명하는 수준으로 바꿔야 한다. [이에 대해서도 PART 4에서 구체적으로 설명하려 한다.]

일단 낮은 합계출산율, 빠른 속도의 인구고령화를 상수라고 보고, 구조적 경기불황을 막기 위해 몇 가지 대책을 생각해볼 수 있다. 먼저 고령인구의 경제활동 참가율을 높이는 것이다. 이미 인구고령화가 심각한 상황인 일본이나 유럽 등에서 퇴직연령을 늘리고 있다. 우리나라도 결국 정년 연장을 할 수밖에 없지만 청년들의 부족한 일자리와 충돌되는 상황에서 쉽지 않은 상황이다. 대신 일용직 노인 일자리를 정부가 적극 만들고 있지만, 대부분 쓰레기 줍기 등과 같이 실제 경제성장에는 도움이 되지 않는 일자리뿐이다.

여성의 경제활동 참가율을 높이는 것이 그나마 인구고령화로 인한 성장잠재력 감소를 보완하는 데 도움이 될 수 있다. 이를 위해서는 일과 가정이 양립될 수 있도록 하는 세심한 대책이 필요하다. 그렇지 않으면 여성의 경제활동 증가가 결혼과 출산을 늦추거나 회피하는 결과를 가져와 오히려 인구고령화를 더욱 빠르게 만들 수 있다. [이에 대해서는 합계출산율 높이기 위한 대책과 연관해 PART 4에서 구체적으로 설명하려 한다.]

그 다음으로 고령인구 및 여성의 경제활동 참가율을 높이는 것과 함께 논의되는 것이 외국인 노동자의 적극적인 도입이다. 그러나 단순노무직의 외국인 노동자 도입은 국내 산업이 고부가가치 첨단 디지털 테크 산업으로의 구조 조정을 늦춤으로써 장기적으로 성장잠재력을 도리어 떨어뜨릴 수 있다. 더욱이 사회·문화적 갈등과 범죄 증가를 야기할 수 있다. 때문에 외국인 노동자 유치는 단순노무직보다는 글로벌 인재를 유치하는 것이어야 한다. 그러나 현재 한국에서의 외국인 노동자 유치는 글로벌 인재가 아니라 건설업, 제조업, 농업 등의 거의 전 산업에서 단순노무직을 유치하는 것으로 진행되고 있어서 우려스러운 상황이다.

마지막으로 인공지능(AI)과 로봇을 산업현장에 적극 도입하는 것이다. 한국은 이미 노동자 대비 산업용 로봇의 도입 비율이 전 세계에서 가장 높다. 인공지능-로봇이 부족해지는 인간의 노동력을 대체·보완하게 되면 인구고령화가 생산측면에 미치는 부정적인 영향은 일부 감소될 수 있다. 그러나 인공지능-로봇이 인구고령화에 따른 구조적 경기불황을 완전하게 해결할 수는 없다. 왜냐하면 고령화에 따라 공급능력의 감소뿐만 아니라 총수요도 감소하기 때문이다.

즉 노인은 젊은이에 비해 보건 및 의료수요는 크지만 여타 분야의 수요는 적기 때문에 고령화가 진행될수록 총수요는 감소하게 된다. 더욱이 고령화와 함께 총인구가 감소하게 되면 총수요는 더욱 크게 감소하게 될 것이다. 그런데 인공지능-로봇은 먹지도, 입지도, 쓰지도, 여행하지도 않는다. 결국 인공지능-로봇으로 인구고령화에 따른 생산 감소는 어느 정도 보완할 수 있지만 수요 감소는 전혀 보완할 수 없다.

인구고령화에 따른 국내 수요의 감소를 수출 증가로 보완할 수 있다. 그러나 한국의 주요 수출대상국인 미국, 일본, 유럽도 인구고령화 수준이 높고 중국도 인구고령화가 빠르게 진행중이어서, 이들 국가들의 수요도 감소할 것이므로 한국의 수출 증가는 말처럼 쉽지 않다. 더욱이 PART 2에서 살펴본 것처럼 전 세계가 탈세계화를 지나 반세계화로 가고 있는 현재 상황에서 한국이 예전처럼 수출을 늘리는 것은 결코 쉽지 않을 것이다.

더욱이 고령인구를 위한 정부지출이 늘어날 수밖에 없는데 이를 부담해야 할 젊은 인구, 즉 생산연령인구는 빠르게 감소하는 상황이다. 이 때문에 정부의 재정적자와 정부부채가 늘어날 수밖에 없다.

결국 인구고령화의 정도가 이미 심각한 수준에 이르렀고 그 속도가 전 세계에서 가장 빠른 한국은, 전 세계에서 가장 빠른 속도로 구조적인 경제침체로 빠져들 것이다. 즉 이대로 간다면 대한민국호는 가장 빠른 속도로 침몰할 수밖에 없는 것이다.

04

고령화가 불러오는 심각한 사회양극화

고령층의 복지비용을 점점 더 많이 부담해야 하는 청장년세대와 고령층 간의 갈등이 사회문제가 되고 있다. 노인세대와 청장년세대 간의 양극화만 있는 게 아니다. 부자 노인과 가난한 노인 간의 양극화도 심각한 사회문제다.

인구고령화는 경제뿐만 아니라 사회·문화적 측면에서 매우 광범위하고 심각한 구조적 변화를 가져오고 있다. 무엇보다 수명이 증가함에 따라 부모세대의 재산이 청장년세대로 이전되는 시기가 늦어져 노인층과 청장년층 간의 부의 양극화가 심화되고 있다.

노령층의 자산 보유 비중이 높아지면서 젊은 세대의 자산 형성을 어렵게 만들고 있다. 예를 들어 서울 강남과 같은 한국 최고의 주거지의 아파트는 대부분 은퇴를 앞두고 있거나 이미 은퇴한 연령층이 보유하고 있다. 이런 아파트들은 이미 2017년 이후 2022년 중반까지 대략 3배 정도 상승했다. 더욱이 2022년 후반에 잠깐 집값이 하락하는 기미가 보이자 정부가 각종 부동산 부양책을 쓰면서 일부 아파트들은 2022년 중반의 전 고점을 넘어서고 있다. 더욱이 '인구고령화가 지방의 경제침체와 인구소멸을 가져와도 서울과 수도권은 예외일 것'이라는 믿음까지 더해져 장년층과 고령층이 보유하고 있는 서울 주거 선호 지역의 아파트 가격은 오히려 더 많이 상승하는 현상을 보이고 있다.

이는 결국 세대 간의 양극화와 갈등을 초래하고 있다. 점점 늘어나는 노인세대를 부양해야 하는 청장년세대의 책임은 커지고 있다. 그런데 정작 노인세대가 주로 보유하고 있는 강남을 중심으로 한 서울 요충지의 집값이 너무 많이 올라버린 탓에 젊은 세대가 올라갈

[그림 3-12] OECD 국가들의 66세 이상 인구의 빈곤율(2020년)

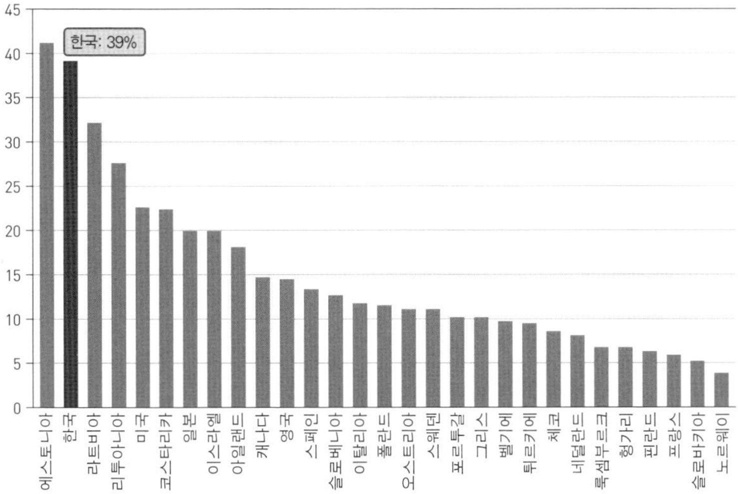

출처: OECD Data

수 있는 계층 사다리가 사라진 것이다.

젊은이는 서울 외곽에서 살면 되지 않느냐는 사람도 있다. 그것도 안 되면 지방에 살면 되지 않느냐는 사람도 있다. 그러나 대부분의 일자리, 특히 좋은 일자리는 서울에 몰려 있다. 그런데 은퇴한 노인은 서울 중심에 살면서 정작 서울에 있는 직장에 출근해야 하는 젊은이에게 서울 외곽이나 지방에 살라고 할 수 없지 않겠는가.

고령화로 인해 연금 및 의료 자원이 고령층에게 집중되면서 젊은 세대는 교육, 일자리 창출, 주거와 같은 사회적 지원에서 소외될 가능성도 크다. 더욱이 줄어들고 있는 청장년세대는 늘어나는 고령층의 연금, 의료비 등 복지 비용을 점점 더 많이 부담해야 하기 때문에 세대 간 불만을 초래하고 있다.

최근 인터넷 커뮤니티나 소셜 미디어에서 노인들을 '틀딱'이라고 부르는 비하적인 표현이 널리 사용되고 있다. '틀딱'은 '틀니를 딱딱거린다'는 의미로, 노인을 조롱하는 말이다. 노인층이 보수적인 정당을 주로 지지하는 경향이 강한 반면, 젊은 층은 진보적인 정당을 지지하는 경우가 많다. 이로 인해 선거 후 젊은 층은 선거 결과에 불만을 가지며, "틀딱들이 자신들의 미래를 망쳤다"는 식의 혐오적인 표현을 사용하기도 한다.

젊은 세대들에게 나타나는 이러한 '노인혐오' 현상은 단순히 사회적 가치관의 차이 때문만은 아니다. 국민연금, 건강보험 등에서 노인에 대한 복지 부담이 증가하고 있는 것에서도 이유를 찾을 수 있다. 게다가 자기들이 부양해야 하는 노인들이 비싼 집을 소유하고

[그림 3-13] OECD 국가들의 자살률(2020년)

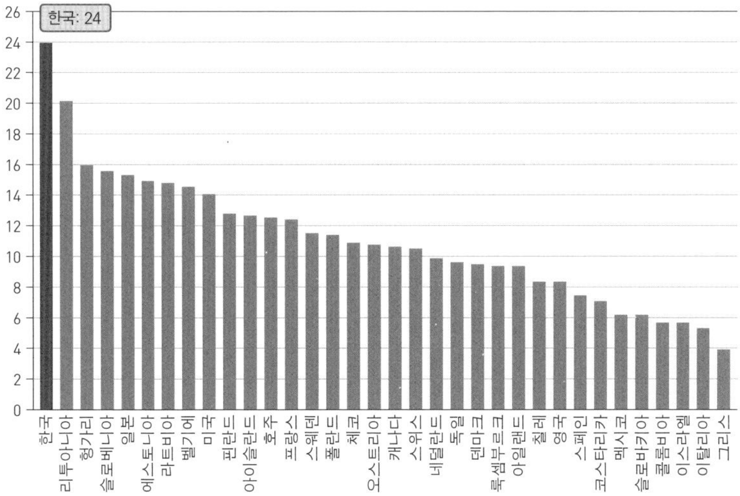

출처: OECD Data

[그림 3-14] 한국의 연령대별 자살률(2022년)

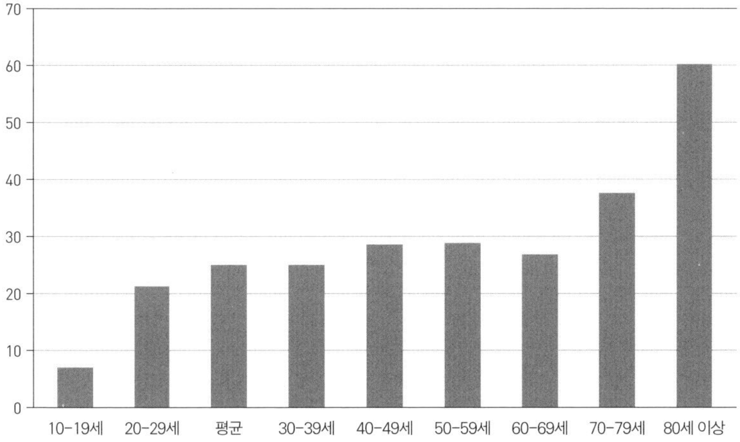

출처: 통계청

있음으로 해서 계층사다리가 끊어졌다고 생각하는 젊은 세대들의 불만에도 그 원인이 있다.

노인세대와 청장년세대 간의 부의 양극화만 있는 것이 아니다. 노인 중에도 부자 노인과 가난한 노인 간의 부의 양극화가 심각한 사회문제가 되고 있다. 젊은 시절에는 설사 일자리를 잃거나 사업에 실패해도 재기할 수 있는 기회가 있었지만, 은퇴한 노인에게는 이러한 재기의 기회가 없다. 결국 서울 요충지에 집 한 채라도 장만했다면 그나마 다행이지만 집 한 채도 마련해놓지 못한 채 퇴직한 노인에게 오래 사는 것은 축복이 아니라 그야말로 재앙이다. 예전에는 자식이 부모를 부양했지만 이제는 사회구조가 달라졌을 뿐만 아니라 자식도 자기 먹고살기도 빠듯하다.

한국의 자살률은 10만 명당 24명(2020년)으로 OECD 국가 중 제일 높다(그림 3-13). 주된 이유는 노인 자살률이 높기 때문이고, 노인 자살률이 높은 이유는 노인 빈곤률이 높기 때문이다(그림 3-14와 그림 3-12). 즉 인구고령화가 빠르게 진행되면서 노인들의 빈곤과 고립, 그리고 자살은 심각한 사회적 문제가 되고 있는 것이다.

2장

빚으로 지은 집이 불러올 재앙

01

세계에서 가장 비싼 서울의 집값

서울의 평균적인 가계소득 대비 아파트 가격 비율(PIR)은 25.8이다. 세계에서 가장 집값이 비싸다는 런던과 뉴욕은 각각 14.3과 13.0이다. 서울과 뉴욕의 아파트 거래 가격이 비슷해도 소득 대비 서울 집값이 2배 높다.

서울은 세계 주요 도시 중에서 집값이 가장 비싸다. 서울 강남의 웬만한 아파트는 월급쟁이 소득으로는 도저히 접근할 수도 없는 높은 가격이다. 한국부동산원의 부동산 통계정보(R-ONE) 지에 따르면 2024년 11월 기준 서울의 아파트 매매 평균가격은 m^2당 1,567.9만 원이다. 국민평형인 전용면적 $84m^2$ 아파트의 매매 평균가격은 약 13억 원이다.

즉 서울의 평균 가계소득이 5천만 원 정도이므로 26년을 모아야 살 수 있다는 뜻이다. [한국부동산원이 발표한 2024년 12월 전국주택 가격 동향 조사에 따르면 2024년 8월 기준 서울 전체 주택의 평균가격은 8억 7천만 원 정도 한다. 여기에는 연립주택과 원룸까지 포함되어 있기 때문에 일반적으로 선호하는 아파트 가격 평균보다 서울의 집값을 하향 왜곡하는 결과인데, 이를 기준으로 하더라도 17년이나 걸린다.]

이게 얼마나 비싼 가격인지 알아보기 위해 2024년 중반 기준 세계 주요도시의 아파트 값을 소득 대비로 비교한 눔비오(NUMBEO)의 통계자료를 보자. 참고로, NUMBEO 평균 아파트 가격(median apartment price)은 84m^2 기준 도심에 있는 아파트와 시 외곽의 아파트 m^2 당 가격을 평균낸 것으로, 가계당 평균 소득은 가계의 순가처분소득(net disposable income)으로 노동자 일인당 평균 연봉(average net salary)의 1.5배로 계산했다(즉 가계에 2명의 노동자가 있고, 여성은 남성의 50% 소득이라고 가정함).

〈표 3-1〉에서 보는 것처럼 서울의 평균 소득 대비 아파트 가격 비율(PIR)은 25.8이다. 앞에서 서울 아파트의 평균가격 13억 원, 평균 가계소득 5천만 원으로 계산한 PIR 26과 비슷한 수치이므로 이 자료를 어느 정도 신뢰할 수 있으리라고 생각한다.

PIR 25.8의 서울은 전 세계 주요 도시 중 21위로 높은 집값을 보이고 있다. 서울보다 집값이 비싼 도시들은 에티오피아의 아디스아바바(54.2, 1위), 카메룬의 두알라(48.3, 2위), 스리랑카의 콜롬보(42.7, 3위)와 같이 전 세계에서 가장 경제발전 수준이 낮아 주택공급이 제대로 이루어지지 않은 곳들이다. 그리고 중국의 일선도시들인 상하이(37.2, 5위), 광저우(30.7, 11위), 베이징(30.6, 12위), 난징(27.6, 17위), 항

[표 3-1] 도시별 소득 대비 주택가격 비율(PIR) 순위(2024년 중반)

순위	도시명	국가명	PIR
1	아디스아바바	에티오피아	54.2
2	두알라	카메룬	48.3
3	콜롬보	스리랑카	42.7
4	테헤란	이란	38.1
5	상하이	중국	37.2
6	카트만두	네팔	33.6
7	마닐라	필리핀	32.7
8	호치민시	베트남	32.4
9	베이루트	레바논	32.4
10	뭄바이	인도	31.4
11	광저우	중국	30.7
12	베이징	중국	30.6
13	선전	중국	30.5
14	방콕	태국	30.2
15	홍콩	중국	30.0
16	카라카스	베네수엘라	28.8
17	난징	중국	27.6
18	항저우	중국	27.6
19	푸켓	태국	27.0
20	알제	알제리아	26.4
21	서울	한국	25.8
38	싱가포르	싱가포르	18.7
82	런던	영국	14.3
90	도쿄	일본	13.8
103	뉴욕	미국	13.0

출처:NUMBEO

저우(27.6, 18위)의 집값이 서울보다 비싸다. 이 도시들은 PART 2에서 설명한 것처럼 2016년부터 2021년 중반까지 집값이 3배까지 급등한 곳들이다. 이 도시들의 집값은 2021년 중반에 버블이 꺼지기 시작해서 현재까지 20~30% 정도 하락한 상태이다. 예를 들어 베이징의 PIR은 2021년엔 42.5(5위)였는데 2024년엔 30.6(12위)으로 떨어진 상태다.

세계에서 가장 집값이 비싸다고 하는 런던과 뉴욕의 PIR은 각각 14.3과 13.0에 불과하다. 사실 뉴욕 맨해튼의 고급 아파트 가격은 서울 강남과 비슷하다. 그러나 미국의 일인당 GDP는 한국의 일인당 GDP보다 2.5배 이상 높은 수준이다. 그러니까 서울과 뉴욕의 아파트 거래가격이 설사 비슷해도 소득 대비로는 2배 높은 수준인 것이다. 한국보다 인구밀도가 높은 싱가포르의 PIR도 18.7에 불과하다. [싱가포르의 부동산 정책에 대해서는 PART 4에서 자세히 설명한다.]

02

오히려 독이 된 정부의 부동산 정책

정부가 내놓은 부동산 대책은 오히려 계속해서 집값을 올리는 결과를 가져왔다. 2020년 코로나-19 팬데믹이 발생하자, 한국은행이 기준금리를 0.5%까지 낮추면서 우리나라 부동산시장에 유동성이 넘쳐흘렀다.

한국부동산원 자료에 따르면 문재인 대통령의 임기가 시작되던 2017년 5월 서울의 평균적인 주택의 단위면적당(m^2) 가격은 560만 원이었는데, 임기가 끝나던 2022년 5월에는 1,100만 원이었다.[13] 평균 매매가격은 4억 8천만 원에서 8억 8천만 원으로 상승했다. 그러나 이건 서울 전역의 연립주택과 빌라와 같은 비선호 주택까지 모두 포함한 가격이다. 사람들이 선호하는 아파트의 평균 가격은 같은 기간 동안 5억 7천만 원에서 11억 5천만 원으로 상승했다. 특히 주거 선호지역인 강남 4구의 아파트의 평균 매매가격은 9억 2천만 원에서 18억 3천만 원으로 상승했다. 단 5년 동안에 아파트 가격이 평균적으로 2배나 상승한 것이다.

그러나 한국부동산원의 지수는 특정 표본 아파트를 기준으로 평균값을 계산한 것으로, 현실적인 변화를 나타내는 고가 거래가 포함되어 있지 않아서 실제 상승률을 제대로 반영하지 못한다는 비판을 받는다. 실제 이 기간 동안 주거 선호지역인 강남의 대부분 아파트들은 3배 상승한 것이 사실이다.

불과 5년 동안 무슨 일이 있었기에 이렇게 집값이 폭등했을까? 문재인 정부는 2017년 이후 부동산시장의 과열을 억제하고 가격을 안정시키겠다는 목적으로 무려 27번의 부동산 대책을 내놓았다.[14] 그러나 정부가 내놓은 부동산 대책은 집값을 안정화시키는 것이 아니라 집값을 올리는 결과를 가져왔다. 철저한 정부 정책의 실패였다.

당시 문재인 정부의 부동산 정책 중에서 중요한 몇 가지를 살펴보면 다음과 같다.

① 다주택자 규제와 양도세 중과

문재인 정부는 다주택자들이 부동산을 투기 목적으로 보유하는 것을 억제하기 위해 강력한 세금 정책을 도입했다. 특히 2017년부터 다주택자에 대한 종합부동산세(종부세)를 인상했고, 양도소득세 중과 제도를 강화했다. 또한 다주택자의 경우 주택담보대출 규제를 강화해 대출을 통한 추가 주택 구입을 어렵게 했다.

그러나 이러한 정부의 정책은 일부 다주택자들로 하여금 강남의

'똘똘한 한 채'로 몰리게 하는 결과를 가져왔다. 동시에 양소소득세 중과 때문에 주택을 매도하지 않고 보유하는 경향이 도리어 강화되었다. 이는 매물 잠김 현상을 초래해 시장에 공급이 줄어들었고, 결국 집값이 상승하는 결과를 가져왔다. 또한 세금 부담이 늘어난 다주택자들이 임대료를 인상하는 경우도 생겨 전월세 가격이 상승하는 부작용이 나타났다.

② 재건축·재개발 규제 강화

문재인 정부는 재건축·재개발 규제를 강화해 무분별한 개발과 투기를 억제하려는 정책을 추진했다. 예를 들어 재건축 초과 이익 환수제를 통해 재건축으로 발생하는 이익에 대해 세금을 부과했고, 재건축 허가를 받기 위한 안전진단 기준을 강화했다.

그러나 재건축·재개발 규제가 강화되면서 노후 아파트 단지의 재건축이 지연되거나 중단되는 사례가 늘어났다. 이는 새 아파트 공급을 줄어들게 했고, 기존 아파트 가격이 더 오르는 결과를 낳았다.

③ 분양가 상한제 도입

정부는 새로 분양되는 아파트의 가격을 정부가 정한 기준에 따라 제한하는 '분양가 상한제'를 도입했다. 이를 통해 신규 아파트 분양가를 낮추어 무주택 서민들의 주택 구입 부담을 줄이려는 목적이었다.

그러나 분양가 상한제는 재건축·재개발 사업의 경제성을 떨어뜨려 신규 아파트 공급을 감소시키는 결과를 가져왔다. 건설사들은 사업성이 낮아진 재건축·재개발 사업을 꺼리게 되었고, 이로 인해 서울 내 주택공급이 줄어들면서 기존 아파트 가격이 더욱 상승하는 결과를 가져왔다.

④ 전세 대출 확대

전세 제도는 다른 나라에서는 거의 찾아볼 수 없는 한국만의 독특한 주거 형태로, 임차인이 일정 금액의 보증금을 임대인에게 맡기고 월세를 내지 않으면서 일정 기간 동안 주택을 사용하는 방식이다. 이명박 정부 시절인 2010년대 초반부터 전세금이 급격히 상승하면서, 전세보증금을 마련하기 어려운 임차인들을 위해 전세 대출 상품이 본격적으로 도입되었다. 정부는 서민층의 주거 안정을 돕기 위해 주택금융공사나 국민주택기금 등을 통해 저금리로 전세자금을 대출해주는 상품을 운용하기 시작했다.

2017년 이후, 서울 및 수도권 지역의 아파트 전세 수요가 증가하고 전세가격이 상승하자 문재인 정부는 서민 주거 안정과 청년층, 신혼부부 지원을 목표로 전세 대출의 한도를 늘렸다. 또한 저금리 전세 대출 상품을 더욱 확대했다.

그러나 이러한 저금리의 전세 대출의 확대는 집주인인 임대인이 전세금을 쉽게 높이도록 했고, 또한 집주인은 본인 집은 높은 가격의 전세를 주고 다른 집으로 전세를 가면서 전세 대출을 받을 수 있어서 소위 '갭투자'가 가능해졌다. 이 때문에 전세가격과 매매가격이 모두 급등하는 결과를 가져왔다.

⑤ 임대차 3법 도입

무주택자를 돕기 위해 2020년에 도입된 임대차 3법은 '전월세 상한제, 계약갱신청구권, 전월세 신고제'를 골자로 하고 있다. 전월세 상한제는 임대료 인상폭을 5% 이내로 제한하고, 계약갱신청구권은 세입자가 원하는 경우 기존 계약을 2년 연장할 수 있도록 보장하는 제도다.

임대차 3법이 도입되자 임대인들은 제도 시행 전에 임대료를 대폭 인상하며 가격불안을 야기했다. 이처럼 임대료가 상승하자 일부 무주택자들은 차라리 주택을 구입하겠다는 수요로 옮겨 주택 가격 상승을 초래했다.

3년 동안 이어진 이러한 일련의 부동산 정책 실패로 인해서 "자고 나면 1억 원이 올랐다"는 식의 이야기가 만연한 터에 2020년에는 코로나-19 팬데믹이 터졌다. 팬데믹이 발생하자 문재인 정부는 경제봉쇄를 실시했고, 이 때문에 경제가 급격히 위축되자 정부는 재정지출을 확대했으며, 한국은행은 1.25%였던 기준금리를 0.5%까지 낮췄다. 기준금리의 인하는 대출금리의 인하로 이어져 주식시장과 부동산시장에 유동성이 넘쳐흘렀다. 이 때문에 정부 정책의 실패로 오르고 있던 아파트 가격은, 초저금리로 빌려서 주택을 구입하려는 수요가 몰려 더욱 급등하게 된 것이다.

03

빚내서 집 사라고 부추긴 부동산 정책

정책금융으로 올라간 집값은 앞으로 집을 구입해야 하는 젊은이들로 하여금 결혼과 출산을 어렵게 하는 결과를 가져올 수밖에 없다. 반대로 집값이 떨어지면 정부를 믿고 빚내서 집을 산 젊은이들은 벼락거지로 전락할 수 있다.

코로나-19로 인해 저금리 기조가 지속되면서 많은 사람들이 주택 구매나 생활 자금을 위해 대출을 받았고, 이에 따라 가계부채가 기록적인 수준에 도달했다. 2021년 2분기 말의 가계부채(신용카드 사용액을 포함한 가계신용 기준)는 전년 동기 대비 10.3% 증가한 1,805.9조 원을 기록했다.[15] 이는 처분가능소득 대비 172.4%에 달했는데, 전년 동기 대비 10.1%p 증가한 규모였다.

주택 가격 상승과 함께 가계부채가 너무 빠르게 증가하면서 금융 안정성의 위협을 느낀 한국은행은 2021년 8월 기준금리를 0.5%에서 0.75%로 올렸다. 한국은행이 기준금리를 올리기 시작한 것은 물가 상승보다는 너무 빠르게 증가하는 가계부채 때문이었던 것이다. 그런데 2022년부터 소비자물가 상승률이 가팔라지면서 한국은행은 기준금리를 2023년 1월 3.5%까지 올렸다.

금리 인상은 주택담보대출의 이자 부담을 크게 높였다. 이미 가계부채는 너무 높은 수준에 있었던 데다가 많은 사람들이 금리가 낮았던 시기에 변동금리로 대출을 받았기 때문에, 금리 상승으로 인해 주택 구매에 대한 부담이 커지면서 수요가 급감했다. 그 결과 2022년 하반기에 부동산 거래가 감소했고, 집값 하락으로 이어졌다. 그러나 보다 근본적인 원인은 저출산과 인구고령화에 있다.

한국은 전 세계에서 가장 빠르게 인구고령화가 진행되고 있는 나라다. 이러한 인구의 급격한 고령화는 이미 2010년대 중반 이후부터 집값의 하방압력으로 작용하고 있었다. 그런데 앞에서 설명한 것처럼 정부의 잇단 정책실패와 코로나-19 펜데믹 발발 이후 풀린 유동성으로 인해 너도나도 빚을 내 집을 사면서 집값이 상승했다가 금리가 올라가자 집값이 하락하기 시작한 것이다.

집값이 하락하기 시작하자 건설 시행사와 시공사들의 미분양이 급증했고, 이들이 빌린 부동산 PF(프로젝트 파이낸싱, Project Financing) 문제가 발생했다. 이것이 사회적으로 큰 문제가 된 것은 둔촌주공 미분양 사태다.

서울 강동구 둔촌동에 위치한 대규모 재건축 사업인 둔촌주공 재건축 단지에서 발생한 미분양 사태는 서울에서 보기 드문 대규모 미분양 사태로 큰 주목을 받았다. 둔촌주공 재건축 사업은 서울에서도 손꼽히는 대규모 아파트 단지 재건축 프로젝트였다. 약 1만 2천 가구 규모의 '올림픽파크 포레온'이라는 브랜드로 분양이 시작되었으며, 입지와 규모 면에서 매우 주목받던 사업이었다. 해당 단지는 강남 접근성, 지하철 노선 등의 장점 덕분에 분양 전에 상당한 기대를 모았었다.

그런데 둔촌주공마저 대규모 미분양 사태가 발생했고, 금융기관들에게도 부실 위험을 가중시키는 요인으로 작용했다. 둔촌주공과 같은 대규모 재건축·재개발 사업은 보통 PF를 통해 자금을 조달한다. PF는 시행사나 건설사나 사업의 예상 수익을 담보로 금융기관에서 자금을 빌리는 방식이다. 하지만 미분양이 발생하면 해당 프로젝트에서 기대했던 수익이 제대로 발생하지 않기 때문에 PF 대출의 상환 능력이 떨어져 결국 금융기관에 막대한 부실 위험을 초래할 수 있다.

이러한 위험을 완화하기 위해 금융기관들은 다양한 위기 대응 방안을 마련했다. 예를 들어 대출 심사를 강화하거나 PF 대출 리스크를 보다 면밀히 관리하고, 미분양 위험이 큰 지역에 대한 대출을 억제하는 방식으로 대응했다. 이 과정에서 어쩔 수 없이 사업을 방만하게 운영한 시행사와 시공사, 그리고 이들의 위험을 제대로 관리하지 않고 고금리의 대출을 해준 제2금융권은 시장에서 퇴출되는 것이 순리다. 그런데 정부는 시장원리에 반해 이들 기업들과 제2금융기관들을 살려주기 위한 정책을 대대적으로 실시했다.

대표적인 것이 고금리를 피해갈 수 있는 소위 '정책대출'을 실시한 것이다. 2023년 초에 시작한 40조 원 규모의 '특례보금자리론'이 대표적이다. 이는 주택 구매를 희망하는 무주택자와 1주택자의 경우 소득 요건에 없이 최대 5억 원까지 대출이 가능하도록 했다. 주택 가격의 최대 70%까지 대출을 받을 수 있으며, 전세 자금 대출과 병행해서 사용할 수 있도록 했다. 예를 들어 6억 원의 주택을 구입하려는 경우 최대 4억 2천만 원(70%)까지 대출을 받을 수 있다. 금리는 일반적인 대출 상품보다 낮은 3.5%에서 4% 사이의 고정 금리가 적용되었다. 또한 다자녀 가구, 신혼부부, 사회적 배려 대상자(장애인, 국가유공자 등)에게 추가적인 금리 인하 혜택을 제공했다.

더욱이 대출 상환 기간을 30년이 아닌 최대 50년까지 설정할 수 있도록 했다. 한국에서 주택담보대출은 미국과 비슷하게 30년 만기가 수십 년 동안 계속되어온 관행이었다. 그런데 이를 50년 만기까지 가능하도록 하면서 매월 상환해야 하는 금액이 줄어들어 주택 구매자의 부담을 덜어줬다. 상환방식에 있어서도 원리금 균등 상환 방식뿐만 아니라 초기에는 상환 금액이 적은 체증식 상환방식도 선택할 수 있도록 했다.

이렇듯 "빚내서 집 사라"고 부추긴 정책금융으로 인해서 2022년 하반기에 서울 기준으로 20~30% 하락했던 집값은 2023년 초부터 다시 오르기 시작했다. 그러나 40조 원이 소진된 2023년 9월 이후 집값은 다시 하락하기 시작했다. 그러자 2024년 초에 정부는 또 다른 이름의 정책금융을 내놓는다. 이번엔 출산율을 높이겠다는 명분을 내세운 '신생아특례대출'이다.

27조 원 규모의 정책금융인 신생아특례대출은 자녀를 출산 또는 입양한 지 1년 이내인 가구를 대상으로 했다. 주택 구입용 대출뿐만 아니라 전세 자금 대출도 가능한 신생아특례대출은 특례보금자리론보다 더욱 낮은 우대 금리를 적용하도록 했다. 다자녀 가구, 즉 두 명 이상의 자녀를 둔 가구는 신생아특례대출에서 대출 한도 상향, 더 낮은 금리 적용, 상환 기간 연장 등의 추가 혜택을 받을 수도 있도록 했다.

언뜻 보면 신생아특례대출은 혼인율과 출산율을 높일 수 있는 것처럼 보인다. 그러나 이러한 정책금융은 주택수요를 증가시키고, 주택 가격을 상승시키는 작용을 할 수밖에 없다. 당시 박상우 국토교통부 장관은 "집값 상승에 정책금융이 직접적인 원인이 아니다"라고 주장했는데, 이는 무지하거나 무책임한 발언이 아닐 수 없다.[16] 2023년의 특례보금자리론 40조 원에 이어 2024년 신생아특례대출 27조 원을 포함한 각종 정책대출로 55조 원이 시장에 풀리고 있다. 결국 정부가 제공한 이러한 빚이 집값을 부풀리는 불쏘시개로 쓰이는 게 아니고 뭐란 말인가.

이런 정책금융으로 올라간 집값은 결국 앞으로 집을 구입해야 하는 젊은이들로 하여금 결혼과 출산을 어렵게 하는 결과를 가져올 수밖에 없다. 반대로 집값이 떨어지면 정부를 믿고 빚내서 집 산 젊은이들은 벼락거지가 될 수 있다. [앞에서 설명한 것처럼 전 세계에서 합계출산율은 가장 낮고 인구고령화 속도는 가장 빠른 한국은 그야말로 재앙적 상황이다. 저출산대책에 대해서는 PART 4에서 설명한다.]

이러한 정책금융뿐만이 아니다. 2024년 4월 총선에서 압승한 민주당까지 나서서 "종합부동산세를 1가구 1주택에 대해서는 면제해주겠다"는 주장을 하는 걸 보면서 사람들은 더 이상 정부와 여야 정치인들이 집값을 잡겠다는 의지가 없음을 확인했다. 더욱이 '인구감소가 서울만은 예외일 것'이라는 기대감과 1가구 1주택에 대한 종합부동산세 등 세금 감면 기대감까지 겹쳐서 서울의 똘똘한 한 채에 대한 구매 심리는 더욱 높아졌다.

이로 인해 2023년 하반기에 주춤했던 서울 집값은 2024년 초부터 다시 상승하기 시작했다. 여기에 마지막 불꽃을 태우도록 한 것이 7월 1일 시행하기로 했던 스트레스 DSR 2단계를 시행일을 불과 며칠 앞두고 9월 1일로 두 달 연기한 것이었다.

스트레스 DSR은 금융 당국이 가계부채 관리 및 건전한 대출 운용을 위해 도입한 총부채원리금상환비율(DSR) 규제의 강화된 버전이다. DSR은 대출을 받으려는 사람이 얼마나 많은 부채를 가지고 있고, 그 부채를 상환하는 데 얼마의 소득을 사용하는지를 평가하는 기준이다.

2023년 12월 27일 발표된 스트레스 DSR 제도는 변동금리 대출을 이용하는 차주가 대출 이용기간 중 금리 상승으로 인해 원리금 상환부담이 상승할 가능성 등을 감안해 DSR 산정 시에 일정수준의 가산금리(스트레스 금리)를 부과하는 제도이다. 스트레스 금리는 과거 5년 중 가장 높았던 수준의 월별 가계대출 가중평균금리와 현 시점의 금리를 비교해서 결정하되, 금리 변동기의 과다 또는 과소 추정 경향을 보완하기 위해 일정 수준의 하한(1.5%) 및 상한(3.0%)을 부여한다.

당초 제도 시행에 따른 충격을 최소화하기 위해 3단계로 나눠 실시하기로 했다. 1단계는 2024년 2월 26일부터 위의 계산 방식에 따른 스트레스 금리의 25%, 2단계는 7월 1일부터 50%, 3단계는 2025년 1월부터 100%를 적용하도록 했다. 이에 따라 1단계 스트레스 금리는 하한금리 1.5%에 25%를 적용한 0.38%로 운영되었다. 여기까지는 좋았다.

그런데 2024년 6월 25일, 금융위원회는 스트레스 DSR 시행 2단계 시행을 당초 7월 1일에서 9월 1일로 연기했다. 시행 예정일이 일주일도 남지 않은 시점이었다. "범정부적 자영업자 지원대책"이 논의되는 시점이고 "부동산 PF 사업성평가"를 고려해서라는 설명이었다. 자영업자를 위한다는 것은 핑계일 뿐이고, 실은 부동산을 부양해서 부실화된 PF를 살리려는 의도였다.

결국 시장은 마지막 남은 2달 동안 "열심히 빚내서 집 사라"는 정부의 시그널을 읽고 마지막 불꽃을 태우듯 덤벼들었다. 특히 부동산 시장의 생태를 아직 잘 모르는 30대 가계가 영혼까지 끌어 모은다는 이른바 '영끌이 투자'에 나섰다. 이들에게는 정부의 정책금융이 집중되었기 때문이다.

시장을 내버려두면 단기적인 고통이 있더라도 자연스럽게 주택 가격 안정화와 구조조정이 될 수 있었는데, 정부가 오히려 시장을 교란시켜버린 것이다. 그 결과 부실한 부동산 기업들 부채는 순진한 가계부채로 전가되었다. 그것도 국민의 세금까지 들여서 말이다.

PART 2에서 설명한 대로 중국은 정부가 주도해서 부동산 거품을 꺼뜨리면서 부동산시장, 더 나아가 경제 전체를 시멘트 주도에서 첨단산업 주도로 구조 조정하고 있다. 중국과 너무나 대조되는 부분이라 참으로 안타깝고 분노하지 않을 수 없다.

그렇다면 서울의 아파트 가격은 앞으로도 계속해서 올라갈 수 있을까? 앞에서 설명한 것처럼 서울 아파트의 PIR은 25.8로 OECD 국가 도시 중에서 가장 높다. 그리고 집을 사느라 끌어 쓴 가계부채는 OECD 국가 중에서 가장 높다. 결국 현재의 서울 아파트 가격은 '버블'이라는 것이다. 그리고 정부는 너무 많은 가계부채를 계속 키우는 정책대출을 계속할 수 없고, 해서도 안 된다. 왜 그런지는 뒤에서 설명한다.

04

세계에서 가장 위험한 한국의 가계부채

한국 가계부채 총액은 개인 간의 부채인 전세보증금을 포함하면 OECD 국가 중에서 최고 수준이다. 1990년 일본의 자산가격 버블 붕괴, 2008년 미국의 서브프라임 모기지 사태 직전보다 더 위험한 수준이다.

한국경제연구원의 보고서[17]에 따르면 2022년 말 기준으로 한국의 가계부채는 1,867조 원이지만 임대인의 부채라고 볼 수 있는 전세보증금 1,058.3조 원을 더하면 가계부채 총액은 2,925.3조 원이다. 이는 2017년 말의 2,221.5조 원에서 5년 만에 700조 원(31.7%) 넘게 증가한 규모다. 이 중에서 전세보증금은 2017년 말의 770.9조 원에서 2022년 말엔 1,058.3조 원으로 287.4조 원(37.3%)이나 증가했다.

이로써 가계부채에 전세보증금을 포함하면 한국의 가계부채는 GDP 대비 156.8%로, 2위인 스위스(131.6%)보다 25%p 이상 높다. 이에 반해 주요 선진국(G5)인 영국(86.9%), 미국(76.9%), 일본(67.8%),

[그림 3-15] 한국의 가계부채 규모(2023년)

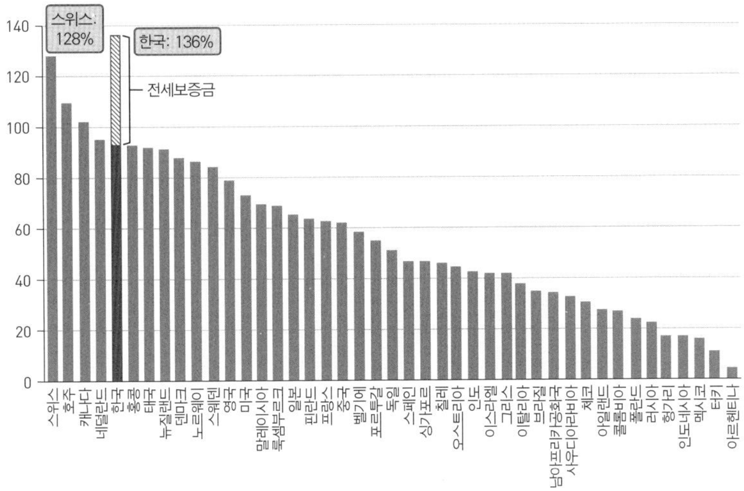

출처: 김세직, 고제헌(2025), 전세의 본질과 가계부채 규모, 서울대학교 경제논집 63권 2호, 135-163.

프랑스(66.8%), 독일(56.8%)은 100% 미만이다.

서울대학교 경제학과 김세직 교수와 주택금융연구원 고제헌 박사가 2025년 발표한 논문에서도 비슷한 결과를 보이고 있다. 이들의 연구에 따르면 2023년 전세부채(전세보증금)를 포함한 가계부채는 3,250조 원으로 GDP 대비 136%에 달한다. 이는 2위인 스위스(128%), 3위(110%)보다 월등히 높다(그림 3-15).

전세보증금은 개인 간의 부채라는 이유로 정부나 한국은행는 가계부채 통계에 포함시키지 않고 있다. 그러나 2022년 후반에 주택가격이 떨어지자 역전세(전세 시세가 계약당시보다 낮아지는 상황)와 깡통전세(전세가격이 집값보다 높아지는 상황)로 전세보증금을 돌려받지 못하는 상황이 사회적으로 아주 큰 문제가 되었다. 이처럼 전세보증금은 통계에 잡히는 가계부채보다 훨씬 위험한 '그림자 가계부채'라 할 수 있다.

2022년 하반기에 집값이 떨어지자 정부는 "빚내서 집 사라"고 부추기는 정책을 연이어 내놓았다. 2023년 들어 정부가 40조 원 규모의 특례보금자리론을 젊은 층에게 저리로 공급하면서 예금취급기관의 가계부채는 다시 9.5조 원 증가했다. 이 밖에도 디딤돌 대출이라는 이름의 다양한 정책대출을 내놓았다. 이 때문에 집값이 4월부터 서울을 중심으로 본격적으로 상승하기 시작했고, 영혼까지 끌어 모은다는 '영끌이' 투자까지 나타나면서 1분기에 4.4조 원 감소했다가 2분기에는 무려 13조 원이나 증가했다.

2024년에도 다시 27조 원 규모의 신생아특례대출을 비롯한 55조 원 규모의 정책대출을 초저리로 공급했다. 2024년 7월 1일 시행 예정이었던 스트레스 DSR 2단계 실시를 예정일을 일주일 남겨두고 9월 1일로 연기하면서 7월과 8월의 가계대출은 막차타려는 심리까지 불러와 더욱 크게 증가했다.

한국은행의 '금융안정상황(2024년 3월)'에 따르면 2023년 4분기 기준으로 가계부채 총액은 1,885.4조 원, GDP 대비로는 100.6%, 처분가능소득 대비로는 159.2%였다. 그런데 '금융안정상황(2024년 9월)'에 따르면 2024년 2분기 말 가계신용 총액(가계대출 및 판매신용), 즉 가계부채는 1,896.2조 원이었으나 GDP 대비 가계부채 비율은 92.2%, 처분가능소득 대비 가계부채 비율은 149.2%였다. 이 기간에 가계부채 총액은 증가했지만 GDP 대비 비율과 처분가능소득 대비 비율은 감소한 것으로 보인다. 이에 대해 한국은행은 "2024년 6월부터 실질 GDP 추계에서 기준년도를 2020년으로 변경했기 때문"이라고 설명하고 있다. 이러한 결과가 나타난 이유에 대해 필자가 직접 알아보기까지 했지만 참으로 이해하기가 어렵다.

'가계부채가 너무 많으면 경제성장을 저해하고, 심하면 경제위기를 불러온다'는 연구는 수없이 많다. 대표적인 연구를 몇 가지 소개한다.

로버트 쉴러 교수는 시장의 버블과 이로 인한 경제 위기에 대한 분석으로 명성을 얻었고, 자산 가격에 따른 시장의 비효율성에 관한 이론으로 노벨경제학상을 수상한 권위 있는 경제학자이다. 한국에 번역 출판된 쉴러 교수의 저서 『버블 경제학』은 2007~2008년 미국 부동산시장의 버블이 초래한 '서브프라임 모기지 사태'를 분석한 책이다.[18]

쉴러 교수에 의하면 버블은 밴드왜건 효과로 확대된다. 부동산 가격 상승이 수년 동안 계속되면 불패신화가 되고, 대중은 가격 하락 가능성을 믿지 않게 된다. 게다가 금융 민주화라는 이름으로 손쉽게 대출을 받을 수 있게 된 가계는 힘들게 모은 돈을 합쳐 수억, 수십억 원의 투자에 올인하게 된다. 위험에 대한 공포보다는 일확천금을 꿈꾸면서 말이다.

그러나 버블은 꺼지기 마련이고, 그 피해는 고스란히 가계에 전가

된다. 하지만 시중 전문가와 정치인들은 부동산 가격 상승률(+)을 관리하려고 하지, 부동산 가격 그 자체를 관리하려고 하지 않는다. 이미 걷잡을 수 없이 올라버린 부동산 가격을 내릴 생각이 없다. 그들에게 부동산은 꺼지지 않는, 그리고 꺼지지 않아야 하는 신성한 불이기 때문이다. 그러나 부동산도 주식처럼 시장의 가격조정이 있을 수밖에 없다. 이것이 바로 2008년 서브프라임 모기지 사태였던 것이다.

아티프 미안과 아미르 수피 교수의 저서 『빚으로 지은 집(House of Debt)』도 과도한 가계부채가 경제위기를 불러왔음을 설명한 책이다.[19] 저자들은 1929년 발생한 세계대공황부터 2008년 미국의 서브프라임 모기지 사태로 촉발된 글로벌 금융위기는 모두 엄청난 규모로 늘어난 가계부채가 소비 지출의 급락을 초래함으로써 발생했다고 주장한다.

경제위기는 과도하게 누적된 가계부채가 저소득층의 주택 압류를 불러오면서 시작된다. 한계소비 성향이 높은 저소득층의 파산은 소비수요의 감소로 이어지고, 이는 생산의 감소와 대규모 실업을 일으키며 결국 장기 불황으로 이어진다. 즉 가계부채는 빚을 진 가계들에게만 타격을 입히는 데 그치지 않고, 경제 시스템을 돌고 돌아 결국 사회구성원 모두에게 손실을 입힌다. 그렇지만 가계부채는 저소득층에게 가장 큰 타격을 입히면서 부의 불평등을 더욱 심화시킨다.

그렇다면 해결책은 무엇인가? 저자들은 전통적인 재정 정책과 통화 정책으로 이러한 소비 주도 불황을 극복하기에는 한계가 있으며,

가계 부채를 줄여 소비를 진작시키는 것만이 해결책이 될 수 있다고 주장한다. 가계부채를 줄여야만 소비가 살고, 그래야만 투자도 살고 경제가 살 수 있다는 것이다.

이 책의 경고는 현재의 한국경제에 잘 맞아떨어진다. 실제 이 책의 공저자 중 한 명인 아미르 수피 교수는 2023년 한국과 중국의 가계부채가 2005년부터 2022년까지의 기간 동안 전 세계에서 가장 빠른 속도로 증가했는데 이는 매우 위험한 상태라는 경고성의 논문을 발표했다.[20] 수피 교수는 두 나라의 경우 이 기간 동안 부동산시장을 부양하기 위한 생산 부문의 왜곡이 주요 성장 동력이었다는 점을 지적한다. 그러나 이에 따른 과도한 가계부채는 결국 소비지출을 약화시킬 수밖에 없다는 점을 지적하고 있다.

수피 교수는 이 논문에서 한국보다 중국을 더 우려하는 듯한 설명을 하고 있다. 그러나 한국과 중국 모두 GDP 대비 가계부채가 2005년 이후부터 2022년까지 매우 빠른 속도로 증가했지만 중국의 가계부채 비율은 60% 남짓으로, 한국의 가계부채 비율 105%에 비하면 크지 않은 상황이다. [앞에서 설명한 것처럼 2024년 6월에 한국은행이 실질 GDP 추계의 기준년도를 변경하기 전까지 한국의 GDP 대비 가계부채 비율은 100%를 상회했다.]

한국의 가계부채가 얼마나 위험한 수준인지를 알아보려면 미국과 일본의 가계부채 변화추이와 비교해보면 더욱 잘 알 수 있다. 〈그림 3-16〉에서 보는 것처럼 2007년 미국의 가계부채가 GDP 대비 99%

[그림 3-16] 한국, 미국, 일본, 중국의 가계부채(GDP 대비, %) 추이

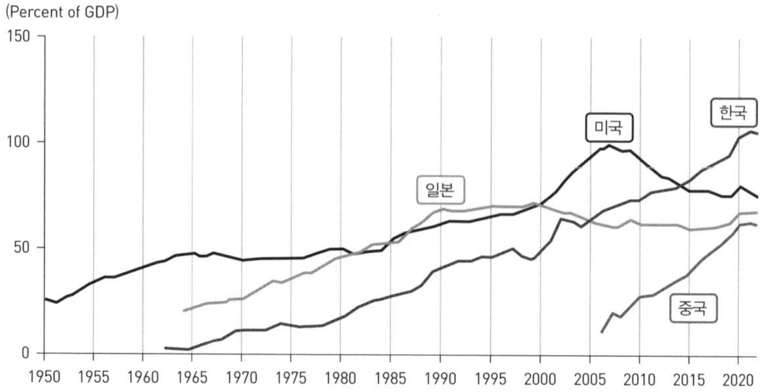

출처: International Monetary Fund, Global Debt Database

까지 높아졌다가 서브프라임 모기지 사태와 글로벌 금융위기가 터졌다. 일본의 경우, 1990년 가계부채가 GDP 대비 68%까지 높아졌을 때 부동산 버블이 꺼졌다. 한국의 경우, 이미 100%를 넘고 있어서 지금 당장 부동산 버블이 꺼져도 이상하지 않을 정도로 높은 수준이다. 중국의 경우, 가계부채가 비록 빠르게 증가했지만 일본의 최고수준에도 못 미치는 정도다.

한국은행은 GDP 대비 가계부채 비율이 80%를 넘으면 성장률이 하락하고, 1~3년 내에 경기침체 발생 가능성이 커진다는 연구결과를 발표했다.[21] 이창용 한국은행 총재는 이 연구에 근거해서 과도한 가계부채 때문에 금리를 낮추지 못한다고 여러 차례 언급했다. 또한 이 총재는 정부와 정치권은 그동안 단기간에 경기를 살리기 위해 부동산 규제를 손바닥 뒤집듯 완화했던 정책들이 이젠 통하지 않음을 직시해야 한다며 "그런 고리는 한 번 끊어줄 때가 되었다"고 여러 차례 주장해왔다.

PART 2에서 이미 설명한 것처럼 중국은 2021년 하반기부터 정부가 의도적으로 부동산 거품을 꺼뜨리는 정책을 써오고 있다. 이로써 투자재원이 부동산보다는 첨단사업 쪽으로 집중되도록 하고 있다. 이 때문에 건설투자와 소비수요가 단기적으로는 크게 위축되었지만 중장기적으로는 '신질생산력(新質生產力)'을 통한 고품질생산, 신품질생산으로 구조조정을 하고 있는 것이다. 그러나 한국은 2022년 하반기에 자연스럽게 꺼지려던 부동산 거품을 정부가 "빚내서 집 사라"는 정책으로 도리어 더욱 키워버렸으니 참으로 우려스럽고 개탄스럽다.

05

빚으로 지은 집이 불러올 심각한 후폭풍

가계부채가 너무 많으면 내수가 위축되고, 양극화가 심화되고, 출산율이 떨어지며, 금융위기를 일으킬 수 있다. 이 과정에서 집 사느라 빚을 낸 사람들은 큰 위기를 맞을 수밖에 없다. 부채로 쌓아올린 집값은 떨어질 수밖에 없다.

아티프 미안과 아미르 수피 교수의 책 『빚으로 지은 집』의 메시지는 매우 간단명료하다. 빚, 즉 부채로 쌓아올린 집값은 떨어질 수밖에 없고, 이 과정에서 빚내서 집을 사느라 부채를 짊어진 사람들과 부동산 관련 기업들뿐만 아니라 경제 전체가 엄청난 위기를 맞을 수밖에 없다는 것이다. 그리고 부의 불평등을 심화시킬 수밖에 없다는 것이다.

이를 한국의 상황에 맞춰 좀 더 구체적으로 설명하려고 한다. 빚으로 지은 집이 불러올 심각한 후폭풍은 다음과 같이 여섯 가지로 이야기할 수 있다.

① 가계부채로 인한 대차대조표 불황

이미 설명한 것처럼 한국의 가계부채는 OECD 최고 수준이다. 가계소득 대비 가계부채는 149%에 이르고, GDP 대비 약 100% 수준이다. 여기에 1천조 원 정도로 추산되는 그림자 부채인 전세보증금을 합하면 GDP 대비 136%(2023년) 수준으로, OECD 국가들 중에서도 단연코 최고 수준이다. 게다가 개인사업자 대출을 받은 사람들의 가계대출 약 1천조 원까지 여기에 합하면 GDP 대비 200%에 이를 것이다.

앞에서 설명한 것처럼 2008년 미국에서 서브프라임 모기지 사태가 터질 당시 미국의 가계부채는 GDP 대비 99%였다. 그리고 1990년 일본에서 주식 버블과 부동산 버블이 꺼지기 시작할 당시 일본의 가계부채는 GDP 대비 68%였다. 중국의 부동산 거품이 꺼지기 시작한 2021년 당시 중국의 가계부채는 GDP 대비 60%를 약간 넘는 수준에 불과했다.

2023년 실질 GDP 성장률은 1.4%로 불경기였고, 2024년은 반도체 수출 호조에 기대서 한국은행을 비롯한 한국개발연구원(KDI) 등은 2.5% 성장할 것으로 전망했지만 결국 2.0% 성장에 그치고 말았다. 그나마 이 정도의 성적을 얻은 것도 글로벌 반도체 경기가 좋아져서 수출이 전년도에 비해 크게 상승한 덕분이다. 반면에 내수는 2023년에 이어 2024년에도 좋지 않았다. 코로나-19가 크게 확산되던 2020년보다 어렵다고도 하고, 1998년 IMF 위기 당시보다 어렵다고도 한다. KDI는 2024년 8월 발표한 〈KDI 경제전망〉에서 "민간부채가 대규모로 누적된 상황에서 고금리 기조가 장기화될 경우 가계 소비여력과 기업투자여력이 제약되면서 내수 하방압력으로 작용할 수 있다"고 밝혔다. 그렇기 때문에 한국은행이 기준금리를 낮춰야 한다고 주장했다.

그러나 가계소비가 위축되고 있는 것은 한국은행의 기준금리가 높기 때문이 아니라 정부의 "빚내서 집 사라"는 정책으로 가계부채가 너무 많기 때문이다. 이 때문에 가계는 매월 갚아야 하는 원리금을 제외한 순수 가계소득이 더욱 줄어들어 소비여력이 감소한 상태다. 특히 2024년 초부터 시작해서 9월까지 서울을 중심으로 한 집값이 상승하면서 이런 현상이 더욱 심해졌고, GDP 성장률은 잠재성장률을 상회하는데 정작 내수, 즉 가계의 소비여력이 감소하게 된 것이다.

경제학원론에서 투자는 금리의 함수이다. 그러나 소비는 소득의 함수이지, 금리의 함수가 아니다. 즉 소득이 증가하면 소비는 늘지만 금리가 낮아진다고 해서 소비가 증가하지 않는다는 말이다. 왜냐하면 금리가 낮아지면 대출을 많이 한 가계는 이자 부담이 줄어들어 소비가 감소할 수 있겠지만, 저축을 많이 한 가계는 이자소득이 감소해서 소비가 감소할 수 있기 때문이다.

특히 한국의 부동산시장을 보면 한국은행이 기준금리를 낮춘다고 해서 소비가 증가할 것으로 보지 않는다. 왜냐하면 금리가 낮아지면 또 다시 빚내서 집 사려는 '영끌이' 수요가 증가하고 이 때문에 소비할 여력이 감소할 수밖에 없기 때문이다.

결국 가계부채가 많은 상태에서 소비여력 감소와 내수 침체는 계속될 수밖에 없다. 이것이 바로 대차대조표 불황이다. 이를 극복하기 위해서는 금리를 낮추는 것이 아니라 힘들더라도 가계부채 규모를 크게 감소시켜야 한다. 적어도 GDP 대비 80% 이하 수준으로 낮춰야 한다. 80% 수준은 한국은행이 발표한 보고서뿐만 아니라 여러 연구 논문에서 이미 실증적으로 권고하는 수준이다. 즉 GDP 대비 80% 수준까지는 가계부채가 커질수록 경기를 부양하는 효과가 있지만, 이를 넘어가면 도리어 경기 부양효과도 없고 도리어 대차대조표 불황을 가져온다.

그럼에도 "부채를 증가시켜서라도 부동산 경기가 살면 건설투자가 살아서(즉 내수가 좋아져서) 경기가 좋아진다"고 주장하는 전문가들도 많다. 물론 단기적으로는 그럴 수 있다. 그러나 투자재원을 부동산과 건설업으로 더욱 왜곡시켜 미래 먹거리 투자, 즉 설비투자와 기술투자를 위축시켜 중장기적으로 성장잠재력을 더욱 감소시킬 수밖에 없다. [이에 대해서는 아래에서 설명한다.]

② 미래 먹거리 투자 자원 부족

한국의 GDP에서 투자가 차지하는 비중은 2023년에 32.1%였다. 투자는 크게 설비투자, R&D 투자(지식재산생산물 투자), 건설투자로 구성된다. 설비투자는 GDP에서 차지하는 비중이 9.6%이고, R&D 투자는 7.1%인 데 비해, 건설투자는 무려 15.4%에 달한다. 일반적으로 소득수준이 높아질수록 건설투자 비중은 감소한다. 그런데 한

[그림 3-17] 한국의 GDP 대비 건설투자 비중 추이(2000~2023년)

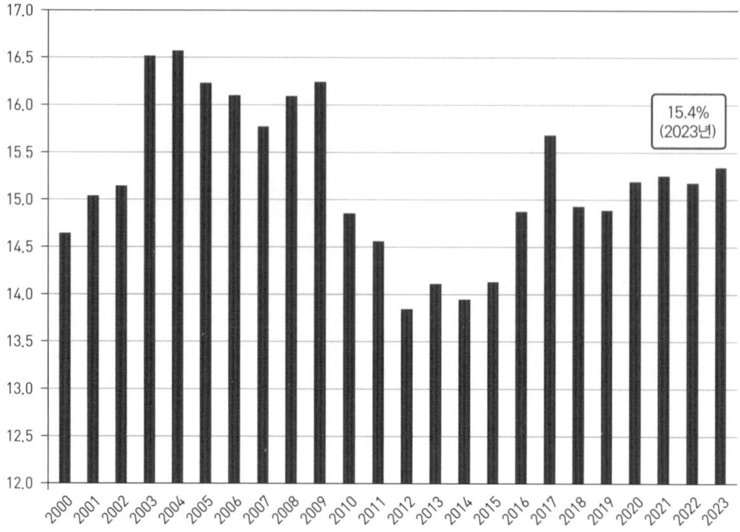

출처: 한국은행 ECOS

국의 GDP 대비 건설투자 비중은 2012년 13.9%에서 2023년 15.4%로 도리어 증가했다(그림 3-17).

한국의 GDP 대비 건설투자 비중은 OECD 평균인 10~12%보다 높다. 미국은 7.0%, 독일은 9~10%, 일본은 10~12%에 불과하다. 부동산 거품이 꺼지기 전인 2021년까지 한국보다 높은 나라는 중국으로, 무려 15%를 넘었다. 그러나 중국은 정부 주도하에 건설 산업 위주의 경제를 신품질·고품질 산업으로 구조조정을 했고, 이로 인해 설비투자와 R&D 투자 비중은 증가하는 대신 건설투자는 축소되고 있는 상태다.

설비투자와 R&D 투자는 미래 먹거리 투자이다. 그런데 건설투자는 도로건설이나 공항건설과 같은 사회간접자본 확충과 주택건설로 나뉜다. 어느 정도 도로나 공항의 확충과 보수가 필요하겠지만 '고추 말리는 양양 공항'처럼 사회간접자본 확충을 위한 건설투자는 거의 포화 상태다.

주택건설도 마찬가지다. 전국적으로 가구 수 대비 주택 수는 이미 100%를 넘은 상태다. 서울의 경우 한때 100%에 근접했다가 94%로 감소했는데, 이는 갑자기 주택이 멸실되거나 인구가 늘어서가 아니라 1가구 다주택에 대한 중과, 무주택자에 대한 분양 우대 등에 따라 부모로부터 분가하는 청년들이 증가했기 때문이다.

부동산시장을 부양하기 위한 정책은 단기적으로는 건설투자를 증가시켜 경기를 부양하는 효과가 있다. 하지만 중장기적으로는 미래 먹거리를 위한 설비투자와 R&D 투자 재원 부족으로 이어져 결국 성장동력이 약해질 수밖에 없는 것이다.

③ 빈부격차 심화 및 사회양극화 심화

한국인의 가계 자산 중에서 79%는 부동산이다. 집이 거의 전 재산이라는 얘기다. 앞에서 설명한 대로 2017년 이후 서울 강남의 집값은 3배 정도 상승했다. 반면에 인구고령화로 인한 인구 감소의 직격탄을 맞은 지방 집값은 하락세다. 그럼에도 부동산 가격을 잡겠다고 1가구 다주택자에 대한 중과세 정책과 함께 "빚내서 집 사라" 정책을 시행하는 바람에 사람들은 똘똘한 한 채를 찾게 되었다. 서울, 특히 강남에 주택수요가 몰리고 있는 것은 이곳의 주거 여건이 월등히 좋기 때문이다. 한 집만 가져야 한다면 당연히 이곳에서 집을 찾아야 하지 않겠는가.

그 결과 '똘똘한' 집들이 모여 있는 서울 일부 지역의 부동산 가격이 폭등하면서 부동산시장의 양극화는 더욱 심화되고 있다. 집을 가지고 있는 사람과 갖고 있지 못한 사람 간의 부의 불평등과, 서울권과 지방 간의 부의 불평등이 크게 악화되고 있는 것이다.

소득불평등은 노동의 질과 노력의 차이에 따라 나타난 것이기에 일견 필요한 측면이 있다. 그러나 심화되고 있는 부동산 양극화와 이에 따른 부의 불평등은 근로의욕을 떨어뜨린다. 젊은이들로 하여금 '힘들게 일할 필요 없이 은행에서 대출받아 서울의 조그마한 아파트 한 채라도 사두는 것이 상책'이라는 생각을 갖게 한다. 즉 사람들이 더 이상 땀 흘려 돈 벌려고 하지 않는다는 것이다.

집 사서 돈벌이하는 방식이 한국의 보편적 재테크가 되었다. 사람들은 이것이 자본주의라고 생각한다. 하지만 이건 투자가 아니라 투기다. 그런데 이런 투기를 못하는 사람은 바보고 뒤떨어진 사람이라고 한다. 사람들이 더 이상 창의적으로 사업을 일으키고 땀 흘려 일해 저축하기보다는 빚내서 '집 테크'를 하는 것이 좋다고 생각하면, 어찌 경제가 미래 먹거리를 만들 수 있겠는가.

자본주의는 공정해야 하고, 노동의 가치가 존중받아야 한다. 투기가 횡행하는 것은 자본주의가 성행할 때가 아니라 망할 때 나타나는 현상이다.

④ 결혼 및 출산율의 하락

한국의 합계출산율이 세계에서 가장 낮은 이유는 여러 가지가 있지만 높은 집값이 가장 중요한 이유 중 하나다. 특히 서울의 소득 대비 아파트 값은 선진국 도시들 중에서 가장 비싸다. 어떤 이들은 서울 외곽이나 지방에서 살면 되지 않느냐고 한다. 하지만 한국의 일자리 중 절반이 서울과 수도권에 몰려 있다. 그것도 좋은 일자리 대부분도 서울과 수도권에 몰려 있다. 그런 상황에서 젊은이들은 서울 외곽이나 지방에서 살라는 게 말이 되는가.

어쩔 수 없이 일자리를 찾아 서울로 온 청년은 평생 한 푼도 안 쓰고 모아도 살까말까 한 엄청난 집값에 절망한다. 서울에 직장을 둔 청년은 직장에서 가까운 곳에 빌라를 임대해 살아야 한다. 여기서는 결혼은 꿈도 못 꾼다. 결혼을 하면 서울 외곽에 집을 마련해서 아침저녁으로 교통지옥에서 아까운 시간을 보내야 한다. 더욱이 서울, 그것도 강남과 같은 곳에서 살아야만 마치 특급 시민인 것처럼 대우받는 세상이다. 이젠 서울로 입성하기 위해, 그 다음엔 강남으로 입성하기 위해 돈을 빌려 갈아타기하며 집 테크를 한다.

이런 상황에서 결혼을 하고 여유롭게 아이를 키울 수 있는 젊은이가 과연 얼마나 되겠는가. 물론 높은 집값만이 낮은 출산율의 원인은 아니다. 이외에도 불안정한 일자리, 지나친 입시경쟁과 사교육비, 일과 가정 양립의 불가능 등의 문제가 있다. 그러나 이 중에서 가장 중요한 저출산 원인은 높은 집값이다. [이에 대해서는 PART 4에서 구체적으로 설명하려 한다.]

⑤ 외부 및 내부 충격에 의한 금융시스템 위기 가능성

1997년 IMF 외환위기는 대기업들의 과도한 부채에 의지한 문어발식 과잉투자가 발단이 되었다. 1997년 초부터 한보철강을 비롯한 대기업들의 연쇄 부도가 발생한 상태에서, 1997년 7월에 태국 바트화의 폭락으로 시작된 동남아 외환위기가 한국에까지 전이되어 발생한 것이다. 즉 동남아에서 외환위기가 발생하자 해외 투자자들은 한국에서도 단기차입금의 만기 연장을 거부했다.

1997년 초에 한국의 외환보유액은 300억 달러였지만 단기 외채는 600억 달러 이상이었다. 그럼에도 불구하고 원화가치가 급락하는 과정에서 환율방어를 위해 무리하게 외환보유액을 탕진하면서 급기야 외채상환에 필요한 외환보유액이 부족해져 IMF에 구제금융을 신청하게 된 것이다.

2024년 말 기준 기업부채는 GDP 대비 120%를 넘고 있다. 1997년과 달리 현재의 기업부채는 대기업보다는 주로 개인사업자와 소상공인이 국내 금융기관으로부터 차입한 부채다. 이것도 문제지만, 가계부채가 더욱 큰 문제다. 앞에서 설명한 것처럼 가계부채는 공식통계로는 GDP 대비 100% 정도이지만, 전세보증금과 개인사업자 대출 중 가계부채 성격의 대출까지 포함하면 GDP 대비 200%에 달할 것이다. 가계부채는 주택담보대출이거나 전세보증금이기 때문에 주택 가격이 하락하면 엄청난 경제적 충격을 가져올 수 있다.

2022년 하반기에 주택 가격이 하락하면서 부동산 PF 문제와 함께 역전세와 깡통전세 문제가 발생했다. 이 때문에 정부는 "서둘러 빚내서 집 사라"는 정책을 강력히 추진했다고 앞에서 설명했다. 그러나 이는 중병 걸린 환자에게 모르핀 주사를 놓는 것과 비슷해서 단기적으로는 반짝하고 좋아 보일 수 있지만 장기적으로는 문제를 더욱 악화시키는 나쁜 정책이다.

대한민국을 둘러싼 세계경제는 최악의 상황으로 전개될 가능성이 크다. PART 2에서 설명한 대로 도널드 트럼프 2기의 관세폭탄이 전 세계적인 무역전쟁으로 확산되면서 세계대공황에 버금가는 글로벌 경기침체가 올 수도 있다. 미국에서 너무 많이 풀린 돈과 AI 기술혁명에 도취된 주식시장 버블이 갑자기 꺼지거나 중국의 경기침체가 더욱 심각해질 수 있다. 이런 일이 생기면 수출로 먹고사는 한국경제에게는 엄청난 외부 충격이 된다.

더욱이 2024년 12월 3일 밤의 갑작스러운 비상계엄령 선포로부터 시작된 윤석열 대통령 탄핵과 정국혼란은 가뜩이나 허약한 한국경제에 치명타를 날리는 충격이 되고 있다. 2004년 노무현 대통령 탄핵당시에는 중국경제가 호황이었고, 2016년 박근혜 대통령 탄핵 당시에는 반도체 사이클의 강한 상승세에 따라 수출이 호조를 보였다. 더욱이 당시에는 한국경제가 비교적 건실했기 때문에 대통령 탄핵 사태가 경제에 미치는 영향이 비교적 제한적이었다. 그러나 이번에는 가계부채와 기업부채가 과도한 상황에서 대외적인 충격과 대내적인 충격이 동시에 밀어닥치는 이른바 '퍼펙트 스톰(perfect storm)'을 맞고 있는 것이다.

무엇보다 서울을 비롯한 전국의 집값이 급락하면서 빚을 내어 갭

투자로 집을 여러 채 투기한 가계들의 부채가 부실해질 수 있다. 뿐만 아니라 2022년 후반부터 불거진 시행사와 건설사들의 부동산 PF 부실은 전 금융권으로 확산될 수 있다. 이렇게 되면 부채를 일으켜 집을 산 가계의 실질 자산이 더욱 급락하고, 이 때문에 앞에서 설명한 대차대조표 불황은 매우 심각한 상황이 될 수 있다. 더욱이 GDP 대비 25%에 달하는 부동산 부분이 충격을 받으면서 경제 전반의 심각한 위기로 확산될 수밖에 없다.

이러한 시나리오가 1990년대 초 일본의 부동산 버블 붕괴와 2008년 미국의 서브프라임 모기지 사태로 인한 글로벌 금융위기이다. 한국은 그 당시의 일본이나 미국보다 훨씬 위험한 상황이다.

3장

디지털사회의 아날로그 교육

01

그저 숫자만 늘어난 대학 졸업장

한국의 고등교육 인구비율이 OECD 평균보다 높다고 해서 한국의 인적자원이 질적으로 더 우수한 것은 아니다. 도리어 모두가 대학 졸업장을 받는 바람에 어렵고 힘든 육체적 노동을 기피하는 현상만 나타나고 있다.

동족상잔의 한국 전쟁을 치른 후 한국은 전 세계에서 가장 가난한 나라였다. 아프리카에 있으면 딱 맞을 정도로 못 살았다. 이런 나라가 1960년대부터 세계에서 가장 빠른 속도로 성장했다. 1988년 88 올림픽, 1996년 OECD 가입은 한국이 각각 중진국과 선진국 문턱을 넘는 상징적인 이벤트였다. 1997년에 외환위기를 겪으며 나락으로 떨어지는 듯 했지만 돌반지까지 모아가며 빚을 갚고 다시 일어섰다. 많은 나라가 빠졌던 중진국 함정도 뛰어넘고 선진국이 된 것이다. 그야말로 세계적인 경제 기적이었다. 많은 이들이 이를 '한강의 기적'이라고 불렀다.

그런데 앞서 살펴본 것처럼 한때 매년 10%를 넘던 경제성장률은 2%로 추락했고, 한국은행에서는 십년 뒤쯤이면 0%대 성장으로 추락할 것으로 전망하고 있다. 선진국이 되면 저성장이 당연하다고 생각하는 전문가들도 많다. 일본이나 서유럽 국가들을 보면 그렇게 생각할 수 있다. 그러나 세계 최대 경제규모와 최고 소득수준을 자랑하는 미국의 경제성장률을 보면 1970년대 이후 연평균 2.5% 정도의 성장을 계속해왔다. 한국의 현 상황이 결코 당연하지 않은 것이다.

이렇게 한국이 미국이 아니라 일본과 서유럽을 따라가는 이유는 무엇인가? 앞에서 필자는 전 세계에서 가장 빠르게 진행되고 있는 인구고령화를 첫 번째 이유로 꼽았다. 두 번째 이유로 미래 먹거리보다는 빚으로 시멘트를 쌓아올리는 방식의 성장을 꼽았다. 세 번째 이유는 노동력의 질적 수준이 계속 나빠지고 있는 것이고, 그나마 있던 인재들은 해외로 탈출하고 있다는 것이다. 대학 진학률이 세계 최고인데 이게 무슨 말이냐 싶겠지만, 겉과 속이 달라도 너무 다른 게 한국의 교육이다.

한국은 세계에서 가장 못 살던 시절에도 밥은 굶어도 자식교육은 시키려는 부모들 덕분에 문자 해득률은 당시 후진국 중에서 가장 높았다. 소득이 높아지면서 대학진학률도 계속 높아져 한국의 고등교육을 받은 인구 비율은 OECD 국가 중에서도 단연코 1등이다. 2022년 기준, 한국의 25~34세 인구 중 고등교육을 받은 비율은 70%로 OECD 평균인 47%보다 훨씬 높다. 일본은 66%, 미국은 51.3%에 불과하다. 한국은 이미 2008년부터 OECD 국가 중 부동의 1위였다.

그런데 단순히 고등교육을 받은 인구 비율이 높다는 이유만으로 한국 교육이 세계 최고라고 하기에는 부끄러울 정도다. 2021년 기준, 한국에서 고등교육을 받는 학생 한 명당 공교육비는 13,573달러다(표 3-2). OECD 평균인 20,499달러에 비해 크게 못 미치는 금액이다. 뿐만 아니라 중등교육 학생 1인당 공교육비 19,299달러, 초등교육 학생 1인당 공교육비 14,873달러에도 크게 못 미친다.

[표 3-2] 교육 단계별 학생 1인당 공교육비(한국과 OECD 평균)

기준연도	구분	초등교육	중등교육	고등교육	초등~고등 교육
2021년	한국	14,873	19,299	13,573	15,858
	OECD 평균	11,902	13,324	20,499	14,209

출처: 교육부, 경제협력개발기구(OECD) 교육지표 2024 결과발표, 2024. 9. 9

대학은 교육뿐만 아니라 연구도 하는 곳이다. 국가 전체의 연구개발비 대비 대학의 연구개발비 비율은 OECD 평균은 23.0%인 데 비해 한국은 9.1%에 불과하다. 미국 10.4%, 일본 11.9%, 독일 18.3%, 캐나다 37.7%에 비해 크게 낮은 수준이다.

한 줄로 요약하면, '한국의 대학생 숫자는 많지만 제대로 된 교육을 받지 못하고 있다'는 것이다. 그래서 고등교육 인구비율이 OECD 평균보다 높다고 해서 한국의 인적자원이 더 질적으로 우수하다고 보기 어렵다. 도리어 모두가 대학 졸업장을 받는 바람에 어렵고 힘든 육체적 노동을 기피하는 현상만 나타나고 있는 게 현실이다.

02

오직 대입만을 위한 아날로그 교육

한국에서는 태어난 후부터 고등학교 졸업할 때까지 대학 입학을 위해 모든 것을 바친다. 서울대 정시 합격생 중 무려 60%가 고등학교 졸업 후 1년 이상 사교육을 받았다. 재수·삼수를 하면서 창의력을 키웠을 리 만무하다.

'정부의 교육비와 연구비 지원이 부족해도 한국의 대학에 진학하는 학생들이 뛰어나고 스스로 열심히 공부하면 인재가 될 수도 있지 않은가'라고 생각할 수도 있다. 사실 한국인으로 태어나면 돌이 지나기 전부터 세계 최고의 사교육을 받는다. 요람 위의 모빌과 벽지는 영어 알파벳과 구구단으로 장식되어 있다. 걸음을 떼면 바로 영어 유치원, 놀이학교, 학습지 프로그램 등 조기교육이 시작된다. 초등학교 입학 전후로 수학 선행 학습, 영어회화 학원, 코딩 학원 등 다양한 사교육 프로그램이 추가된다. 그런데 안타깝게도 이는 중·고등학교 입시와 대학 입시를 미리 준비하기 위한 사전 학습일 뿐이다.

고등학교에 입학하면 본격적인 대입 경쟁에 들어간다. 학교수업은 기본적인 학습과 내신 대비만을 위한 것이고, 본격적인 학습은 사교육에 의존한다. 특히 수학, 영어와 같이 난이도가 높은 과목은 학원, 과외, 인강(인터넷 강의)과 같은 사교육에 대한 의존도가 매우 높다. 논술 전형을 준비하는 학생들은 학원을 다니면서 기출 문제 풀이와 글쓰기 연습을 한다. 예체능 계열 학생들은 미술, 음악, 체육 등 전공 실기를 위해 전문 학원에서 훈련을 받는다.

평일에는 학교 수업이 끝난 후부터 저녁까지 학원 수업을 듣거나 과외를 받는다. 주말에도 오전부터 저녁까지 학원을 다니는 경우가 일반적이다. 일부 학생은 학원 수업을 마친 후 자정까지 자습하거나 학습 시설을 이용해 공부를 이어간다. 방학 기간에는 수능 특강, 심화 학습 캠프 등에 참여한다.

요약하면, 한국에서는 태어나서 고등학교 졸업할 때까지 대학 입학을 위해 모든 것을 바친다. 이른바 'SKY 대학 입학'이 목표이고, '의대 입학'이 목표이다. 원하는 대학에 입학하지 못한 학생들은 다음 해 입시를 준비하기 위해 재수를 마다하지 않는다.

한국은 '어느 대학에 입학하느냐가 학생의 미래와 사회적 성공을 결정짓는다'는 인식이 강하다. 때문에 많은 부모들이 자녀의 명문대 입학을 위해 헌신적인 노력을 기울인다. 주변 부모들의 사교육 투자에 영향을 받아 자녀가 뒤처질까 걱정하며 더 많은 사교육을 강행하는 경쟁을 벌인다. 그러다 보니 사교육비는 가계 지출의 큰 비중을 차지하며, 매년 증가하고 있다. 부모들은 자녀의 교육을 위해 경제적·심리적으로 큰 희생을 감수하며, 자녀의 성공 여부에 따라 자부심과 죄책감을 동시에 느끼는 경우가 많다.

이는 사교육비를 감당할 수 있는 가정과 그렇지 못한 가정 간의 사회적 불평등으로 이어진다. 더욱이 강남 8학군과 같은 특정 지역은 우수한 사교육 시설과 높은 입시 성공률로 인해 지역 간 교육 격차를 더욱 심화시킨다.

더욱 큰 문제는 현재와 같은 대입 중심 교육 체제가 학생들의 창의성을 키우는 게 아니라 도리어 옥죄는 결과를 가져온다는 것이다. 대학 입시는 주로 수능과 내신 성적을 중심으로 평가된다. 이는 학생들이 문제 풀이와 정답 찾기에 집중하게 만들어 암기 중심으로 학습할 수밖에 없게 만든다. 결과적으로 학생들은 창의적 사고를 키우기보다 정답을 맞히는 기술을 익히는 데 초점을 두게 된다.

수능시험은 예비고사, 학력고사 등의 시대를 거쳐 1994년에 도입되었다. 단순히 학력 측정에서 벗어나 사고력, 문제 해결력 등을 평가하되 고등학교 교육과정을 기반으로 문제를 출제하도록 했다. 그렇지만 결국 '고등학교 교육의 획일화'를 초래했다. 뿐만 아니라 수능문제에 변별력을 높이기 위한 킬러문항 때문에 학교교육보다는 사교육을 받아야 유리한 성적을 받을 수 있는 구조였다. 설사 킬러문항이 아니더라도 사교육을 받으면 받을수록 문제풀이 요령이 늘 수밖에 없다. 이 때문에 많은 학생들이 학원과 사교육을 통해 수능 문제풀이에 몰두하며, 창의성을 키울 수 있는 심층적 탐구보다는 시험 대비를 위한 학습에 집중하게 된다.

한국과 같이 고등학교 졸업 후 대학 입학을 위해 재수하는 비율이 높은 나라는 없다. 중국, 대만, 일본도 재수를 하는 학생들이 있지만 한국 정도는 아니다. 2025학년도 수능시험 응시자 46만 3,486명 중에서 재수 이상, 즉 N수생 비율은 무려 34.7%였다. 그것도 21년 만에 최대 규모였다.

소위 명문대 입학을 위해서는 N수가 더욱 당연해지고 있다. 2024년 서울대 정시 합격생 중 재수생 비율이 40.4%, 삼수 이상의 비율은 19.3%였다. 서울대 정시 합격생 중 무려 60%가 고등학교 졸업 후 1년 이상 사교육을 받았다는 의미이다. 재수·삼수를 하면서 창의력을 키웠을 리 만무하다.

오직 문제풀이 연습만 반복해야 수능성적을 더 잘 받을 수 있고, 그래서 더 좋은 대학에 갈 수 있는 나라가 전 세계 어디에 또 있을까 싶다. 가뜩이나 저출산으로 인해 젊은 인재가 부족한 판에 창의력이 아닌 문제풀이 요령을 배우느라 엄청난 사교육비를 들여 대입 재수하는 시스템을 유지하고 있다.

전 세계 최고의 대학들이 몰려 있는 미국은 대학 입학을 위해 재수하는 경우는 거의 없다. 만일 원하지 않는 대학에 입학할 수 없으면 다른 대학에서 공부하다가, 또는 2년제 커뮤니티 칼리지를 졸업 후 원하는 대학으로 편입한다. 이렇게 함으로써 아까운 시간을 문제풀이 요령을 배우느라 허비하지 않을 뿐만 아니라 자기의 능력과 적성을 확인해서 진로를 조정할 수 있다.

"학교, 교도소, 군대의 공통점은?" 아마 한번쯤 들어봤을 질문일 것이다. 교도소와 군대는 대부분 가고 싶지 않은 곳이다. 교도소는 죄를 지으면 가야 하는 곳이고, 군대는 남자라면 의무적으로 가야 하는 곳이다. 한국에서 학교는 교도소나 군대와 비슷한 곳이다. 학교는 교도소나 군대처럼 높은 담장으로 둘러쌓여 있고, 일정한 기간 동안 시키는 대로 따라야 하는 곳이다.

오직 학교의 목적은 수능시험을 잘 봐서 좋은 대학에 입학하기 위해서다. 실은 고등학교뿐만 아니라 아이가 태어나면서부터 서울대에 입학하거나 의사나 판검사가 되어야 한다는 사명을 달성하기 위해 친구들과 어울려 놀기보다는 이들을 경쟁자로 여기도록 세뇌를 받는다. 그런 다음 아침부터 밤늦게까지 학교와 학원으로 치열한 뺑뺑이 돌림을 당한다.

03

한국 명문대학들의 초라한 위상

한국에서는 이름도, 얼굴도, 성별도 바꿀 수 있지만 단 하나 바꿀 수 없는 것이 졸업한 출신 대학의 이름이다. 하지만 한국의 명문대학들은 세계의 명문대학들에 비해 그 위상이 초라하기 그지없다.

한국에서는 수능성적 순으로 대학에 입학한다. 그것도 단 1점 차이로 당락을 좌우한다. 이렇게 해서 입학한 대학 이름이 그 사람에게 평생 지울 수 없는 훈장이기도 하고, 주홍글씨이기도 하다. 달달 외워서 단 한 차례의 시험으로 얻은 수능성적이 평생 따라다닌다. 한국에서는 이름도, 얼굴도, 성별도 바꿀 수 있지만 단 하나 바꿀 수 없는 것이 출신 대학의 이름이다.

그렇지만 이렇게 대단하게 여기는 한국의 명문대학들은 정작 세계의 명문대학들과 비교하면 초라하기 그지없다. 전 세계 대학 랭킹도 한국 대학들은 미국이나 유럽의 대학들뿐만 아니라 중국, 일본,

싱가포르 대학들에게도 뒤처져 있다. 예를 들어 〈2025 THE 세계대학평가〉를 보면 중국은 50위권에 무려 5개 대학이 포함되어 있다(칭화대 12위, 베이징대 13위, 홍콩대 35위, 후단대 36위, 홍콩중문대 44위). 싱가포르는 2개 대학(싱가포르국립대 17위, 난양공대 30위)이, 일본은 한 개 대학(도쿄대 28위)이 50위 안에 들어가 있다. 하지만 한국 대학은 서울대(62위), 카이스트(82위)가 100위 안에 들어가 있을 뿐이다. 연세대와 성균관대는 공동 102위, 포스텍이 151위, 고려대가 189위다.

이것만 가지고는 못미더워 하는 분들을 위해 또 다른 권위 있는 〈2025 QS 세계대학랭킹〉을 보자. 여기에서는 서울대가 31위를 기록했다. 카이스트(53위), 연세대(56위), 고려대(67위), 포스텍(98위)은 100위권에 포함되었다. 〈THE 세계대학평가〉보다는 비교적 우수한 성적이다. 그렇지만 이 평가에서도 싱가포르는 2개 대학(싱가포르국립대 8위, 난양공대 15위)이, 중국도 2개 대학(홍콩대 17위, 칭화대 20위)이 서울대보다 우수한 평가를 받았다.

위 대학평가는 연구뿐만 아니라 평판, 교수-학생 비율, 외국인 교수 및 학생 비율, 졸업 후 연봉 등이 평가 대상에 포함되어 있다. 연구만을 평가지표로 한 Scimago의 대학 랭킹을 보면 한국 대학은 더욱 뒤처져 있다. 이에 따르면 미국 하버드 대학이 1위이다. 그런데 중국은 사회과학원(2위), 칭화대(3위), 저장대(5위), 상하이교통대(6위), 베이징대(7위), 화중과기대(16위), 사천대(24위), 중산대(27위), 중남대(29위), 후단대(31위), 하얼빈공대(36위), 시안교통대(37위), 천진대(39위), 우한대(48위), 화남이공대(49위) 등 무려 15개 대학이 50

위 내에 포함되어 있다. 아시아 대학 중에는 싱가포르의 싱가포르국립대(25위), 일본의 도쿄대(46위)가 50위권에 포함되어 있다. 서울대는 54위로 50위권 밖이고, 연세대는 107위, 고려대 131위, 카이스트 162위, 성균관대 193위에 불과하다.

모름지기 한 나라의 대학 수준은 그 나라의 학문적 성과를 결정한다. 대학에서 연구 성과를 직접 만들고, 학자를 길러내기 때문이다. Scimago는 모든 학문적 성과를 종합해서 국가별 순위도 발표하고 있다. 이에 따르면 1996~2023년 기간 동안 국제학술지에 발표된 논문 수를 보면 1위 미국(1,600만 건), 2위 중국(1천만 건), 3위 영국(478만 건), 4위 독일(410만 건), 5위 일본(348만 건) 순이었다. 하지만 한국은 160만 건으로 13위에 그쳤다. 2023년 한 해만을 기준으로 하면 중국이 104만 건으로 1위, 미국은 71만 건으로 2위, 인도가 31만 건으로 3위이다. 영국은 24만 건이라 4위로 밀렸다. 한국은 이 경우에도 10만 건으로 13위이다. 그러니까 중국이나 인도가 빠르게 연구 성과를 내고 있는 동안 한국은 변화가 없다는 것이다.

중국은 영입 인재가 공유한 첨단기술과 지식을 기반 삼아 반도체와 로봇, 인공지능(AI)산업을 발전시키고 있다. Scimago에 따르면 AI분야의 논문 수만으로는 1996~2023년 기간 동안 중국이 32만 건으로 세계 1위를 차지했고, 미국은 20만 6천 건으로 2위였다. 한국은 3만 2천 건에 그치며 12위를 기록했는데, 건수로는 중국의 10분의 1에 불과하다.

더욱 놀라운 것은 2023년 한 해 동안 발표된 AI논문의 건수다. 중국이 2만 1,967건으로 세계 1위를 차지했는데, 미국의 9,004건에 비해 2배 이상 많다. 더욱이 이들 논문의 인용 건수를 보더라도 1위인 중국은 3만 4,620건으로 2위의 미국 1만 55건보다 3배 이상 많다. 하지만 한국은 1,689건으로, 중국의 20분의 1에 불과하다. 2025년 1월, 중국의 스타트업 회사가 딥시크라는 이름의 인공지능 LLM 모델을 출시하며 세상을 놀라게 한 것도 우연이 아니다.

과기정통부가 지난 2월 국가과학기술자문회의에서 심의·의결한 '2022년도 기술 수준 평가 결과'에 따르면 국가별 기술 수준은 1위인 미국을 100%로 봤을 때 유럽연합(EU) 94.7%, 일본 86.4%, 중국 82.6%, 한국 81.5% 순으로 나타났다. 직전 2020년도 조사에서는 한국이 80.1%로 중국(80%)에 근소하게 우위를 지켰지만 2년 만에 역전되었다. 이는 정보통신기술(ICT)·소프트웨어(SW), 기계·제조, 우주·항공 등 11대 분야 136개 기술을 대상으로 평가한 결과다.

ICT·SW 분야에서 중국의 기술 수준은 2012년에는 미국의 67.5%에 불과했지만 2022년 87.9%로 큰 폭으로 성장했다. 같은 기간 한국은 82.2%에서 82.6%로 0.4%p 성장하는 데 그쳤다. AI, 반도체·디스플레이, 양자, 수소 등 국가전략기술 분야 세부 평가에서도 중국은 86.5%를 기록해 한국(81.7%)을 뛰어넘었다.

한때는 한국은 일본을 추격하고 중국은 한국을 추격하는 형국이었다. 하지만 상황이 완전히 달라졌다. 이제 중국이 한국을 추격하는 것이 아니라 한국이 중국을 추격해야 하는 상황이다.

인류 역사에서 과학 기술의 선두에 선 나라가 세계를 제패하는 나라였다. 산업혁명 이후에는 더욱 그렇다. 18세기 중엽 영국이 산업혁명을 일으켜 대영제국으로 전 세계를 제패했다. 팍스 브리태니카(Pax Britannica, 영국에 의한 평화 시대) 이후 미국이 글로벌 패권국가가 된 것도 기술 혁명을 주도하고 있기 때문이다.

노벨상을 받은 사람의 숫자를 국가별로 보더라도 미국이 413회로 단연코 1위다. 그 다음으로 영국 138회, 독일 115 순이다. 일본만 해도 29회나 노벨상을 받아 7위다. 일본은 물리학에서 13회, 화학에서 8회, 의학에서 5회 노벨상을 받았다. 그런데 한국은 평화상과 문학상을 제외하고는 과학 부문에서 노벨상 수상자를 배출해본 적이 아직 없다.

04

디지털 인재의 한국 탈출 러시

한국은 이미 '과학자'가 초등학교 장래 희망에서 사라진 지 오래다. 과학자는 의사와 판검사에게 장래 희망에 밀렸을 뿐만 아니라 최근에는 유튜버에게도 밀렸다. 이공계 두뇌가 성공하는 미국이나 중국과는 너무 다르다.

중국은 수십 년 동안 2만 명 이상을 국비로 뽑아서 미국에 보내 교육시켰다. 중국 정부는 이들 중국 유학생들을 파격적인 조건으로 귀국시키고 있다. 중국이 본격적으로 해외 인재 영입에 나선 것은 '천인계획'이라는 프로그램을 시작하면서부터다. 이는 중국 공산당이 주도한 과학기술 인재 유치 프로그램으로, 2009년부터 2018년까지 10년간 1천 명의 해외 인재를 중국으로 불러들이는 것을 목표로 했다.

중국은 각국의 반발과 인재 유출 우려의 목소리가 나오자 중국은 이를 의식해 천인계획의 종료를 선언했지만, 과학계는 실질적으로 변한 것이 없다고 평가한다. 프로그램의 이름만 '계몽 계획' '고급 외국인 전문가 유치 계획' 등으로 변경되었을 뿐, 인재 영입 행태는 여전하다.

지금까지 약 7천 명의 해외 중국계 과학자, 교수, 기업인이 천인계획에 따라 귀국한 것으로 알려져 있다. 한국에서도 서울대와 KAIST에서 10여 명의 인재가 중국 정부의 이 프로그램에 참여한 것으로 전해진다.

그럼에도 한국에는 중국의 인재 브로커를 단속할 법적 근거가 없다. 기술 유출 방지를 위한 산업기술보호법이 있지만 알선·중개·소개에 대한 처벌 조항은 포함되어 있지 않다. 가뜩이나 부족한 인재들이 중국으로 빠져나가고 있는 것이다.

〈한국경제〉 일간지 보도에 따르면 한국의 우수 인재를 빼가려는 중국의 움직임이 날이 갈수록 노골화되고 있다.[22] 한국과 비교도 되지 않는 연봉에 자녀들 국제학교 학비, 대형 아파트, 통역지원, 양가 부모 건강검진, 가사도우미, 한국을 수시로 오갈 수 있는 왕복항공편까지 제공하겠다고 제안한다.

과거엔 대기업만을 대상으로 했지만 최근에는 대기업 계열사나 중소·중견기업, 대학, 연구소 등으로 중국의 헤드헌팅이 활발하다는 보도다. 중국 헤드헌터들은 과학기술 인재들이 몰려 있는 판교, 테헤란로, 대덕연구단지에서 대놓고 영입전을 벌이고 있다. 해외 유명 학회에 참가한 교수를 대상으로 하는 헌팅을 위해 현지에 방문하는 이른바 '핀셋 헌팅'도 벌어진다.

중국으로 직접 영입하는 데 대한 반발을 감안해 유럽이나 미국을 거쳐 중국으로 가는 '우회 제안'을 하기도 한다. 서울대의 한 교수는 "중국이 투자한 유럽 회사로 이직한 다음 3년 후 중국 본사로 옮기는 방안을 제시했다"며 "미국에 중국 자본으로 스타트업을 차리고 그 곳으로 유도하기도 한다"고 했다.

〈매일경제〉 일간지 보도에 따르면 KAIST 이공계 박사 출신 해외 취업자 수가 8년 새 4배 가까이 껑충 뛴 것으로 나타났다.[23] KAIST 이공계 박사학위 취득자의 해외 취업은 지난 2015년 31명에 불과했지만 매년 꾸준히 증가해서 2023년엔 무려 117명이나 되었다. 이는 2023년 KAIST에서 박사학위를 받은 뒤 취업한 653명의 18%에 달하는 수치다.

이들 대부분은 미국에 취업했다. 미국은 스타트업이나 중소기업에 취업하더라도 국내 대기업보다 연봉이 훨씬 많고, 근무환경도 훨씬 좋다. 게다가 미국 영주권을 따기도 수월한 편이다. 이에 비해 한국에서는 '이공계로 취업해봤자 의사보다 돈을 못 번다'는 의식이 팽배해 있다.

한국 두뇌의 해외로의 탈출은 이들에게는 어쩔 수 없는 선택이다. 한국에서는 이공계 전공을 선택해 과학자나 전문 기술자의 길을 가려 해도 미래에 백수가 될 수 있다는 공포가 크다. 그나마 전임교수 자리를 얻을 수 있으면 다행이지만, 대부분의 경우 시간강사로 전전하거나 기업체 연구소에 취업하더라도 그 보상은 미국이나 중국에 비해서 크게 못 미친다. 밤낮과 주말을 가리지 않고 연구실에서 젊음을 바쳐도 미래에 대한 비전은 없고 백수가 될 수 있다는 공포만 생기는 것이다.

한국은 이미 과학자란 직업이 초등학교 장래 희망에서 사라진 지 오래다. 과학자는 의사와 판검사에게 장래 희망에서 밀렸을 뿐만 아니라 최근에는 유튜버에게도 밀렸다. 이공계 두뇌가 성공하는 미국이나 중국과는 너무 다르다.

더욱이 초중고등학교에서는 창의적인 사고를 키우는 것이 아니라 문제풀이만을 위해 반복 주입시키는 것이 교육이 되어버렸다. 영재고나 과학고에서조차 의사와 판검사가 되기 위한 대학 진학에 집중하고 있다. 20세에 배워야 할 지식을 17세에 가르치는 조기 교육은 창의성보다는 문제풀이 요령만을 터득하는 것을 목적으로 하고 있는 것이 우리의 현실이다.

한국은 2024년 12월 벌어진 갑작스런 비상계엄 사태와 이에 따른 대통령 탄핵 사태로 매우 혼란스럽다. 이번 사태는 정치적 위기이고, 조만간 종료될 위기다. 그러나 한국경제는 훨씬 더 심각한 위기상황에 있다. 인간으로 말하면 심각한 병에 걸려 있다.

한국이 걸린 이 병은 감기처럼 잠시 앓고 나을 수 있는 게 아니다. 이 병은 매우 복합적이고 구조적이다. 조로증과 당뇨병 그리고, 고콜레스테롤과 고혈압까지 있는 '당뇨합병증'에 걸려 있는 상태다. 조로증은 세계에서 가장 낮은 출산율 때문이고, 당뇨병과 당뇨합병증은 정부, 기업, 개인이 모두 빚내서 도박하는 식으로 부동산에 올인하면서 나타난 병이다. 게다가 매일 술 마시고, 담배 피고, 운동하지 않고, 스트레스를 팍팍 받고 있다. 내일 당장 쓰러져도 전혀 이상하지 않은 상태다. 최악의 위기 상황이다. 이런 사람이 병원에 갔더니 의사가 모르핀 주사나 맞춰준다면, 이 의사는 돌팔이거나 양아치임에 틀림없다.

코로나-19가 심하게 걸렸거나 교통사고를 당했다면 응급실에 가야 할 위기 상황이다. 그렇지만 조로증·당뇨·고콜레스테롤·고혈압의 합병증에 걸린 사람도 위기 상황이다. 내일 당장 쓰러질 수도 있고, 빠르게 쇠약해져서 비참한 노후를 맞게 되기 때문이다. 더 늦기 전에 출산율을 높여야 하고, 고령화 속도를 늦춰야 한다. 그리고 빚을 내어 시멘트를 쌓아 올리는 방식으로 돈을 버는 대신, 첨단 기술을 창조하는 방식으로 돈을 버는 세상을 만들어야 한다.

PART 4

주식회사 대한민국을 위한 긴급처방전

절대위기
주 식 회 사
대한민국

1장

출산을 하고 싶은 나라 만들기

01

여성가족부와 통합해 인구가족부를 신설하자

출산율을 높이기 위해서는 일자리 안정, 주거 안정, 양육비용 경감, 일과 육아의 병행 부담 경감 등 네 가지 문제를 해결해야 한다. 이를 위해서 여성가족부 대신 '인구가족부'를 만들어야 한다.

저출산은 한국만이 아니라 전 세계적인 현상이다. 그러나 특히 한국의 저출산 문제는 정말이지 세계적인 연구대상 수준이다. 한국의 합계출산율은 한때 전 세계에서 가장 높았는데 초단기간에 가장 낮은 수준으로 떨어졌다.

도대체 왜 이런 현상이 생긴 걸까? 총체적으로 보면, 한국사회가 불행하기 때문이다. 한국사회는 빠른 경제성장을 통해 '평균적인' 국민 소득은 높아졌다. 그러나 사회적 양극화는 심해졌고, 국민이 느끼는 '행복도'나 '삶의 만족도'는 소득수준에 비추어 봤을 때 낮은 수준이다.

나만 잘 사는 것이 아니라 더불어 잘 사는 행복한 사회를 만들어야 한다. 그러나 행복한 사회를 만들면 출산율도 높아질 테니 출산율을 높이기 위한 정부정책은 필요 없다는 식의 주장은 옳지 않다. 당연히 행복한 사회를 만들기 위한 노력도 해야 하고, 출산율을 높이기 위한 실효성 있는 정책도 강구해야 한다.

이를 위해서는 저출산의 구체적인 이유를 먼저 알아야 한다. 그동안 많은 설문조사와 연구가 이루어져 왔으나 편향적인 결과가 많았다. 여기에서는 필자가 보기에 가장 체계적으로 이루어진 두 가지 조사 결과를 소개한다.

2023년 3월, 중앙일보·에스티아이 조사에 따르면[24] 출산율 감소의 원인으로 여성 응답자들은 '일과 육아의 병행 부담'이 30.9%로 가장 높다. ['일과 육아의 병행 부담'은 '자녀돌봄 역할 부담(14.4%)'과 '남녀 성역할 불평등(10.5%)' '일과 경력이 우선(6.0%)'을 필자가 하나로 묶은 것이다.] 두 번째 이유는 '양육비용 부담(29.9%)'이다. 그리고 일자리 불안정과 주거 불안정이 뒤를 이었다. 남성의 경우에는 '주거 불안정' '일자리 불안정' '양육비용 부담'이 모두 25% 정도로 비슷하고, '일과 육아의 병행 부담'은 15%로 나타났다.

남녀 응답을 모두 종합하면 남녀 응답자들의 비중 차이는 있지만 출산율 감소의 원인은 크게 네 가지로 '양육비용 부담(27.4%)' '일과 육아의 병행 부담(22.6%)' '일자리 불안정(20.7%)' '주거 불안정(19.9%)' 순이다. 반면에 남녀 공통으로 '출산은 불필요' 또는 '자녀의 삶이 불행'해서라고 답한 비율은 지극히 낮았다.

한국은행의 연구보고서도 비슷한 결과를 보이고 있다.[25] 이 보고서는 설문조사, 한국의 16개 시도별 패널자료 분석, OECD 35개국 패널자료 분석을 실시했는데, 그 결과 고용불안과 경쟁압력, 주거불안, 양육불안이 결혼과 출산을 연기하거나 포기하는 중요한 원인이라고 결론을 맺고 있다. 이 보고서가 중앙일보·에스티아이 조사와 다른 점은 여성의 입장에서 가장 중요한 '일과 육아의 병행 부담'이 아예 연구 대상에서 빠진 점이다. 이것은 통계분석에서 '일과 육아의 병행 부담'을 정량화하지 못했기 때문일 것이다.

실제로 1985~2023년 기간 동안 일자리와 연관성이 높은 경제성장률 추이를 합계출산율 추이와 함께 그려보면, 장기적인 추세뿐만 아니라 단기적인 변화도 비슷하다(그림 4-1). 이 기간 동안 경제성장률과 합계출산율의 단순상관관계는 0.78로 매우 높다. 1년 또는 2년의 시차를 고려해도 비슷하다. 즉 경기가 나쁠 때 합계출산율과 출생아 수가 감소하는 경향이 매우 강하게 나타났다.

또한 1985년부터 2023년까지 서울의 주택 가격과 합계출산율 추이를 그려보면 매우 비슷하게 움직이는 것을 볼 수 있다(그림 4-2). 서울의 주택 가격은 2000년대 초·중반과 2017~2021년 기간 동안 급등했는데, 이 시기에 합계출산율은 크게 감소했다.

1985년부터 2023년까지 서울의 주택 가격과 합계출산율의 단순상관관계는 -0.86로 매우 높다. (서울의 주택 가격 대신 전국 주택 가격을

[그림 4-1] 경제성장률과 합계출산율 추이(1985~2023년)

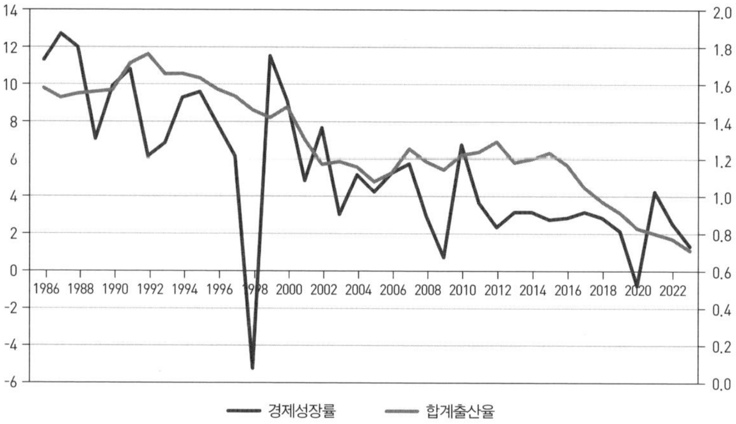

출처: 한국은행 및 통계청 자료 이용

[그림 4-2] 서울의 주택가격지수(100-원지수)와 합계출산율 추이(1985~2023년)

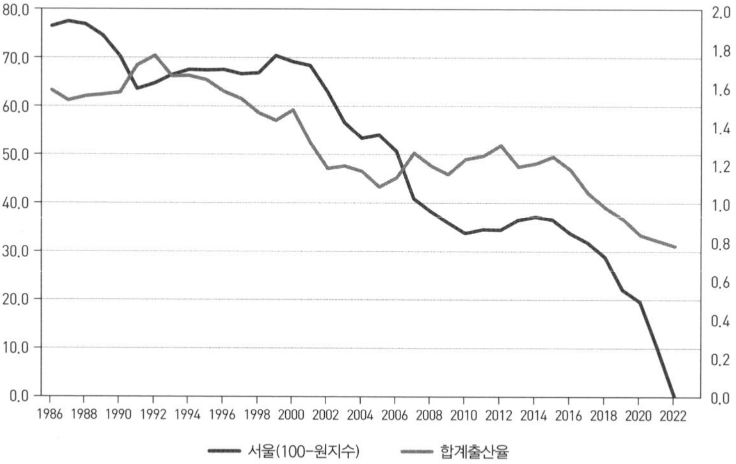

출처: 통계청과 KB 부동산통계 자료 이용

사용하면 상관계수 값이 약간 작아지지만 대체로 비슷하다.) 즉 주택 가격이 빠르게 상승하는 동안에 합계출산율과 출생아 수가 크게 감소했다.

통계청의 2024년 5월 자료에 따르면 15~29세 청년층이 졸업 후 취업하는 데 소요되는 기간은 평균 11.5개월이다.[26] 미취업 기간이 3년 이상인 경우도 17.3%에 달한다. 이렇게 힘들게 얻은 첫 일자리의 평균 근속 기간은 고작 1년 7개월에 불과하다. 첫 일자리를 그만둔 이유는 '근로여건에 불만족해서'가 45.5%, '전망이 없어서'가 7.1%이다. 이 중 상당수는 비정규직 일자리이기 때문으로 추정된다. 2024년 전체 근로자 중 비정규직 근로자 비중은 무려 38.2%에 달한다.[27] 이는 2015년 32.4%에 비해 5.8%p 증가한 것이다.

실제 필자의 제자들을 보더라도 졸업과 함께 취업하는 경우가 많지 않다. 대부분 짧게는 몇 개월, 길게는 1년 이상씩 취업재수를 한다. 설사 취업을 하더라도 인턴 기간을 거쳐야 하고, 비정규직인 경우가 많다. 이런 상황이기 때문에 이성 친구가 있더라도 결혼할 엄두를 못 내는 것이다.

운 좋게 취업을 하더라도 직장은 대부분 서울과 수도권에 있다. 이 지역의 천문학적인 집값 때문에 서울 외곽에 있는 연립주택의 월세나 전세에서 벗어나기가 거의 불가능에 가깝다. '부모 찬스' 없이는 말이다. 설사 취업도 하고 집도 구한 다음 결혼을 하더라도 맞벌이를 하고 있는 상황에서 아이를 갖는다는 건 부담이 큰 일이다. 내 자식에게 엄청난 경쟁을 강요해야 하는 것도 두렵고, 천문학적인 양육·교육비도 자신이 없다. 게다가 여성의 경우 일자리를 포기해야 하는 상황도 싫다.

결국 출산율을 높이기 위해서는 일자리 안정, 주거 안정, 양육비용 경감, 일과 육아의 병행 부담 경감이라는 네 가지 문제를 해결하기 위한 종합적인 정책을 과감히 추진해야 한다.

이를 위해서는 강력한 힘을 가진 인구 총괄 부서를 만들어야 한다. 2024년 4월 총선 당시 여당인 국민의힘과 제1야당인 더불어민주당이 다양한 '저출산 대책'을 총선 공약으로 발표했다. 이 중에서 가장 눈에 띄는 내용은 국민의힘은 부총리급의 '인구부', 더불어민주당은 '인구위기대응부'라는 이름의 인구 총괄부처를 만들겠다는 것이었다. 이에 부응해서 총선 후에 윤석열 정부는 '인구전략기획부'라는 이름의 인구 총괄부처를 만들겠다고 발표했다. 고령사회(65세 이상 노인인구 비중이 14% 이상)로 접어들던 2017년부터 저출산·고령화 문제를 총괄하는 부총리급의 인구부를 만들어야 한다고 주장해온 필자로서는 반가운 일이다.[28]

우리나라는 2005년 저출산·고령화 기본법을 제정하고 대통령 직속의 저출산고령사회위원회가 출범한 이후, 초기에는 합계출산율 목표를 세운 적이 있다. '제3차 저출산·고령사회 기본계획(2016~2020)'에서 2020년 출산율 목표치를 1.5명으로 잡았다. 이 당시 일본은 '희망' 출산율을 2020년 기준 1.8명으로 잡고 있던 시절이다. 그러나 이후 여성을 출산율 목표를 달성하기 위한 도구로 본다는 비판 때문에 합계출산율 목표를 없애버렸다. 대신 '삶의 질 향상'을 목표로 세우고 '일하며 아이 키우기 행복한 나라'를 만들겠다고 했다. 물론 삶의 질을 높이고 행복한 나라를 만드는 것은 당연히 우리나라가 추구해야 할 목표다. 그러나 이게 저출산 문제를 해결하는 목표가 될 수는 없다. 이런 두리뭉실한 목표는 2016년 1.17명이었던 합계 출산율을 2022년 0.78명까지 급격하게 감소시키는 결과를 가져왔다.

'인구부'는 합계출산율과 인구고령화에 대한 구체적인 목표를 제시하고, 이를 달성하기 위해 추구해야 할 주요 정책을 제시해야 한다. 달아나는 호랑이(출산율)의 꼬리를 잡으려는 방식이 아니라 종합적이고 과감하게 길목을 지키는 방식이어야 한다.

기왕이면 인구부의 명칭을 '인구가족부'로 해서 여성가족부와 통합한 기구로 만들면 좋겠다. 저출산·고령화 문제는 여성·가족문제와 별개의 문제가 아니기 때문이다. 이렇게 하면 남녀노소 화합의 계기도 될 수 있을 것이다. 아울러 저출산·고령화·양성평등·가족과 관련한 모든 업무를 보건복지부, 교육부, 재정경제부, 건설교통부 등에서 인구가족부로 이관해 부총리급의 강력한 기구로 만들어야 한다.

그런 다음 인구가족부에서는 뒤에 이어지는 본문에서 다루는 정책을 시행해야 한다. 일부 정책은 너무 급진적이라거나 차별적이라며 비판할 수 있다. 그러나 한국의 출산율은 이러한 한가한 비판을 할 여유가 없다. 당연히 급진적이어야 하고, 차별적인 정책이어야만 출산율을 높일 수 있다.

02

안정적인 일자리를 청년들에게 제공하자

결혼하고 출산한 청년들에게 우선적으로 정규직 일자리 기회를 제공해야 한다. 공무원시험이나 공기업의 채용에서 자녀가 있는 응시자에 대해서는 가산점을 주는 것도 적극적으로 고려해야 한다.

한국의 실질 경제성장률은 1997년 외환위기 이후 계속 감소해왔다. 이에 따라 신규 일자리는 지속적으로 감소했다. 더욱이 청년 고용 시장에서는 비정규직 일자리나 계약직, 파견직이 증가하고 있다. 이러한 일자리들은 고용 안정성과 복지 혜택이 부족해 청년들에게 불안감을 줄 수밖에 없다. 결국 많은 청년들이 일자리의 질 문제로 인해 결혼과 같은 장기적인 계획을 세우기 어려워하는 상황이다.

한국의 청년 고용시장이 불안한 이유는 경제성장률의 지속적 감소뿐만 아니라 여러 가지 복합적인 요인에 기인한다. 다음과 같이 크게 네 가지로 정리할 수 있다.

① 구조적 문제

한국경제는 대기업과 중소기업 간의 격차가 크고, 많은 청년들이 안정적이고 높은 보상을 제공하는 대기업에 집중 지원하는 경향이 있다. 그러나 대기업의 일자리는 한정적이고, 중소기업의 근로 환경은 상대적으로 열악한 경우가 많아 청년들이 취업을 기피하는 상황이 생긴다.

② 디지털화에 따른 일자리 감소

디지털화와 자동화가 진행되면서 기존의 일자리 수요가 줄어드는 추세도 청년들의 안정적인 일자리 부족을 가져오는 요인이다. 특히 제조업 등 전통 산업은 자동화로 인해 일자리 감소가 두드러지며, 신기술에 맞는 새로운 역량이 필요하다. 그러나 이러한 변화에 대한 적응이 쉽지 않아 일자리 미스매치가 발생하고 있다.

③ 경제 불확실성

글로벌 경제 불확실성과 함께 한국경제의 기초체력 약화로 기업들이 고용에 신중해졌다. 이는 신규 채용을 줄이거나 계약직이나 파견직 고용을 선호하게 하는 결과로 이어졌다.

④ 학력 인플레이션

앞서 설명한 것처럼 한국은 OECD 국가 중에서 가장 높은 대학 진학률을 보이는 나라로, 이른바 '학력 인플레이션'이 심각한 상태다. 대졸자나 고학력자들은 중소기업의 일자리와 육체노동을 하는 일자리를 기피하는 경향이 있다. 설사 이런 일자리를 구하더라도, 만족하지 못한다.

이처럼 다양한 요인들로 인해 청년들이 원하는 일자리와 실제로 제공되는 일자리 사이의 격차가 커지고 있으며, 이로 인해 청년 고용시장이 불안정한 상황이 이어지고 있다. 결국 청년들에게 안정적인 고용을 제공하기 위해서는 다음과 같은 다각적인 접근이 필요한 상황이다.

① 대기업과 중소기업 간의 격차 완화

대기업에 지나치게 집중된 고용 선호를 줄이고 중소기업의 경쟁력을 높이기 위해 정부는 중소기업에 대한 지원을 강화할 필요가 있다. 중소기업의 근로 환경 개선, 임금 보조, 기술 지원 등을 통해 중소기업이 청년들에게 매력적인 일자리가 될 수 있도록 유도해야 한다. 이를 통해서 청년들의 취업처를 다양화할 수 있고, 고용 안정성을 높일 수 있다.

② 일자리의 질 개선

청년층이 안정된 고용과 장기적 커리어 개발을 누릴 수 있도록 비정규직, 계약직 등 불안정한 고용 형태를 줄이는 정책이 필요하다. 특히 청년이 근무할 수 있는 안정적인 정규직 일자리를 창출하고,

비정규직의 정규직 전환을 장려하는 제도를 강화해 고용의 질을 높일 필요가 있다. 이를 위해 노동법 개정이나 기업의 인센티브 제공이 필요하다.

③ 직업 교육과 재교육 지원 강화

산업구조의 변화에 맞추어 청년들에게 디지털기술, AI, 데이터 분석, 바이오 등 신기술 분야에서 필요한 역량을 교육하는 프로그램을 강화해야 한다. 직무 맞춤형 직업 교육과 실습 기회를 제공해 청년들이 빠르게 변화하는 산업에 대비할 수 있게 하고, 이들이 사회에서 요구하는 기술력을 갖추어 기업에서 즉시 활용할 수 있도록 정부가 지원해야 한다.

④ 스타트업과 신산업 활성화

청년들이 창업에 도전하거나 신산업 분야에 참여할 수 있도록 창업 지원 프로그램과 금융 지원을 확대해야 한다. 청년들이 창업 초기부터 안정적인 수익을 창출할 수 있도록 세제 혜택, 창업 자금, 컨설팅 등을 지원하고, 실패했을 경우에도 재도전할 수 있는 기회를 마련해 리스크 부담을 줄이는 것이 중요하다.

⑤ 청년 일자리 지원 정책 개선

청년을 위한 고용 지원 정책을 기존의 단기적 보조금 지원에서 벗어나 장기적으로 고용 창출 효과가 지속되는 방향으로 전환해야 한다. 예를 들어 고용유지 지원금, 청년 채용 인센티브 제도를 통해 기업들이 청년층을 지속적으로 고용하도록 유도할 수 있다. 청년 일자리 정책을 실질적으로 청년들의 필요에 맞게 개선함으로써 정책이 실제 일자리 창출로 이어지도록 해야 한다.

그러나 이러한 청년 일자리 정책들은 몰라서 실시하지 못하는 게 아니다. 너무나 구조적이고 다각적인 문제이기 때문에 한두 가지 정책으로 해결이 불가능한 상황이다. 게다가 인구고령화와 맞물려 노인 일자리도 늘려야 하는 상황이다. 그런데 청년만을 위한 일자리 정책은 노인 일자리 정책과 상충되기 십상이다.

때문에 궁극적으로 안정적인 고용을 위해서는 경제성장과 산업발전이 이루어져야 한다. 이를 위해 국가 차원의 신성장 산업 육성, 산업 구조 개편, 경제 혁신이 필요하며, 이를 통해 자연스럽게 일자리 창출로 이어질 수 있다. 그렇기 때문에 더욱이 시멘트를 쌓아올리는 방식의 경제성장에서 벗어나야 한다. 물론 쉽지 않은 과제다. 정부, 기업, 가계가 모두 부동산이라는 마약에 취해 있는 상태이기 때문이다. [이에 대해서는 뒤에서 설명한다.]

결국 안정적인 일자리를 모든 청년들에게 제공하는 것은 단기적으로는 불가능에 가깝다. 그래서 필자는 다음과 같은 정책들을 통해 '결혼과 출산을 연계한 일자리 정책'을 우선적으로 추진해야 한다고 생각한다.

① 양질의 정규직 일자리 제공

결혼하고 출산한 청년들에게 우선적으로 정규직 일자리 기회를 제공해야 한다. 사기업에게 이를 강제할 수 없기 때문에 기업에서 정규직으로 채용할 때 혼인·출산의 경우 우선적으로 채용하도록 하는 문화를 조성할 필요가 있다. 또한 이런 기업들에 대해서는 정부가 세금 감면이나 보조금을 제공하는 것도 적극 추진해야 한다. 아울러 공무원시험이나 공기업의 채용에서 자녀가 있는 응시자에 대해서는 가산점을 주는 것도 적극 고려해야 한다.

② 재교육 및 직업 훈련 지원

결혼과 출산 후에도 일자리를 유지할 수 있도록 재교육과 직업 훈련 지원을 강화해야 한다. 특히 육아휴직 중 경력 단절을 방지할 수 있는 재훈련 프로그램이나 경력 개발 기회를 제공하고, 기술 변화에 대비할 수 있는 교육을 지원해 청년들이 출산 후에도 재취업이나 경력 개발에 어려움이 없도록 해야 한다.

③ 맞춤형 창업 지원

결혼과 출산 후에도 자율적인 근무 환경에서 일하고 싶은 청년들을 위해 창업 지원 프로그램을 마련해야 한다. 창업 초기에 자금 지원, 저금리 대출, 세금 감면, 맞춤형 창업 컨설팅 등을 제공해 청년들이 가정을 꾸리면서도 자율적인 일자리 창출이 가능하도록 유도해야 한다.

03

청년과 신혼부부에게 안정적인 주거를 공급하자

청년과 신혼부부를 대상으로 한 공공주택 공급을 대폭 확대해야 한다. "빚내서 집 사라"고 부추기는 정책으로 집값을 올리는 대신, 보조금을 지급함으로써 실질적으로 집값을 낮춰야 한다. 그래야 우리나라의 출산율이 올라간다.

앞서 살펴본 것처럼 대부분의 일자리가 모여 있는 서울과 수도권의 집값은 천문학적이다. 서울의 집값은 전 세계 선진국 도시 중 가장 높다. 서울의 평균적인 아파트는 중산층 가구가 26년을 한 푼도 쓰지 않고 모아야 살 수 있는 가격이다. 가히 미친 가격이고, 젊은이들에게는 이미 주거 사다리가 끊어진 상태다.

우리나라의 신혼부부와 출산가정에게 살 집을 마련해주지 않고는 혼인율과 출산율을 절대로 높일 수 없다. 너무나도 높은 집값은 출산율을 낮출 뿐만 아니라 국민의 기본권을 침해하는 것이기도 하다. 또한 집값을 띄우는 정부의 부동산정책은 성장엔진을 꺼트리는 주범이기도 하다.

부동산과 관련한 정책은 뒤에서 자세히 논의하기로 하고, 여기서는 혼인과 출산을 장려할 수 있는 주거 정책에 대해서만 제시하려 한다.

① 청년과 신혼부부를 위한 주택공급 확대

청년과 신혼부부를 대상으로 한 공공주택공급을 확대하고, 이를 주요 도심 지역에 배치해 출퇴근 편의를 높이는 것이 중요하다. 아울러 육아와 생활에 필요한 편의 시설을 인근에 배치해 주거의 질을 높여야 한다. 공공임대주택, 장기전세주택, 청년 매입임대주택 등 다양한 주택 유형을 제공하고, 소득에 따라 임대료를 책정하는 등 실질적 혜택을 제공해야 한다.

장기 임대주택의 경우 일정 기간 동안 안정적으로 거주할 수 있도록 보장해서 신혼부부가 장기간에 걸쳐 주거 부담 없이 안정적인 생활을 할 수 있도록 지원해야 한다. 예를 들어 신혼부부가 결혼 후 10년간 안정적으로 거주할 수 있도록 임대 기간을 보장하고, 재계약 시 주거 조건을 우선적으로 검토해 이주 부담을 줄여줘야 한다. 서울시가 2024년 7월 '미리 내 집'이라는 이름으로 시행한 강동구 올림픽파크 포레온(둔촌주공 재건축 아파트)의 장기전세주택 입주자 300가구 모집에 1만 7,929가구가 몰려 평균 경쟁률 60 대 1을 기록했다. 서울시뿐만 아니라 국토부가 전국적으로 이러한 장기전세주택을 대량 공급해야 한다.

② 생애 첫 주택 구입자에 대한 세제 혜택

청년과 신혼부부가 생애 처음으로 주택을 구입할 때 취득세나 양도소득세 면제 혜택을 제공해 주택 구입 부담을 경감해줘야 한다. 특히 결혼이나 출산과 같은 특정 조건을 충족할 경우 보조금을 지급하는 것도 적극 추진해야 한다. [이에 대해서는 뒤의 싱가포르 사례에서 자세히 설명한다.]

보조금 지원 대신 '특례대출'을 시행하는 것은 출산율을 높이는 것이 아니라 도리어 집값을 높임으로써 출산율을 낮춘다. 여야 정치권에서 신혼부부에 대한 헝가리식 대출을 하자고 주장하고 있다. 2024년 3월 총선 기간 동안 민주당은 "신혼부부에게 1억 원을 10년 만기로 대출해주고 첫째 자녀를 낳으면 무이자로 전환, 둘째 자녀를 낳으면 5천만 원 감면, 셋째 자녀를 낳으면 원금 전액을 감면"하는 대책을 발표했다. 이는 나경원 전 저출산고령사회위원회 부위원장이 내놓았던 헝가리식 저출산 대책의 변형이다. 얼마 전 국민의힘 나경원 의원은 이를 다시 꺼내들며 "신혼부부에게 2억 원을 20년 만기, 금리 1%에 대출해주고 첫째를 낳으면 이자 감면, 둘째를 낳으면 원금의 일부를 탕감"해주자는 주장을 했다.

2023년 혼인 건수가 19만 4천 건이었다. 혼인 한 건당 2억씩 대출 지원한다면 거의 40조 원에 달한다. 이러한 막대한 금액이 신혼부부에게 일회성으로 지원된다면 출산·육아비용으로 사용되기 보다는 집을 사는 데 사용될 공산이 크다. 결국 이는 오히려 매년 주택가격을 올리는 불쏘시개 역할을 할 것이다. 2023년에 특례보금자리론으로 40조 원, 2024년에 신생아특례대출로 27조 원이 풀리면서 주택 가격이 들썩거린 것처럼 말이다. 지나치게 높은 주택 가격이 저출산의 중요한 원인 중 하나이기 때문에 일회성으로 목돈을 지원하는 것은 저출산 문제를 해결하기보다는 오히려 악화시킬 것이다.

다시금 강조하지만 특례대출이라는 이름으로 "빚내서 집 사라"고 부추기는 정책을 시행해 집값을 올리는 우를 범해선 안 된다. 그 대신 보조금을 지급함으로써 실질적으로 집값을 낮추는 것이 혼인율과 출산율을 높이는 방법이다.

04

사회가 책임지는 양육 시스템을 구축하자

합계출산율이 1.5명을 넘는 독일은 출생 후 18세까지 매월 250유로(약 38만 원)를 아동수당으로 지급하고 있다. 독일보다 상황이 심각한 한국은 더 과감해야 하니, 출생 후 매달 100만 원씩 20년 동안 유소년 수당을 지급하자.

앞서 살펴본 것처럼 한국인의 교육열은 세계에서 가장 뜨겁다. 때문에 대학진학률과 양육비용 모두 세계 최고수준이다. 통계청에서 실시한 〈초중고 사교육비 조사〉 결과에 따르면 2007년 사교육비는 20조 원 규모였는데 2015년엔 18조 원까지 감소했다.[29] 그러나 이후 급속히 증가하기 시작해서 2023년에는 27조 원에 이르렀다. 즉 8년 만에 사교육비가 무려 50%나 증가한 것이다. 이 기간에 합계출산율이 가장 빠르게 감소한 것과 무관하지 않다.

중국의 위와인구연구소가 발표한 〈2024년 중국 양육 비용 보고서〉에 따르면 출생 후 18세까지(대학 입학 전까지) 자녀를 기르는

데 드는 비용은 한국은 3억 3,500만 원이 든다. 이는 한국의 1인당 GDP의 7.8배로 세계에서 가장 높고, 중국은 6.3배로 두 번째로 높다. 이는 독일(3.6배), 미국(4.1배), 일본(4.3배), 뉴질랜드(4.6배)보다 2~3배 이상 높은 수준이다.[30]

정부는 2024년 태어나는 아이부터 월 10만 원씩 8세까지 아동수당 960만 원을 지급할 뿐만 아니라 임신·출산의료비, 첫만남이용권, 부모급여, 보육료·급식비, 초중고 교육비 등의 명목으로 총 7,250만 원을 지원하기로 했다. 이와 함께 광역시·도와 기초지자체가 각종의 양육비를 지원하고 있다. 전국에서 가장 파격적인 곳은 전남 강진군으로 아이 한 명당 월 60만 원씩 7년간 총 5,040만 원을 지원하고 있다. 그러나 강진군의 재정자립도는 7.6%에 불과하다. 이처럼 재정자립도가 10%도 되지 않는 기초지자체들이 수두룩하다.

저출생 문제는 특정 지역만의 문제가 아니라 범국가적인 재난상황이다. 그런데 중앙정부의 저출생 대책이 충분하지 못하다 보니 중앙정부에 예산을 절대적으로 의존하고 있는 기초지자체들이 나서서 경쟁하고 있는 것이다.

지방의 작은 지자체에서 먼저 양육비를 지원하기 시작했지만 이제는 수도권 광역 지자체까지 양육비 지원에 나서고 있다. 인천시가 0세부터 18세까지 1억 원을 지급하겠다고 발표했고, 서울시 의회에서도 0세에서 18세까지 총 1억 원 지급을 추진하겠다고 발표했다.

서울시는 재정자립도가 75.4%로 전국 시도 중 가장 높다. 인천

시도 52.4%로, 네 번째로 높다. 반면에 인구 감소지역들이 몰려 있는 전라북도, 전라남도, 경상북도, 강원특별자치도의 재정자립도는 24~25%에 불과하다. 결국 지자체별로 경쟁하도록 내버려두면 재정자립도가 높은 지자체들의 지원액이 많을 수밖에 없고, 이는 지방의 인구소멸과 고령화를 촉진하며, 수도권으로의 인구집중만을 가져오게 될 것이다. 따라서 중앙정부, 광역지자체, 기초지자체에서 지급하는 모든 현금성 지원을 중앙정부가 통합해서 아동수당으로 지급해야 한다. 지원 기간도 단기에 그칠 것이 아니라 성인이 될 때까지 지급해야 한다.

때문에 필자는 조선일보와 중앙일보 등의 일간지 사설을 통해 "아이가 태어나면 매달 100만 원씩, 연간 1,200만 원, 20년 동안 총 2억 4천만 원의 유소년수당을 지급하자"고 주장해왔다.[31] 이에 필요한 예산은 매년 30만 명이 태어난다고 가정할 때, 첫 해에는 3조 6천억 원, 10년 뒤에는 36조 원이 소요된다. 이는 2024년 한 해 중앙정부와 지방정부의 저출산 예산 46조 원에도 못 미치는 금액이다. 20년 뒤부터는 매년 72조 원이 소요되는데, 이 예산은 2023년 출생아 수 23만 명보다 많은 30만 명을 기준으로 잡은 것이다.

합계출산율이 1.5명을 넘는 독일은 출생 후 18세까지 매월 250유로(약 38만 원)를 아동수당(Kindergeld)으로 지급하며, 18세 이후에도 구직중이거나 대학재학, 직업훈련중이면 25세까지 지급한다. 합계출산율이 1.6명을 넘는 스웨덴은 출생 후 16세까지 매월 1,250크로나(약 16만 원)를 아동수당으로 지급한다.

이 나라들보다 상황이 훨씬 나쁜 우리나라는 더욱 과감해야 한다. 일부에서는 매달 현금 지원을 하면 젊은 부부들이 대출 이자를 갚는 데 사용해 결국 집값을 올리는 결과를 가져올 것이라고 비판한다. 또 일부에서는 이 돈이 사교육 시장으로 흘러가 과열경쟁을 더욱 악화시킬 것이라고 비판한다. 따라서 유소년수당은 용도를 지정한 바우처로 지급해야 한다.

또한 유소년수당의 일부(예를 들어 50%)를 국민연금과 같은 방식으로 운영한 후 성인이 되었을 때 목돈으로 지급하면 종잣돈(시드머니)을 가지고 사회에 나갈 수 있을 것이다. 이러한 유소년수당은 고소득층뿐만 아니라 저소득층 자녀들에게도 양질의 육아와 교육 기회를 제공함으로써 미래 인적자원의 질적 수준을 크게 높이는 효과도 있을 것이다. 아울러 우리 사회의 고질적인 사회양극화를 줄이는 데도 도움이 될 것이다.

물론 양육비 지원만으로는 부모들의 양육부담을 덜고 사회적으로 필요한 미래 인재를 키워내는 데 충분하지 않다. 보다 근본적으로는 교육개혁을 넘어서는 교육혁명이 있어야 한다. [이에 대해서는 3장에서 설명한다.]

05

일과 가정의 양립이 필수가 되게 하자

한국인 여성의 고등교육 수준은 OECD 평균보다 높다. 그러나 한국의 남성 대비 여성의 경제활동 참가율은 OECD 평균에 한참 못 미친다. 여성들이 일을 위해 결혼과 출산을 포기하는 상황을 바꿔야 한다.

한국인의 고등교육 수준은 세계에서 가장 높은 수준이다. 특히 여성의 고등교육 수준은 1980년대 이후 세계에서 가장 빠른 속도로 높아져, 2000년은 55%로 OECD 평균(52%)보다 높아졌고, 2023년은 95%로 OECD 평균(87%)보다 높은 수준이다.

한국 여성의 경제활동 참가율도 빠르게 증가해왔다. 그러나 남성 대비 여성의 경제활동 참가율은 2023년 기준 76%로, OECD 평균인 78%에 못 미친다(그림 4-3). 더욱이 한국 여성의 경제활동 참가율은 20대 후반에 높아졌다가 30대 후반엔 최저치로 떨어지고, 이후 50대까지 조금씩 높아지는 소위 '낙타 등'의 모습을 보인다.

[그림 4-3] 남성 대비 여성의 경제활동 참가율(%): 한국 및 OECD 평균

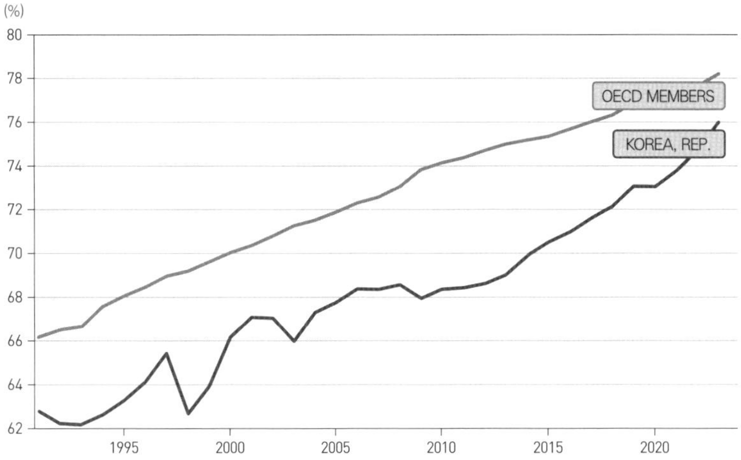

출처: World Bank Open Data

그 이유는 일과 육아의 양립이 어려워 많은 여성들이 출산과 육아를 위해 그동안 하던 일을 포기하기 때문이다. 이는 또한 여성들이 일을 위해 결혼과 출산을 포기하는 상황을 보여주는 것이기도 하다. 그렇기 때문에 다음과 같은 정책들을 적극 추진해야 한다.

① 육아휴직 및 근로시간 단축 정책 강화

육아휴직 사용에 따른 경제적 손실을 줄이기 위해 급여 대체율을 높이는 등 정부 지원을 대폭 확대해야 한다. 부모 모두가 육아휴직을 사용할 수 있도록 '아빠 육아휴직제'도 대폭 확대해야 한다. 또한 근로자가 육아와 업무를 병행할 수 있도록 자녀 양육기 동안 원격근무 및 탄력근무제를 적극 장려해야 한다.

② 육아 지원 서비스 확대

공공 보육 시설의 수를 늘리고 질을 개선해 부모가 안심하고 자녀를 맡길 수 있도록 보장해야 한다. 맞벌이 가정을 위한 야간 및 주말 보육 서비스도 확대해야 한다.

③ 성차별이 없는 직장문화 조성

육아휴직 사용 및 근로시간 단축이 경력 단절이나 승진 차별로 이어지지 않도록 보장해야 한다. 남성 근로자의 육아휴직 및 돌봄 참여를 활성화하기 위한 인센티브도 제공해야 한다.

④ 초등 돌봄 사각지대 해소

초등학교 저학년 학생을 위한 방과 후 돌봄 프로그램을 확대해야 한다. 맞벌이 부모가 갑작스럽게 필요한 돌봄 상황에서도 지원을 받을 수 있어야 한다. 이를 위해 지역사회와 연계한 공공 돌봄 서비스를 제공하는 시스템 구축도 필요하다.

2장

집이 삶의 터전인 나라로 만들기

01

부동산 경기를 하향 안정화해야 한다

우리 경제는 조로증에 고혈압과 고콜레스테롤까지 있는 '당뇨합병증'에 걸려있는 상태다. 그 핵심 원인은 우리 경제가 빚내어 집값 올리고 건설투자로 경기를 부양하는 방식으로 만든 '빚으로 지은 집'이기 때문이다.

PART 3에서 자세히 설명한 것처럼 한국경제는 '빚으로 지은 집'이나 다름없다. 문재인 정부가 시작되던 2017년 이후 집값이 전국적으로 2배나 급등했다. 서울 강남은 3배 이상 급등했다. 이 때문에 많은 국민들이 분노했고, 결국 정권은 교체되었다.

그럼에도 불구하고 윤석열 정부는 2022년 후반 집값이 하락하기 시작하자 서둘러 규제를 풀고 "빚내서 집 사라"고 부추기는 정책을 시행해왔다. 2023년 특례보금자리론으로 40조 원을 부동산시장에 푼 데 이어, 2024년에는 신생아 특례대출 27조 원을 비롯해 55조 원 규모의 정책자금을 풀었다. 게다가 2024년 7월 1일에 시행 예정이던 스트레스 DSR(총부채원리금상환비율) 2단계도 시행일을 불과 며칠 남겨두고 9월 1일로 연기했다.

이러한 윤석열 정부의 "막차 타라"는 신호에 젊은이들은 대출에 주식까지 팔아서 주택 매입에 나섰다. 이 바람에 서울과 수도권 집값은 다시 뛰었고, 가계부채는 크게 증가했다.

현재 한국 전체 가계자산의 79%가 부동산에 묶여 있다. 가계부채는 GDP 대비 92%에 이르고, 가처분소득 대비로는 149%에 달한다. 개인 간의 채무인 전세보증금까지 포함하면 2023년 기준 GDP 대비 136%로, OECD 국가 중에서 단연코 1위다.

2024년 신규 가계부채의 80% 이상이 주택담보대출이고, 은행권 주택담보대출의 73%는 정부의 정책대출이다. 빚이 너무 많아 도저히 소비가 살아날 수 없고, 돈이 대부분 부동산으로 몰려 있어서 주식 가격이 오를 수 없는 상황이 되어버렸다.

주가 하락은 기업들의 자금 조달을 어렵게 한다. 이는 결국 우리 기업들이 미래 먹거리를 만드는 새로운 기술과 설비투자를 어렵게 하고 있다. 그 결과 그동안 우리나라를 먹여살렸던 산업들 대부분이 중국에 밀리고 있다. 그나마 중국보다 앞섰다는 반도체마저도 밀리고 있다.

더욱이 집값이 너무 올라 주거 사다리가 끊어진 상태이기 때문에 젊은이들이 결혼하고 아이를 낳을 수 없는 실정이다. 이 때문에 인구고령화가 전 세계에서 가장 빠르게 진행중이고, 이 또한 우리나라

성장잠재력을 빠르게 낮추는 중요한 이유다.

인간에 비유하면 우리 경제는 조로증에 고혈압과 고콜레스테롤까지 있는 '당뇨합병증'에 걸려 있는 상태다. 모르핀 주사를 맞아 해결할 수 있는 상황이 아니다. 그러다가는 어느 날 갑자기 픽 쓰러질 수 있다. 이 모든 사태의 핵심 원인은 우리 경제가 빚내어 집값 올리고 건설투자로 경기를 부양하는 방식으로 만든 '빚으로 지은 집'이기 때문이다.

이제는 정부가 부동산 경기를 부양하기보다는 하향 안정화하려는 노력을 해야 한다. 모든 정부들은 부동산 안정화를 이야기했지만 진정으로 가격의 '하향 안정화'를 원하기보다는 '상향 안정화'를 원한 것이 아닌가 싶다. 설사 하향 안정화를 원했다 하더라도 정부가 내놓은 각종 규제 정책이 도리어 부동산 가격을 올리는 결과를 가져왔음을 PART 3에서 자세히 설명했다. 따라서 PART 4에서는 주택 가격이 어떻게 결정되는지에 대해 이론을 기반으로 실증적으로 설명하고 나서, 주택 가격 안정화를 위한 정책을 제시하려 한다.

02

주택가격의 수요와 공급에 정부가 개입하지 말자

단기적으로는 정부가 시장을 이기는 것처럼 보이지만, 장기적으로는 시장을 이길 수 없다. 억지로 이기려 하면 일본의 1990년, 미국의 2008년과 같이 부동산 버블이 터지면서 경제 전체가 큰 위기에 빠지게 된다.

서울은 이제 전 세계 선진국 도시 중에서 소득 대비 집값이 가장 높은 나라이다. 서울의 평균적인 가계가 평균적인 아파트 한 채를 구입하기 위해서는 무려 26년을 한 푼도 쓰지 않고 모아야 한다.

'집값이 또 올라버릴 수 있으니 가능한 빨리 최대한 돈을 빌려 집을 사는 게 현명한 내 집 마련 방법이고 투자 방법'이라고 생각하는 사람들이 많아졌다. 더욱이 집값이 올라가는 것만을 본 젊은 세대들은 더욱더 부동산투자가 최고의 투자라고 생각하는 '부동산 불패' 신화에 빠진 것 같다. 그러나 이제 더 이상 이 신화가 통하지 않는다. 아파트 가격도 결국 수요와 공급에 의해서 결정되기 때문이다.

우선 수요부터 생각해보자. 주택수요에 영향을 주는 가장 큰 요인은 인구, 소득, 금리다. 앞에서 설명한 대로 인구와 소득이 빠르게 증가할 때는 아파트 수요도 증가할 수밖에 없다. 그러나 총인구가 이미 감소하고 있을 뿐만 아니라 주택수요가 가장 많은 젊은 인구, 즉 15세 이상 64세까지의 생산연령인구는 매년 30만 명씩 감소하고 있다. 이 감소 속도는 더욱 빨라지고 있다. 집값이 가장 높은 서울의 연령별 가구 분포를 보면, 60대 이상 가구는 늘고 있는 반면에 주택수요가 많은 40대와 50대 가구는 줄어들고 있다.

이러한 인구고령화로 인해서 1970년대 10%를 넘던 연간 경제성장률은 빠르게 감소해서 이제 2% 수준이다. 한국은행 추계에 의하면 잠재성장률은 2030년대 중반에 이르면 0%대까지 감소할 것이고, 2050년대에는 0% 미만으로 떨어질 것이다.

인구가 감소하고 소득이 더 이상 증가하지 않더라도 금리가 하락하면 주택수요가 증가할 수 있다. 이것이 2020년 코로나-19 사태가 터진 후 나타난 현상이다. 그러나 한국은행이 3.5%까지 올렸던 기준금리를 낮추고 있지만 예전처럼 기준금리를 0%대로 낮출 수는 없다. PART 2에서 설명한 것처럼 한국만이 아니라 글로벌 금융시장도 마찬가지다.

코로나-19 이전까지만 해도 미국을 비롯한 선진국들의 중앙은행들이 아무리 금리를 낮추고 돈을 풀어도 인플레이션이 나타나지 않았고 시중금리도 낮았다. 그러나 PART 2에서 설명한 것처럼 세계가 이제 탈세계화를 넘어 무역전쟁을 하는 상황이 되면서 더 이상 중국과 같은 나라가 물건을 저렴하게 무한정 공급할 수 없다. 한편으론 기후위기로 인해 에너지 비용은 상승할 수밖에 없다. 더욱이 최근에는 인공지능이 엄청난 전력을 소모함으로써 전력요금의 상승요인으로 작용하고 있다. 이제는 인플레가 상존하는 세상이 되면서 중앙은행은 금리를 예전처럼 낮출 수 없는 것이다.

2023년과 2024년에 정부가 내놓은 '정책금융'이라는 이름의 저금리 부동산 담보대출도 지속가능하지 않다. 왜냐하면 매년 늘어나는 재정적자와 정부부채를 걱정해야 하는 상황에서 정책자금을 집값 띄우는 데 쏟아 부을 수 없는 상황이다. 더욱이 가계부채가 너무 많은 상황에서 더 이상 "빚내어 집 사라"는 정책을 쓰면 위험하다는 것을 정부도 깨닫기 시작했기 때문이다.

그렇다면 부동산시장의 공급은 어떤가? 일반적으로 공급이라고 하면 신규 주택 분양을 생각한다. 최근 서울 집값이 오른 이유가 서울의 신규 주택공급 분량이 부족하기 때문이라고 주장하는 전문가들이 많다. 신규 주택의 분양은 부동산 경기가 나쁘면 줄어들고, 부동산 경기가 좋으면 늘어난다. 신규 주택공급은 주택 가격의 선행지표이기보다는 후행지표의 성격이 강하다. 그러므로 신규 주택 분양보다 중요한 공급은 시장에 나오는 기존 아파트 매물이다.

서울의 경우 2025년 2월 말 기준으로 매물건수가 9만 건을 넘는다. 이는 부동산 사이트인 '아실'이 2022년 11월 처음 통계를 잡기 시작했을 때보다 2배 이상 많은 수준이고, 사상 최고 수준이다.

기존 주택의 공급은 단기적으로는 금리와 함께 부동산 경기에 대한 집주인들의 전망에 의해 결정된다. 즉 금리가 높고 집값이 떨어질 거라고 생각하면 매물이 늘어난다. 기존 주택 매물의 증감은 중장기적으로는 인구요인에 의해 결정된다. 인구고령화가 진행되고 인구가 감소하면 기존 주택 매물은 증가할 수밖에 없다. 나이가 들어 자식들을 분가시키고 나면 더 이상 큰 집이 필요 없어진다. 큰 집을 팔고 작은 집으로 옮기려 한다. 그러다가 결국 누구든 마찬가지로 사망에 이르면 살던 집이 주택 매물로 나오게 된다. 혹은 자식에게 상속하게 되는데, 이 경우 자식의 주택수요를 감소시켜 결국 주택 매물에서 주택수요를 뺀 '순주택공급'은 증가하게 된다.

이렇듯 주택 가격은 수요와 공급에 의해 결정된다. 그런데 한국은 유독 정부가 주택시장에 개입해 수요와 공급을 교란하는 게 문제다.

이미 설명한 것처럼 2024년 9월까지 서울 아파트값이 오른 것은 갑자기 공급이 부족해진 것이 아니라 정부가 특례대출과 스트레스 DSR 2단계 시행을 2024년 7월에서 9월로 늦추면서 가수요가 몰렸기 때문이다. 이렇게 되자 단기적으로 가격이 상승하면서 기존 주택 매물 또한 일시적으로 감소했다. 그러나 단기적으로는 정부가 시장을 이기는 것처럼 보이지만, 장기적으로는 시장을 이길 수 없다. 시장을 억지로 이기려 하면 일본의 1990년, 미국의 2008년과 같이 부동산 버블이 터지면서 경제 전체가 큰 위기에 빠지게 된다.

03

보유세는 높이고,
거래세는 낮춰야 한다

주택 공급은 신규 분양이나 건설에 집중하는 것보다 기존 주택이 매물로 시장에 많이 나오도록 해야 한다. 이를 위해서는 보유세 부담을 높이는 대신 거래에 따른 비용은 낮춰줘야 한다.

경제학에서 가장 시장 친화적이고 효율적인 정부정책은 물량을 강제적으로 조절하는 것이 아니다. 조세를 통해서 수요와 공급에 영향을 미치는 것이다.

부동산과 관련된 세금은 매입할 때의 취등록세, 보유할 때의 재산세, 매도할 때의 양도소득세가 있다. 취등록세와 양도소득세는 거래세이고, 재산세는 보유세이다.

한국의 부동산 거래세는 GDP 대비로 비교하면 OECD 국가 중에서 가장 높다. 한국지방세연구원의 보고서에 따르면 2020~2022년 기준 한국의 부동산 거래세는 총 조세 대비 5.5%로, OECD 평균 1.9%에 비해 3배 가까이 높은 수준이다. GDP 대비로 볼 때도 한국의 부동산 거래세는 1.2%로, OECD 평균 0.48%에 비해 2배 이상 높다. 한국의 대한상공회의소 보고서에 따르면, 2021년 기준 GDP 대비 한국의 거래세는 2.59%, 양도소득세는 1.7%인 데 비해 OECD 평균은 각각 0.51%와 0.21%다.[32]

반면 OECD의 보고서에 따르면 한국의 총 조세 수입 중 보유세 비중은 4%에 조금 못 미치는 정도로 OECD 평균 수준이다.[33] 한국의 대한상공회의소 보고서에 따르면, GDP 대비 부동산 보유세 비중은 한국은 1.18%, OECD 평균은 1.0%다. OECD의 또 다른 보고서에 따르면 최근 한국의 GDP 대비 재산세 비율이 높아져 2021년에 1.2%를 기록했다.[34] 이는 미국, 영국, 프랑스, 일본 등의 2~3% 수준보다 매우 낮은 수준이다. OECD 국가 중 보유세 비중이 가장 높은 나라는 미국으로, 11%에 달한다.

그러나 한 나라의 부동산 관련 세금, 즉 거래세와 보유세 부담이 많고 적은지를 파악하기 위해서는 GDP 대비나 총 조세 수입 대비가 아니라 부동산 가치 대비로 비교해야 한다. 이미 설명한 것처럼 한국의 소득 대비 집값은 선진국 중에 최고 수준이다. 눔비오에 따르면 서울의 평균적인 아파트 가격은 평균적인 가계소득의 26배에 달한다. 이는 OECD 국가들의 도시보다 훨씬 높을 뿐만 아니라 전 세계에서 가장 집값이 비싸다고 하는 뉴욕이나 런던에 비해 2배 이상 높은 수준이다. 즉 한국의 보유세가 GDP 대비로 볼 때는 OECD

평균 수준이지만, 보유한 부동산의 가격(가치) 대비 보유세 부담은 상대적으로 낮다는 뜻이다.

그럼 직접 서울과 뉴욕의 아파트 보유세를 비교해보자. 뉴욕 맨해튼의 시장가치로 300만 달러인 거주용 콘도의 경우로 분류되어 과세 가치는 135만 달러(시장가치의 45%로 산정), 세율은 12.88%다. 즉 연간 보유세는 173,880달러(=1,350,000×0.1288)다. 그런데 거주용 콘도는 10~25% 세금감면을 해주므로 최대 25% 감면을 받는다 해도 연간 130,410달러(=173,880×0.75)의 보유세를 매년 내야 한다. 원화로는 무려 182,574,000원(환율 1,400원 적용)이다.

이어 서울 강남의 동일한 가격, 즉 42억 원(환율 1,400원 적용)짜리 아파트의 연간 보유세를 계산해보자. 한국의 부동산 세제는 매우 복잡하다. 한국의 부동산 보유세는 재산세와 종합부동산세로 나뉜다. 2024년 기준으로 재산세는 주택 가격의 공시가격(시가표준액)에 공정시장가액비율 60%를 곱한 금액인 과세표준에 따라 0.1~0.4%의 누진 세율이 적용된다. [주택에 대한 누진 재산세율은 다음과 같다. 과세표준 6천만 원 이하는 0.1%, 6천만 원 초과~1억 5천만 원 이하는 '6만 원 + 초과 금액의 0.15%', 1억 5천만 원 초과~3억 원 이하는 '19만 5천 원+초과 금액의 0.25%', 3억 원 초과는 '57만 원+초과 금액의 0.4%'.]

그럼 국세청 홈텍스를 이용해 재산세부터 계산해보자. 1세대 1주택 소유자의 시가 42억 원 상당 아파트의 공시가격(시가표준액)은 29억 원(시가의 69% 적용) 정도이다.[35] 따라서 과세표준은 시가표준액에 공정시가액비율(60%)을 곱한 금액인 17억 4천만 원이다. 이에 따른 재산세는 6,333,000원(=57만 원+3억 원 초과 금액의 0.4%)이다. 여기에 도시지역분 2,436,000원(과세표준액의 0.14%), 지방교육세 1,266,000원(재산세액의 20%)을 더하면 총 납부액은 10,032,000원이다.

1세대 1주택이면서 공시가격 29억 원인 아파트는 12억 원을 초과하므로 종합부동산세(종부세)가 추가로 과세되는데 누진 세율(0.5~2.7%)이 적용된다. [주택(2주택 이하)의 종합재산세율은 다음과 같다. 3억 원 이하는 0.5%, 6억 원 이하는 0.7%, 12억 원 이하는 1.0%, 25억 원 이하는 1.3%, 50억 원 이하는 1.5%, 94억 원 이하는 2.0%, 94억 원 초과는 2.7%.]

과세표준금액은 공제액 1억 2천만 원을 차감한 10억 7천만 원의 60%인 10억 2천만 원이다. 1%의 세율을 적용하면 780만 원이다. 여기에 재산세액을 공제하고, 농어촌특별세액을 더하면 최종 납부해야 할 종합부동산세는 7,156,800원이다.

그러나 연령과 보유기간에 따라 세액이 최대 80%까지 공제된다. [연령별 공제율은 60세 이상이 20%, 65세 이상이 30%, 70세 이상이 40%다. 보유기간별 공제율은 5년 이상이 20%, 10년 이상이 40%, 15년 이상이 50%다.] 70세 이상에 대한 공제율 40%와 15년 이상 보유에 대한 공제율 50%를 적용하면, 최종 납부세액은 1,431,360원으로 줄어든다.

결론적으로 서울 강남에 위치한 시가 42억 원 상당 아파트의 연간 보유세는 17,188,800원(=재산세 10,032,000원+종합부동산세 7,156,800원)이다. 이는 각종 공제를 하지 않았을 때의 최대금액이다. 이 금액은 동일한 가격의 뉴욕 맨해튼 콘도의 연간 보유세 182,574,000원의 1/10 정도에 불과하다. 그럼에도 불구하고 언론에서는 "한국의 보유세가 너무 높으니 이를 낮춰야 한다"고 분위기를 잡는다.

미국의 주택 보유세는 한국의 10배에 이르지만 연방정부 차원에서는 주택 거래에 따른 취등록세나 양도소득세가 거의 없다시피 한다. 그것도 일부 주 또는 지방정부에서만 부과하고 있다.

앞에서 설명한 것처럼 주택공급은 신규 분양이나 건설에 집중하는 것보다 기존 주택이 매물로 시장에 많이 나오도록 해야 한다. 이를 위해서는 보유세 부담을 높이는 대신 거래에 따른 비용은 낮춰줘야 한다. 즉 전체 부동산 관련 조세수입은 동일하게 유지하되, 보유세는 높이고 거래세는 낮추는 것이다. 아울러 재산세와 종합부동산세로 나뉘어 있는 보유세를 재산세로 단일화하고 단순화해야 한다. 또한 소유하고 있는 주택 수보다는 모든 보유 주택의 총액을 기준으로 해서 누진 세율을 적용해야 한다.

이렇게 해야만 '똘똘한 한 채'로 몰리는 현상을 막을 수 있다. 또한 서울 거주자가 지방에도 세컨드 홈을 마련함으로써 지방 주택의 공실화도 막을 수 있다.

04

우리가 꼭 배워야 할 싱가포르의 부동산 정책

한국보다 인구밀도가 16배나 높은 싱가포르 국민의 80%가 공공아파트에 거주하고, 이 중의 90%가 자가 보유다. 싱가포르 정부가 '주택은 투기의 대상이 아니라 삶의 터전'이라는 원칙하에 추진해온 정책 덕분이다.

한국의 집값이 높은 이유를 설명할 때 빠지지 않는 것이 "국토면적에 비해 너무 많은 사람이 살기 때문"이라는 거다. 즉 인구밀도가 높기 때문에 집을 지을 땅은 부족하고 수용해야 할 사람 수는 너무 많아서 집값이 높을 수밖에 없다는 거다.

한국의 인구밀도는 km^2당 516명이며, 세계 25위로 높은 수준이다. 1위는 마카오, 2위는 모나코, 3위는 싱가포르이다. 싱가포르의 인구밀도는 km^2당 8,250명으로, 한국의 16배나 높다. 그런데 눔비오에 따르면 2024년 중반 기준으로 싱가포르의 소득 대비 아파트가격은 18.7로, 서울의 25.8의 72% 수준이다. 그나마 이건 모든 아파트의 평균 가격이고, 싱가포르 인구의 80%가 거주하는 공공아파트의 가격은 이보다 훨씬 낮다.

싱가포르는 1965년 주권국가로 독립했다. 말이 주권국가이지 국토면적은 약 733.5km²로, 서울의 1.2배 정도 크기이다. 인구는 약 600만 명으로, 중국계 74%, 말레이계 13%, 인도계 9%, 기타 4%로 구성된 다민족 국가이다. 일인당 GDP는 134,000달러로 세계 3위이고, IMD의 세계경쟁력순위 4위(한국 28위), 헤리티지 재단의 경제자유도 1위(한국 14위) 국가이다. 합계출산율은 0.97명(2023년)으로 낮은 편이지만 한국의 0.72명보다는 훨씬 높은 수준이다.

한국보다 인구밀도가 무려 16배나 높은 싱가포르 국민들의 80%가 공공아파트에 거주하고, 이 중 90%가 자가 보유다. 이것은 싱가포르 정부가 독립할 때부터 '주택은 투기의 대상이 아니라 삶의 터전'이라는 원칙하에 추진해온 일관성 있는 정책 덕분이다. 싱가포르 정부가 추진해온 부동산 정책의 핵심 내용을 살펴보자.

① 주택개발청(HDB; Housing and Development Board)

HDB는 싱가포르의 공공주택공급을 책임지는 정부 기관이다. 1960년에 설립된 이 기관은 싱가포르 주민의 주거 문제를 해결하기 위해 다양한 공공주택을 개발하고 관리한다.

② 공공주택(public housing)

HDB가 공급하는 공공주택은 다양한 크기와 유형이 있는데, 상대적으로 저렴한 가격으로 중산층 이하 가구에게 주로 공급된다. 현재까지 약 100만 채가 분양되어, 인구의 80%가 공공주택에 거주하고 있는데, 이들 중 90%가 자가 보유다.

③ 주택 소유제도

싱가포르에서는 공공주택을 임대하는 것이 아니라 구매하는 방식이다. 주민들은 정부로부터 보조금을 받아 HDB 아파트를 구매할 수 있으며, 이는 주로 99년 기한의 임대권 형태로 제공된다. 이를 통해 주택 소유율을 높이고, 주민들이 안정적인 거주 환경을 누릴 수 있도록 한다.

④ 재판매 시장

HDB 아파트는 재판매가 가능하다. HDB 아파트를 5년 이상 소유하면 이를 팔 수 있다. 이를 통해 주택 시장의 유동성을 높이고, 주택 소유자들이 자산을 증식시킬 수 있는 기회를 제공한다.

⑤ 민간주택(private housing)

HDB가 공급하는 공공주택 외에도 민간개발업체가 공급하는 주택도 있다. 이는 주로 부유층을 위한 고급 아파트나 주택들로 가격이 높고, 상대적으로 소수의 인구만이 거주한다. 싱가포르 정부는 공공주택을 분양함에 있어서 신혼부부, 다자녀 가구, 고령자 등 주거 취약계층에게 우선 분양기회를 제공한다.

⑥ 신혼부부 특별 우선분양제도(First-Timer Couple Scheme)

결혼한 신혼부부 또는 1년 내에 결혼 예정인 커플에게 공공주택 신규 분양(BTO; Built-to Order) 물량의 30~50%를 우선 배정한다.

⑦ 다자녀가정 우선분양제도(PPS; Parenthood Priority Scheme)

두 명 이상의 자녀를 둔 가정에게 신규 분양 물량의 30%를 우선 배정한다.

⑧ 부모부양 우선분양제도(MCPS; Married Child Priority Scheme)

부모와 함께 거주하거나 가까운 곳에 거주할 계획이 있는 다자녀 가구에게 신규 분양 아파트를 우선적으로 배정하는 제도이다. 주로 대규모 BTO 프로젝트에서 부모와 자녀가 같은 단지에 위치한 아파트를 구입할 수 있도록 지원한다.

싱가포르 정부는 이러한 공공주택 정책을 통해 공공주택을 저렴하게 공급하는 것에 더해, 다양한 주택 보조금을 제공해서 주택 구입을 지원한다. 싱가포르의 주택 구입 지원 정책은 다음과 같다.

① 첫 주택 구매자 보조금(EHG; Enhanced CPF Housing Grant)

첫 주택을 구입하는 중저소득층 가구[월평균 소득 9천 SGD(약 900만 원) 이하]에게 지급하는 이 보조금은 가구 소득에 따라 최대 8만 SGD(약 8천만 원)까지 제공된다. 이 보조금은 신규 분양 HDB뿐만 아니라 재판매 HDB를 구입할 때도 적용된다. 즉 중저소득층 가구는 보조금만큼 저렴하게 주택을 구입할 수 있다는 의미다.

② 신혼부부를 위한 첫 주택 보조금(AHG; Additional CPF Housing Grant)

월 평균 소득 5천 SGD 이하의 저소득 신혼부부에게 제공되는 추가 보조금으로, 가구 소득에 따라 최대 4만 SGD까지 받을 수 있다. EHG와 함께 적용되어 주택 구입비용을 크게 줄일 수 있다.

③ 가족보조금(Family Grant)

시민권자 또는 영주권자가 중고 HDB 아파트를 구입할 때, 월 가구 소득이 1만 4천 SGD 이하인 경우에 자녀가 없는 신혼부부 또는 첫 자녀가 있는 가정에게는 5만 SGD를 지원하고, 두 명 이상의 자녀가 있는 가정에게는 7만 SGD를 지원한다.

④ 부모부양 보조금(PHG; Proximity Housing Grant)

부모와 가까운 곳에 거주하고자 하는 가구를 위해 제공되는 보조금이다. 부모와 함께 거주할 경우에는 최대 3만 SGD까지, 4km 이내의 거리에 주택을 구입할 경우에는 최대 2만 SGD까지 보조금을 받을 수 있다. 이는 부모와 자녀 간의 지원을 강화하고, 가족 유대를 증진하기 위한 정책이다.

싱가포르의 주택정책은 크게 세 가지 특징이 있다.

첫째, 주택을 정부(HDB)가 저렴한 가격에 공급함으로써 국민의 주거 안정과 높은 자가 소유율(90%)을 달성한다. 둘째, 신혼부부, 다자녀 가구, 가족과 가까운 거주를 위해 공공주택 물량을 우선적으로 배정함으로써 혼인과 출산을 돕는다. 셋째, 다양한 주택보조금을 지원함으로써 주택구매 부담을 줄이고, 경제적 취약 계층의 주거기회를 확대한다.

이러한 싱가포르와 달리 한국은 첫째, 주택공급을 민간업체에 의존함으로써 높은 분양가로 국민의 주거를 불안정하게 한다. 둘째, 싱가포르보다 출산율이 훨씬 낮음에도 불구하고 신혼부부, 다자녀 가구 등을 위한 공공주택은 물론 민간주택 우선 배정 물량도 매우 적다. 셋째, 보조금이 아니라 정책자금이라는 이름으로 '대출'을 제공함으로써 경제적 취약계층을 돕는 것이 아니라 도리어 이들을 빚더미에 짓눌리게 만든다.

주택정책과 관련해서 싱가포르로부터 배워야 할 게 한 가지 더 있다. 외국인들의 주택매입에 대한 강력한 규제다. 외국인은 원칙적으로 민간업체가 분양한 콘도미니엄과 아파트만 구매할 수 있고, HDB 아파트는 구매할 수 없다. HDB는 싱가포르 시민과 결혼한 경우에만 배우자가 구매 가능하다. 영주권자는 최소 3년 이상 싱가포르에 거주한 후에 구매 가능하다.

민간업체가 분양한 주택을 외국인이 구입할 때는 '기본인지세(BSD)'와 함께 '추가인지세(ABSD)'를 내야 한다. 2011년 12월 처음

도입했을 때는 10%였으나, 2013년 1월에 15%로 인상했고, 2018년 7월에 20%, 2021년 12월에 30%, 그리고 2023년 4월에 60%로 인상했다. [싱가포르 시민의 경우에는 첫 주택은 면제되고, 두 번째 주택은 20%의 추가인지세를 내야 한다.] 예를 들어 외국인이 100만 달러 상당의 주택을 구입할 경우, 2만 3,200달러의 기본인지세와 함께 구입가의 60%인 6억 원의 추가인지세를 내야 하는 것이다. [싱가포르의 기본인지세(BSD)는 다음과 같다. 첫 S$180,000: 1%, S$180,001~S$500,000: 2%, S$500,001~S$1,000,000: 3%, S$1,000,001 이상: 4%.] 또한 외국인이 구매한 주택은 임대를 허용하지 않는다.

싱가포르 정부의 외국인 부동산 매입에 대한 강력한 규제가 생긴 것은 중국인들이 민간주택을 매입하며 시장 과열을 야기했기 때문이다. 싱가포르뿐만 아니라 중국인의 부동산 구매가 몰리는 나라들은 다양한 형태의 외국인 부동산 매입 규제정책을 실시하고 있다. 호주는 외국인이 기존 주택을 구매할 수 없게 하고 있고, 신축 주택이나 재개발을 목적으로 한 부동산만 구매할 수 있도록 하고 있다. 이는 외국인 부동산투자가 주택공급을 늘리는 데 기여하도록 유도하기 위함이다. 캐나다는 2023년 1월부터 외국인이 주거용 부동산을 구매하는 것을 금지하는 법을 시행하고 있다. [이 법은 당초 2025년 1월 1일 종료될 예정이었으나 2027년 1월 1일까지 2년 연장했다.] 그 전에는 주별로 외국인에 대한 추가인지세를 부과했는데, 중국인의 구매 열기로 인한 주택 가격 상승이 계속되자 캐나다 정부는 아예 외국인의 주거용 부동산 구매를 금지시키고 있다.

한국은 싱가포르, 호주, 캐나다 등에 비해 아직까지는 중국인들이 선호하는 부동산투자지역은 아니다. 그러나 2024년 6월 말 기준 외국인이 소유한 주택은 총 9만 5,058호로 전체 주택의 0.49% 수준인데, 이는 2022년 12월 말 기준 8만 3,512호에 비해 13.8% 증가한 것이다.[36] 지역별로는 경기(38.7%), 서울(24.3%), 인천(9.9%) 순으로 많으며, 72.9%가 수도권에 몰려 있다. 국적별로는 중국이 55.5%로 가장 많고, 미국(22.5%), 캐나다(6.5%) 순이다.

중국인 소유 주택은 2024년 6월 말 기준 5만 2,798호로, 2022년 12월 말 기준 4만 4,889호에 비해 17.6% 증가한 것이다. 비트코인으로 환치기해서 불법적으로 강남아파트를 구입한 여러 명의 중국인이 적발되기도 했다.[37] 중국인들이 서울의 고급주택을 연거푸 사들이고 있다는 보도도 있었다.[38]

국토교통부는 외국인 주택보유 통계를 전혀 잡지 않고 있다가 2022년 말부터 발표하고 있다. 그러나 구체적인 국적별·지역별 통계는 발표하지 않고 있다. 문제는 아직까지 외국인 부동산 매입에 대한 규제가 아예 없다는 점이다. 도리어 외국인은 본국에서 대출을 받거나 현금을 반입할 때 국내의 LTV, DTI 등에 대한 대출규제를 받지 않기 때문에 내·외국인 역차별 문제까지 있는 상황이다.[39] 대한민국 정부는 싱가포르 정부처럼 자국민을 위해 일하길 진정 바란다.

3장

교육개혁을 넘어 교육혁명이 필요하다

01

디지털시대 교육혁명의 여섯 가지 원칙

디지털혁명은 인간의 삶과 사회구조에 급격한 변화를 가져오고 있다. 이제 우리 교육도 개혁을 넘어 혁명을 해야 한다. 디지털시대를 맞아 여섯 가지 원칙을 실현시킬 교육혁명이 반드시 필요하다.

PART 1에서 우리 인류는 네 가지 거대한 변혁, 즉 디지털사회, 노인사회, 양극화사회, 기후위기라고 하는 네 가지 뉴 노멀을 마주하고 있다고 설명했다. 이 네 가지 뉴 노멀은 모두 혁명적인 변화다. 특히 지금의 디지털혁명은 인간의 삶과 사회구조에 급격한 변화를 가져오고 있다.

이제 우리나라의 교육도 개혁을 넘어 혁명을 해야 한다. 필자는 아래의 여섯 가지 원칙을 실현시킬 교육혁명이 반드시 필요하다고 생각한다.

① 꿈을 키우는 교육

산업화 시대의 교육은 표준화된 지식을 전달하고 숙련된 노동자를 양성하는 데 초점을 맞췄다. 그러나 지금과 같은 디지털시대에는 창의적이고 유연한 사고를 바탕으로 자신만의 꿈을 설계하는 능력이 중요하다.

이를 위해 개인의 독창성과 열정을 발휘할 수 있는 교육 환경이 필요하다. 선생님이 학생들에게 일방적으로 지식을 전달하고 주입하는 방식이 아니라, 학생들이 스스로 목표를 설정하고 자신의 흥미와 재능을 탐구할 수 있는 기회를 제공해야 한다. 창의적 프로젝트와 문제 해결 과제를 통해 학생들이 실현 가능한 꿈을 설계하도록 지원해야 한다.

② 지혜를 키우는 교육

디지털시대에는 인공지능이 인간의 논리적 사고, 분석, 심지어 창작 능력을 대체하고 있다. 인간이 존재해야 하는 이유를 고민하지 않으면 기술에 종속될 위험이 크다. 또한 기술의 발전은 편리하고 물질적으로 풍요로운 삶을 제공하지만 존재적 공허함과 불안감을 느끼게 만든다.

그러므로 삶의 본질을 이해하는 철학적 질문(예: "나는 왜 존재하는가?" "삶의 목적은 무엇인가?")에 대한 지혜를 키우는 교육이 필요하다. 이를 통해 '인간다움'이 무엇인지 성찰하고, 사랑·공감·창의성 등 인간 고유의 가치를 강화할 수 있는 교육이어야 한다.

③ 정신 건강을 위한 교육

디지털시대의 빠른 변화와 정보 과잉은 스트레스, 불안 그리고 정신 건강 문제를 유발하고 있다. 학교에서는 일시적으로 디지털 기기(스마트폰, 컴퓨터, 태블릿, TV 등)의 사용을 중단하거나 제한하는 '디지털 디톡스(Digital Detox)' 캠프를 운영해서 정신적·신체적 건강을 회복하고, 기술 의존으로부터 벗어나도록 해야 한다. 미국, 프랑스, 영국 등에서 많은 학교들이 학교 내에서 스마트폰 사용을 금하거나 디지털 디톡스 시간을 지정하고 있다.

정신 건강을 위한 교육도 중요하다. 명상, 감정 조절, 자기 이해를 위한 심리학적 교육 프로그램 도입이 필요하다. 학교 내 상담과 정서 지원 체계도 강화할 필요가 있다.

④ 육체 건강을 위한 교육

디지털 환경에서의 장시간 앉아서 하는 활동은 신체 건강 문제를 초래할 수 있다. 체육 활동을 학업과 동등한 중요도로 다루고, 학생들이 신체 활동의 즐거움을 느낄 수 있는 환경을 조성해야 한다. 디지털 디톡스 캠프를 운영하거나 시간을 지정하는 것은 정신 건강뿐만 아니라 육체 건강을 회복하는 데도 도움이 된다.

⑤ 물리적 공간을 뛰어넘는 교육

디지털사회에서는 교육이 더 이상 특정 지역과 공간에 국한될 필요가 없다. 전 세계 어디서든 학습자와 연결되고, 다양한 문화와 아이디어를 접할 수 있는 기회를 제공해야 한다. 온라인 학습 플랫폼, 가상현실(VR) 및 증강현실(AR)도 교육에 적극 활용해야 한다.

⑥ 시간적 공간을 뛰어넘는 교육

네 가지 뉴노멀은 엄청난 속도로 세상을 바꾸고 있다. 더욱이 인간은 이제 100세 인생을 사는 세상이 되었다. 학교에서 배운 내용만으로 평생 살 수 없는 세상인 것이다. 이제 학습은 평생 이루어지는 과정이어야 하며, 특정 시기나 나이에만 국한되지 않아야 한다.

다행히 디지털시대에는 특정 시간에 구속되지 않는 자율 학습이 가능하다. 평생 자율학습을 위해서는 학교에서 학생들이 스스로 학습 계획을 세우고 자기 주도적으로 학습할 수 있는 습관을 키워줘야 한다. 아울러 성인 및 노년층을 위한 지속적인 교육 기회와 평생 학습 체계를 마련해야 한다.

02

대입 수학능력시험의 N수생 패널티 도입

수학능력시험을 연 2회 시행하고, 재수생부터 수능 점수 패널티를 누진적으로 부과해야 한다. 이로써 입시 경쟁 과열로 인한 사교육비 부담을 경감할 수 있고, 나아가 출산율을 높일 수 있다.

앞에서 제시한 교육혁명의 여섯 가지 원칙은 선언만으로는 학교 현장에서 받아들여질 수 없다. 한국에서는 초중고 교육이 오직 대학 입학만을 위해 존재하기 때문이다. 따라서 대입 수학능력시험을 다음과 같이 혁명적으로 바꿔야 한다.

① 수학능력시험의 연 2회 시행 및 선택적 반영

현재 수능 시험은 1년에 1회 시행되기 때문에 수험생들에게 큰 부담을 준다. 이를 해결하기 위해 고등학교 3학년 동안 수능 시험을 2회 시행한다. 수험생은 2회 시험 중 본인이 더 나은 성적을 선택해 대학 입시에 반영할 수 있다. 이를 통해 수능 1회에 모든 것을 걸어야 하는 압박을 완화하고, 학생들이 시험 당일 컨디션에 따른 변수를 최소화할 수 있도록 한다.

② 재수생에 대한 수능 점수 패널티 부여

대학 입시에서 재수(2년 차) 지원자는 수능성적에서 일정 점수를 감점하는 패널티 제도를 도입한다. 예를 들어 재수생은 전체 점수에서 1% 감점되는 규칙을 적용해 재수를 최소화하도록 유도한다. 패널티 점수는 공정성을 위해 명확히 공개되며, 전국적으로 통일된 기준을 적용한다. 단, 예체능 및 특수 전형 지원자는 예외적으로 적용할 수 있다.

③ 삼수 이상 수험생에 대한 패널티 강화

삼수(3년 차) 이상의 수험생에게는 재수생보다 더 높은 수준의 패널티를 부과한다. 예를 들어 삼수생은 수능 총점에서 2% 감점, 사수 이상은 수능 총점에서 3% 감점을 하는 것이다.

수학능력시험을 연 2회 시행하고 재수생부터 수능 점수 패널티를 누진적으로 부과하면, 사교육비 부담을 경감할 수 있고 학업 스트레스를 줄일 수 있을 것이다. 또한 대학 진학을 빨리 하도록 유도함으로써 사회 진출도 빨라질 수 있다. 이는 저출산·고령화에 따른 생산 연령인구의 감소를 어느 정도 완화하는 효과도 있을 것이다.

03

국립대는 통합 운영, 사립대는 완전 자율 운영

국립대는 프랑스 방식으로 통합 운영하고, 사립대는 미국 방식으로 완전 자율적으로 운영할 것을 제안한다. 이로써 다양한 교육 수요를 충족시키는 동시에 국제적으로 경쟁력 있는 연구 성과와 인재를 배출할 수 있을 것이다.

한국의 대학들은 국제 경쟁력이 중국이나 싱가포르 대학에 비해서도 뒤지고 있는 실정이다. 이는 교육부가 국립대와 사립대 구분 없이 재정지원을 미끼로 간섭과 통제를 하고 있기 때문이다. 따라서 국립대는 프랑스 방식으로 통합 운영하고, 사립대는 미국 방식으로 완전 자율적으로 운영하도록 할 것을 제안한다.

① 국립대학의 통합 운영

국립대학은 프랑스의 국립대학처럼 통합 운영해 기초 학문을 중점적으로 육성하고, 저소득층 학생들에게 높은 수준의 교육 기회를 제공하는 것을 목표로 해야 한다.

프랑스의 국립대학은 통합 시스템을 통해 대학 간 경계를 허물었고, 교수와 학생의 이동성을 높였다. 예를 들어 학생이 A대학에서 기초 교육을 받은 후에 B대학에서 심화 과정을 이수하는 방식으로 학습 기회를 극대화할 수 있도록 했다. 교수진 또한 지역에 국한되지 않고, 연구와 교육의 전문성을 발휘할 수 있는 환경을 제공받는다. 이러한 통합 운영은 국립대학 네트워크 전체의 학문적 시너지 효과를 창출한다.

다만 모든 국립대학을 통합하기보다는 10개 거점국립대학들만을 대상으로 함으로써 연구와 교육의 질을 높여야 한다. 즉 강원대, 경북대, 경상국립대, 부산대, 서울대, 전남대, 전북대, 제주대, 충남대, 충북대 등 10개 거점국립대학들의 명칭을 '한국 1대학, 한국 2대학'과 같이 동일한 이름으로 개명하고, 이들 대학 간 교수 및 학생의 자유로운 이동을 보장해 통합된 학문 네트워크를 구축함으로써 대학 간 격차를 줄인다.

이들 통합국립대학에 대해서는 정부가 적극적으로 재정적·정책적 지원을 제공해 기초 연구에 집중하도록 한다. 아울러 등록금을 무료로 해서 저소득 계층 및 지역 학생들에게 양질의 교육을 제공할 수 있도록 해야 한다. 통합국립대에 대한 추가적인 재정지원은 사립대에 대한 재정지원을 삭감한 것으로 보충한다. 단, 정부의 지원은 효율성과 공공성 확보를 위한 객관적 성과 평가를 기반으로 이루어져야 한다.

국립대학들 중 거점대학에 포함되지 않은 나머지 중소 국립대학들은 역할과 운영 방향을 새롭게 설정하는 것이 필요하다. 중소 국립대학은 단순히 규모나 역할을 축소하는 대신, 특화된 기능과 지역사회 기여를 중심으로 운영할 수 있을 것이다. 이를 위한 구체적인 운영 방안은 다음과 같다.

중소 국립대학은 통합된 국립대학 시스템 내에서 각각 특정 학문 분야나 산업 분야에 초점을 맞춰 특화된 교육과 연구를 담당하는 캠퍼스로 전환할 수 있을 것이다. 예를 들어 공학 중심 캠퍼스로서 지역 산업과 연계해 첨단 제조, 스마트팩토리 등의 기술 개발을 지원하는 역할을 할 수 있다. 농촌 지역 국립대학은 농업, 수산업 등 지역 기반 산업을 강화하는 역할을 할 수 있다. 또한 의료·보건 중심 캠퍼스로서 의료 취약 지역에 보건 인력 양성을 중점으로 한 교육을 제공할 수 있다. 문화·예술 캠퍼스로서 지역 전통문화와 예술을 보존하고 발전시키는 역할도 할 수 있다.

동시에 중소 국립대학은 지역사회와 긴밀히 연계해 지역 발전을 위한 교육·연구 허브로 기능하도록 해야 한다. 지역 특성을 반영한 연구 주제 발굴과 솔루션을 제공할 수 있다. 예를 들어 환경오염 문제, 지역 기반 경제 활성화, 고령화 대응과 같은 주제들이 있다. 아울러 지역 내의 고등학생들이 거주지의 가까운 곳에서 고등교육을 받을 수 있는 기회를 제공하는 역할을 한다. 또한 지역 기업 및 지방정부와 협력해 산업체 맞춤형 인재를 양성하고, 지역 경제 활성화를 지원한다.

아울러 중소 국립대학은 지역에 거주하고 있는 주민들에게 평생교육 프로그램과 재교육 기회를 제공하는 중심지가 될 수 있다. 지역 주민들을 대상으로 직업 재교육, 창업 지원, 전문 자격증 프로그램을 운영하는 것이다. 고령화 사회에서 갈수록 성인학습의 중요성이 증가하는 만큼 다양한 연령층을 대상으로 한 학습 기회를 제공할 수 있다. 또한 퇴직자를 위한 창업·재취업 프로그램이나 지역 주민의 디지털 역량 강화를 위한 교육(예: 코딩, 데이터 분석 등)을 할 수 있을 것이다.

또한 중소 국립대학은 지역 주민을 위한 공공 서비스 제공 기관의 역할도 병행할 수도 있을 것이다. 무료 법률 상담, 의료 봉사, 심리 상담 등 지역 주민에게 필요한 공공 서비스를 제공함으로써 지역 주민 삶의 질을 향상시키는 데 기여할 수 있다.

중소 국립대학의 지속 가능한 운영을 위해서는 정부 차원의 지원이 반드시 필요하다. 지역 특화 대학으로 전환하거나 평생교육 허브로 운영하는 대학에 대해 정부는 충분한 예산을 배정해야 한다. 특화된 역할 수행의 객관적 성과를 정기적으로 평가함으로써 지원 규모를 조정할 수 있다.

이상과 같이 중소 국립대학은 단순히 통합 시스템의 하위 구조에서 운영될 것이 아니라, 지역 발전과 국가 전략에 기여하는 특화 기관으로 자리 잡을 수 있도록 해야 한다. 이를 통해서 통합 국립대학 시스템이 전국적으로 균형 있는 발전을 이루는 기반이 될 수 있을 것이다.

② 사립대학의 완전 자율 경쟁

사립대학은 미국의 사립대학(예: 하버드, 스탠퍼드)들과 같이 교육·연구·입학 정책을 자율적으로 결정해 국제적 경쟁력을 갖출 수 있도록 해야 한다. 입학 절차의 자율화는 국내외의 우수한 학생들을 선별하고, 대학의 독창성을 유지할 수 있는 핵심 요소이다. 동시에 자율화된 사립대학은 산학 협력, 기부금 활성화, 연구 경쟁력 강화를 통해 재정을 자립적으로 확보하고 발전해야 한다.

한국 사립대학 중 최소 3~4곳을 세계 대학 순위 10위권에 진입시키는 것을 목표로 한다. 이를 위해서는 자율적인 운영도 중요하지만 국제적인 교수를 유치하기 위해 경쟁력 있는 보상 체계와 연구 환경을 제공해야 한다. 지금과 같이 한국인들만으로 구성된 교수진, 그것도 본교 출신 위주로 구성된 교수진에서 탈피해서 국적과 출신을 차별하지 않고 전 세계 최고의 교수를 유치할 수 있어야 한다. 학생 또한 한국인과 외국인의 입학 전형을 통합해서 전 세계 최고의 인재들을 유치해야 한다.

이상과 같이 국립대학은 공공성 중심, 사립대학은 경쟁력 중심의 이원화된 체제를 구축해 다양한 교육 수요를 충족시켜야 한다. 그렇게 하면 우리 대학도 국제적으로 경쟁력 있는 연구 성과와 인재를 배출할 수 있을 것이다.

04

학벌과 의대가 안정된 미래를 보장하지 못하는 사회

학벌 중심의 사고를 탈피하고, 다양성과 개인의 가치를 존중하는 새로운 성공의 기준을 정립해야 한다. 정부, 부모, 학생 모두 세상이 혁명적인 변화를 하고 있음을 깨닫고 혁명적인 사고의 전환을 해야 한다.

빌 게이츠는 하버드대학교 2학년 때 중퇴하고, 폴 앨런과 함께 마이크로소프트를 창업했다. 스티브 잡스는 리드 칼리지를 한 학기만 다닌 후 중퇴하고, 스티브 워즈니악과 함께 애플을 창업했다. 마크 저커버그는 하버드대학교 재학중에 소셜 네트워크 서비스인 페이스북을 개발한 뒤 2학년 때 중퇴하고, 실리콘밸리에서 사업을 키웠다. 일론 머스크는 스탠퍼드대학교 응용물리학 박사 과정에 입학했으나 단 2일 만에 중퇴하고, 페이팔(PayPal)을 창업했다. 래리 페이지와 세르게이 브린은 스탠퍼드대학교 박사 과정을 중단하곤 구글을 창업했다.

이들은 대학에 입학한 이유가 졸업장을 얻거나 네트워크를 만들기 위해서가 아니었기에, 과감하게 중퇴하고 세상을 바꾸는 기업들을 창업했다. 그러나 한국에서는 명문대학에 입학하느냐가 성공의 잣대로 여겨져왔다. 명문대 졸업장을 이마에 새기고 선후배 간의 네트워크를 맺는 것이 출세의 지름길이라고 생각하기 때문이다.

디지털사회로 전환되면서 이러한 공식은 깨질 수밖에 없다. 디지털사회에서는 기술의 발전과 경제 구조 변화로 인해 전통적인 직업군이 빠르게 변화하고 있다. 인공지능(AI), 데이터 분석, 창의적 콘텐츠 제작 등 새롭게 부상하는 분야에서는 대학 간판보다는 개인의 기술력, 문제 해결 능력, 창의성이 더 중요하다. 디지털사회에서는 복잡한 문제를 분석하고 창의적으로 해결할 수 있는 역량이 필요하다. 또한 새로운 기술과 지식을 지속적으로 배우는 능력과 다양한 문화와 배경을 가진 사람들과 협력할 수 있는 능력이 필요하다.

명문대 중심의 사고방식은 이러한 시대적 흐름과 맞지 않을 뿐 아니라 개인과 사회의 잠재력을 억압하는 비효율적인 구조다. 디지털사회에서는 학벌보다는 개인의 역량, 창의성, 지속적인 학습 의지가 더 중요한 자산이다. 따라서 한국 사회는 학벌 중심의 사고를 탈피하고, 다양성과 개인의 가치를 존중하는 새로운 성공의 기준을 정립해야 한다.

한국에서 명문대와 함께 의과대학(의대)은 최상위 학업 성취를 상징하며, 높은 사회적 지위와 안정적인 미래를 보장하는 것으로 여겨진다. 의대는 수능성적 전국 1% 이내의 최상위권 학생들만이 입학이 가능하고, 이로 인해 입시 경쟁이 극도로 치열하다. 의대 입학을 목표로 하는 학생들은 초중등 시절부터 강도 높은 사교육에 의존한다. 학원, 과외, 인터넷 강의 등으로 매달 수백만 원 이상 지출하는 가정이 많다. 의대 입학 경쟁에서 실패한 학생들은 대부분 재수·삼수를 선택하며, 'N수생'이 되는 경우도 흔하다. 수험생의 상당수가 반복적으로 의대 입시에 도전함으로써 입시 경쟁은 해마다 누적된다.

초중고등학교 교육이 의대 입시에 맞춰져 과도하게 수학·과학 중심으로 왜곡된 바람에 학생들의 창의성, 예술적 감각, 사회적 감수성을 키울 기회가 사라지고 있는 것도 문제다. 의대를 제외한 이공계로의 진학이 줄어 국가 경쟁력을 위한 인재가 부족해진다.

이러한 사회적 비용은 차치하고서라도, 의사라는 직업이 과연 디지털혁명이 가속화되는 상황에서 안정적인 미래를 보장할지는 의문이다. AI-로봇이 인간 의사보다 빠르고 정확하게 진단하고 치료할 수 있는 사회가 이미 현실화되고 있다. 예를 들어 AI 기반 진단 시스템은 영상 데이터(CT, MRI, X-ray 등)에서 암, 심장 질환, 폐 질환 등을 사람보다 빠르고 정확하게 진단할 수 있다. 구글의 DeepMind, IBM Watson Health는 암 진단 및 치료 계획에서 의사보다 높은 정확도를 보이고 있다.

AI는 환자의 유전자 정보, 병력, 생활 습관 데이터를 바탕으로 질병을 예방하거나 맞춤형 치료 계획을 수립하는 데도 인간 의사를 대체할 수 있다. 또한 AI는 의료 기록 관리, 표준화된 진단 프로세스

(예: 초기 진단, 기본 검사 결과 분석), 처방전 생성 및 약물 상호작용 분석 등과 같은 업무를 대체할 수 있다.

AI 챗봇과 디지털 플랫폼은 환자의 초기 증상을 분석하고, 필요한 경우에는 병원 방문을 추천하는 역할을 수행할 수 있다. 또한 AI는 원격 의료에서 실시간 데이터를 분석해 진단을 할 수 있다. 더욱이 AI는 환자의 대기 시간 감소, 과잉 진단 및 불필요한 검사 최소화, 의료 시스템의 전반적인 효율성 증대에도 기여할 수 있다.

물론 AI가 인간 의사를 완전히 대체하지는 못할 것이다. AI는 기술적 분석은 뛰어나지만 환자의 감정, 두려움, 개인적 상황을 고려한 의사 결정을 내리기 어렵기 때문이다. 특히 생사의 문제를 다루는 의학에서는 인간적 터치가 중요하다. 또한 환자의 상태를 확인할 때는 단순한 데이터 이상으로 여러 요인(정신 건강, 가족력, 환경적 요인)을 종합적으로 고려해야 한다. 즉 AI는 특정 진단에서는 우수하지만 환자의 복합적인 상황을 고려한 맞춤형 결정을 내리기에는 한계가 있을 수 있다. 또한 새로운 질병이나 드물게 발생하는 사례에서는 데이터 부족으로 인해 AI가 오작동할 가능성이 있다. 따라서 당분간 AI는 의사를 대체하기보다는 인간 의사와 공존할 것이다. 그러나 머지않은 시일 내에 AI가 인간 의사를 뛰어넘을 가능성이 크다.

이처럼 대학 졸업장과 의사 자격증이 더 이상 안정된 일자리와 높은 소득을 보장하지 못할 수 있다. 정부, 부모, 학생 모두 세상이 혁명적으로 변화하고 있음을 깨닫고 혁명적인 사고의 전환이 있기를 바라는 마음이다.

엄청난 결단과 노력, 고통을 기꺼이 감수하자!

한국은 1960년대 이후 빠르게 경제 발전을 이루며 세계적인 경제 강국으로 자리매김했다. '넘사벽'이라고 생각했던 일본의 일인당 GDP도 한국이 추월했다. 주식시장과 부동산시장의 거품이 꺼지면서 '잃어버린 30년'을 시작하던 1990년 일본의 일인당 GDP가 한국의 3.6배 수준이었던 것을 생각하면 그야말로 기적과도 같은 상황이다. 일본이 30여 년을 허송세월하는 동안 한국이 일본을 추월하게 된 것이다.

세계은행(World Bank)은 '중진국 함정(Middle income trap)'이라는 주제로 발표한 〈2024년 세계개발보고서〉에서 한국을 중진국 함정을 극복하고 선진국으로 도약한 '성장의 슈퍼스타(Superstar)'라며 칭송했다. 세계의 많은 국가들이 경제발전 초기에는 빠르게 성장하다가 일정한 수준에 도달하면 더 이상 성장하지 못하는 이른바 '중진국 함정'에 빠지게 되는데, 한국은 오히려 우수한 성적으로 이를 극복했다는 것이다.

하지만 최근 들어 한국의 성장이 정점에 도달한 듯한 모습을 보여왔다. 이를 두고 '피크 코리아'라는 말이 등장했다. 한국의 국내총생산(GDP) 순위는 2018년에 10위를 기록했으나 2019년에 12위로 밀려났고, 2023년에는 14위로 밀려났다.

국제통화기금(IMF)은 2017년 2월 〈한국이 직면한 도전-일본의 경험으로부터의 교훈〉이라는 보고서를 냈다. IMF는 이 보고서에서 한국사회가 빠른 속도로 고령화되면서 "한국의 생산가능인구 감소, 잠재성장률 하락, 비정규직 비율 증가 등이 20년 전 일본과 유사하다"고 지적했다. 이 때문에 "한국도 일본처럼 주식과 부동산 버블이 터지면서 '잃어버린 20년'에 접어들 수 있다"고 경고했다. 이미 8년 전에 나온 보고서다.

실제 한국경제는 이미 '일본화(Japanification)'의 길로 가고 있다. 일본은 1990년에 갑자기 자산시장(주식시장과 부동산시장)의 거품이 꺼지면서 연간 실질성장률이 거의 0%에서 벗어나지 않는 '잃어버린 30년'이 시작되었다. 한국은 아직 부동산시장 거품이 꺼지지 않은 상태에서 매우 빠르고 지속적으로 0%의 경제성장률로 추락중이다. 이러다가 부동산시장 거품이 꺼지면서 경제전체가 갑자기 벼랑 끝으로 떨어질 수 있다.

실제 한국의 상황은 일본의 1990년 직전 상황보다 나쁘다. 무엇보다 당시 명실상부한 선진국이었던 일본과 달리 한국은 이제 겨우 선진국의 문턱에 이른 상황이다. 당시 일본의 GDP는 세계 2위, 일인당 GDP는 세계 3위였다. 그러나 현재 한국의 GDP는 세계 14위, 일인당 GDP는 세계 30위에 불과하다. 고령인구 비중도 당시 일본은 12%였지만 현재 한국은 20%고, 고령화 속도도 당시의 일본보다 훨씬 빠르다.

한국경제의 현 상황을 잘 나타내고 있는 것이 주가지수다. 한국의 대표적인 종합주가지수인 코스피는 2024년 한 해 동안 10.1% 하락했다. 기술주 중심의 코스닥은 무려 22.8% 하락했다. 이 기간 동안 미국의 S&P 500은 24%, 나스닥은 30.8% 상승했다.

일본의 니케이지수는 19.2% 상승했고, 대만 가권지수는 29.0% 상승했다. 2021년 부동산 거품이 꺼진 후 경기가 좋지 않은 중국의 상해종합지수는 2024년 한 해 동안 13.2% 상승했다. 중국 정부가 경기부양정책을 적극적으로 내놓은 덕분이기도 하지만, 무엇보다 2021년 부동산 거품을 의도적으로 꺼뜨린 후 '신질생산력'으로의 산업구조조정을 적극적으로 했기 때문이다.

이렇듯 한국 주식시장만이 늪에 빠져 허우적거리는 모습을 보이는 것은 한국 기업들이 '저평가'되었기 때문이 아니라 한국 기업들의 현실을 아주 잘 나타내는 것이다. 보다 넓게는 한국 기업들의 생태계라고 할 수 있는 한국경제가 고령화에 당뇨합병증까지 걸렸기 때문이다. 즉 인구고령화가 전 세계에서 가장 빠르게 진행되고 있는 상황에서 한정된 자원을 건설·부동산투자에 쏟아붓고 있어 미래 먹거리를 위한 투자가 부족한 상황이다. 사정이 이러함에도 "빚내서 집 사라"고 부추기는 정부의 정책으로 인해 전 세계에서 가장 높은 수준의 가계부채는 계속 증가하고 있다.

인구재앙을 회피하기 위한 근본적인 방법은 합계출산율을 높이는 것이다. 합계출산율을 인구 유지에 필요한 2.1명까지 높이지는 못하더라도 최소 OECD 수준인 1.5명까지 높여서 인구고령화의 속도를 늦춰야 한다. 이를 위해서는 일자리 불안정, 주거 불안정, 지나친 사교육과 천문학적인 양육비, 일과 가정 양립의 어려움 등 종합적인 문제를 해결해야 한다.

인구재앙을 회피하기 위한 또 다른 방법은 인적자원의 질적 수준을 인구고령화 속도보다 빠르게 높이는 것이다. 이를 위해 한국의 교육제도를 개혁하는 수준을 넘어 혁명하는 수준으로 바꿔야 한다.

이 책은 단순히 한국경제가 중병에 걸렸다고 경고만 하려는 것이 아니다. 중병을 치유하고 다시 건강과 활력을 되찾을 수 있는 방법을 구체적으로 제시했다. 중병에 걸린 사람이 모르핀과 같은 진통제를 끊고 체질을 개선하려면 엄청난 결단과 노력이 필요하며, 그 과정에서 고통은 피할 수 없다. 한국경제도 마찬가지다. 엄청난 결단과 노력, 고통을 기꺼이 감수하지 않으면 한국경제는 희망이 없다. 이를 위해 우리는 지금 데워지고 있는 냄비 속의 개구리와 같은 상황임을 깨닫고, 그 냄비 속에서 과감히 튀어나와야 한다.

| 미주 |

1 Marc Nerlove (1974), *Households and economy: Toward a new theory of population and economic growth*, Journal of Political Economy, 82, 200-218.

2 경향신문, "곡물자급률 20% 아래로… 주요국 중 최하위 수준", 2024. 6. 28.

3 교육부, 한국직업능력연구원, 한국경제신문 공동 주최 〈글로벌인재포럼 2024〉, 서울, 2024년 10월.

4 Lee, H. -H., K. Shin & D. Park (2017), *Population Aging and Its Impact on Economic Growth*, 『內閣府經濟社會總合研究所 經濟分析』, 第195号, 159-179.

5 Lee, H.-H. & K. Shin (2019), *Nonlinear Effects of Population Aging on Economic Growth*, Japan and the World Economy, 51.

6 The Economist, "The envy of the world", October 19-25th 2024.

7 그레이엄 앨리슨, 정혜윤 옮김, 『예정된 전쟁』, 세종서적, 2018. 1. 22.

8 마이클 베클리 & 할 브랜즈, 김종수 옮김, 『중국은 어떻게 실패하는가』, 부키, 2023. 2. 6.

9 World Bank, *Global Economic Prospects*, June 2024.

10 Lin, Justin (forthcoming), *Postscript: Fallacy of the China Collapse Theories*, Demystifying the Chinese Economy, 2nd edition, Cambridge, UK: Cambridge University Press.

11 Kumhof, Michael, Romain Rancière, and Pablo Winant (2015), *Inequality, Leverage, and Crises.*, American Economic Review, 105 (3): 1217-45.

12 이상호, 지방소멸 2024: 광역대도시로 확산하는 소멸위험, 지역산업과 고용, 한국고용정보원, 2024. 6. 28.

13 한국부동산원, 부동산 통계정보 R-ONE.

14 매일경제, "文의 진보정권 성공론 불리한 부동산만 쏙 빼", 2023. 9. 20.

15 한국은행, 금융안정 상황(2021년 9월), 2021. 9. 24.

16 연합인포맥스, "박상우 국토장관 - 집값 상승에 정책금융 직접적 원인 아냐… 복합적", 2024. 9. 9.

17 한국경제연구원, 전세보증금을 포함한 가계부채 추정 및 시사점, 2023. 3. 6.

18 로버트 쉴러, 정준희 옮김, 『버블 경제학』, 알에이치코리아, 2023. 2. 3.

19 아티프 미안 & 아미르 수피, 박기영 옮김, 『빚으로 지은 집: 가계부채는 왜 위험한가』, 열린책들, 2014. 10. 30.

20 Amir Sufi (2023), *Housing, household debt, and the business cycle: An application to China and Korea*, NBER Working Paper 31489.

21 권도근, 김대운, 이시은 & 안주현, 가계신용 누증 리스크 분석 및 정책적 시사점, BOK 이슈노트, 한국은행, 2023. 4. 28. [이와 비슷한 연구는 이미 많이 발표되었다. 예를 들어 Lombardi, M., M. Mohanty, and I. Shim (2017), *The Real Effects of Houshold Debt in the*

Short and Long Run, BIS Working Paper, No. 607.]
22 한국경제, "상상도 못한 연봉 줄게 … 中 공산당, 징글징글한 인재 사냥", 2024. 11. 3.
23 매일경제, "어차피 의사보다 못버는데 해외 취업하자 … 카이스트 박사님들 탈출 러시", 2024. 11. 3.
24 중앙일보, "애 없는 월 천만 원 부부, 애 낳은 월 550만 원 부부 … 이게 달랐다", 2023. 3. 8.
25 황인도 외, 초저출산 및 초고령사회: 극단적 인구구조의 원인, 영향, 대책, 경제전망보고서, 한국은행, 2023. 12. 3.
26 통계청, 2024년 5월 경제활동인구조사 청년층 부가조사 결과, 2024. 7. 16.
27 통계청, 2024년 8월 경제활동인구조사 근로형태별 부가조사 결과, 2024. 10. 22.
28 이현훈, "사공 많아 꼼짝 못하는 저출산 고령화 대책", 중앙일보, 2017. 3. 25; 이현훈, "아이 낳으면 나라가 월급 줘라", 조선일보, 2017. 11. 28.
29 통계청, 2023년 초중고 사교육비 조사 결과, 2024. 3. 14.
30 뉴데일리, "한국, 양육비 부담 세계 1위 … 2위는 중국", 2024. 2. 23.
31 이현훈, "인구가족부 신설하면 꼭 해야 할 일", 중앙일보, 2024. 2. 10. ; 이현훈, "지자체의 양육비 지원, 중앙정부로 일원화로", 조선일보, 2024. 2. 14. ; 이현훈, "저출생 극복 위한 수당, 목돈으로 주지 말고 매달 지급하자", 조선일보, 2024. 6. 4. ; 이현훈, "20살까지 유소년기본소득을 주자", 경향신문, 2021. 2. 3. ; 이현훈, "아이 낳으면 나라가 월급 줘라", 조선일보, 2017. 11. 28.
32 대한상공회의소, 제산세제의 합리성 제고방안 연구 보고서, 2024. 7. 25.
33 OECD, *Housing Taxation in OECD Countries*, July 2022.
34 Junghun Kim (2023), *The Korean national property tax: History, controversies, and future directions*, Bricks, Taxes and Spending: Solutions for Housing Equity across Levels of Government, OECD.
35 머니투데이, "공시가 현실화율 동결에도… 강남 보유세 20% 이상 뛴다", 2024. 11. 20.
36 국토교통부, 24.6월 말 기준 외국인 토지·주택 보유통계, 2024. 11. 29.
37 한국경제, "중국인, 비트코인 환치기로 서울 아파트 쓸어 담았다", 2021. 4. 27.
38 KTV 국민방송, "신고가 이끄는 중국인 … 국내 고급주택 큰손", 2024. 11. 4.
39 동아일보, "대출규제 피해가는 외국인… 서울 아파트 매입 5채중 1채 신고가", 2024. 10. 24.